Das

Recht der Handlungsgehilfen

und

Handlungslehrlinge

auf Grund des Handelsgesetzbuches, der Reichs-Gewerbeordnung, der Reichs-Versicherungsgesetze, des bürgerlichen Rechts und des Gesetzes über die Kaufmannsgerichte

dargestellt für

Juristen und Kaufleute

von

Rechtsanwalt Hugo Horrwitz,
Syndikus des Kaufmännischen Hilfsvereins zu Berlin.

Zweite, vollständig neu bearbeitete Auflage.

Berlin 1905.
J. Guttentag, Verlagsbuchhandlung,
G. m. b. H.

Vorwort.

Das gesamte öffentliche wie private Recht der Handlungsgehilfen und Handlungslehrlinge, wie es sich vom 1. Januar 1898 ab gestaltet, für Juristen und Kaufleute möglichst erschöpfend zur Darstellung zu bringen, ist die Aufgabe des vorliegenden Buches. Möge sein Studium dartun, daß diese Aufgabe einigermaßen erfüllt ist. An dieser Stelle sei es mir noch gestattet, den Ältesten der Berliner Kaufmannschaft meinen herzlichsten Dank dafür auszusprechen, daß sie mir ihre Akten zur Verfügung gestellt und es mir dadurch ermöglicht haben, die zahlreichen interessanten Gutachten dieser bedeutsamen Körperschaft, insbesondere über die einschlägigen Handelsgebräuche, zu verwerten.

Berlin, den 25. Oktober 1897.

Der Verfasser.

Vorwort zur zweiten Auflage.

Seit dem Erscheinen der ersten Auflage hat eine außerordentliche Umwälzung der einschlägigen Gesetzgebung stattgefunden. Es sei nur an das Inkrafttreten des Bürgerlichen Gesetzbuches, an die erst kürzlich erfolgte Verabschiedung des Gesetzes über die Kaufmannsgerichte, an die Änderungen des Handelsgesetzbuches, der Zivilprozeßordnung, des Lohnbeschlagnahmegesetzes und des Reichs-Krankenversicherungsgesetzes erinnert! Infolgedessen mußte die vorliegende Auflage nicht nur eine verbesserte und vermehrte, sondern eine zum Teil völlig neu bearbeitete werden. Erst aus dem neuen Recht entsprungene Streitfragen, wie z. B. die, ob Aufrechnung gegen den Vergütungsanspruch zulässig ist (S. 83), ob der entlassene Handlungsgehilfe zur Wahrung seiner Rechte sich ausdrücklich zur Verfügung stellen muß (S. 130), haben eingehende, kritische Berücksichtigung gefunden. Neue Erörterungen, wie z. B. die über Gewohnheitsrecht und Handelsgebräuche (S. 11—13) über das Recht des Handlungsgehilfen auf Arbeit (S. 100), sind hinzugekommen. Selbstverständlich ist, daß Literatur und Rechtsprechung bis in die allerletzte Zeit verwertet und zitiert worden sind. Mit bestem Danke begrüße ich es, daß mir auch für die vorliegende Auflage die Original-Gutachten der Ältesten der Berliner Kaufmannschaft zur Verfügung gestellt worden sind, so daß es mir möglich war, auch diejenigen Gutachten zu verwerten, welche in der vortrefflichen Sammlung von Dove und Apt nicht enthalten bzw. erst nach dem Erscheinen dieser Sammlung erstattet worden sind.

Berlin, den 1. November 1904.

Der Verfasser.

Inhaltsverzeichnis.

Verzeichnis der Abkürzungen.

AG. = Amtsgericht.
ALR. = Preußisches Allgemeines Landrecht.
Ältst. = Gutachten der Ältesten der Berliner Kaufmannschaft.
Ansch. u. Völd. = Anschütz und Völderndorff, Kommentar zum Allgemeinen Deutschen HGB.
Bl. f. R. = Blätter für Rechtspflege im Bezirk des Kammergerichts, herausgegeben von Perl und Wreschner.
BGB. = Bürgerliches Gesetzbuch.
Bolze = Die Praxis des Reichsgerichts in Zivilsachen von A. Bolze.
Busch = Busch, Archiv für Theorie und Praxis des Allgemeinen Deutschen Handels- und Wechselrechts.
CPO. = Civilprozeßordnung für das Deutsche Reich.
Denkschr. = Denkschrift zum Entwurf des neuen Handelsgesetzbuches und des Einführungsgesetzes dazu.
Dove u. Apt = Gutachten der Ältesten der Kaufmannschaft von Berlin über Gebräuche im Handelsverkehr von Heinrich Dove und Max Apt.
DJZ. = Deutsche Juristenzeitung, herausgegeben von Laband, Stenglein und Staub.
E. = Entscheidungen des Reichsgerichts in Zivilsachen, herausgegeben von den Mitgliedern des Reichsgerichts.
Fuld = Fuld, Das Recht der Handlungsgehilfen. Hannover 1897.
GewO. = Reichs-Gewerbeordnung.
G. Z. = Goldschmidts Zeitschrift für das gesamte Handelsrecht.
HGB. = Handelsgesetzbuch. Das alte wird nach Artikeln, das jetzige nach Paragraphen zitiert.
JW. = Juristische Wochenschrift. Organ des Deutschen Anwaltsvereins.
KG. = Kammergericht Berlin.
Kom. = Protokolle der Reichstagskommission zur Beratung des neuen HGB.
LG. = Landgericht.
OL. = Rechtsprechung der Oberlandesgerichte auf dem Gebiete des Zivilrechts, herausgegeben von B. Mugdan und R. Falk, Leipzig. Veit & Co.
R. = Entscheidungen des Reichsoberhandelsgerichts, herausgegeben von Mitgliedern des Gerichtshofs.
StGB. = Strafgesetzbuch für das Deutsche Reich.
StPO. = Strafprozeßordnung für das Deutsche Reich.
Die allbekannten Lehrbücher und Kommentare sind mit den bloßen Namen ihrer Verfasser zitiert, und zwar stets nach den letzten Auflagen.

§ 1.

Einleitung.

Die vornehmste Quelle für das Recht der Handlungsgehilfen und Handlungslehrlinge bildet der sechste Abschnitt des Handelsgesetzbuches (§§ 59—83 desselben), welcher die Überschrift „Handlungsgehilfen und Handlungslehrlinge" trägt.

Die vornehmste, aber nicht die ausschließliche. Denn das Handelsgesetzbuch behandelt nur die Rechtsbeziehungen der Gehilfen und Lehrlinge zu ihrem Prinzipal, und auch diese nicht erschöpfend. So enthält z. B. das Reichsgesetz zur Bekämpfung des unlauteren Wettbewerbes Sonderbestimmungen über die Verpflichtung der Angestellten zur Geheimhaltung von Geschäftsgeheimnissen. So trifft das Reichs-Krankenversicherungsgesetz Anordnungen über Streitigkeiten zwischen Prinzipal und Angestellten hinsichtlich der Anrechnung und Berechnung der Versicherungsbeiträge, und für den Fall des Konkurses des Prinzipals die Konkursordnung Normen über den Antritt, die Fortsetzung und die Beendigung des Dienstverhältnisses. Vor allem aber bilden die Bestimmungen des Bürgerlichen Gesetzbuches über den Dienstmiete-Vertrag, und soweit sie sonst das Recht der Handlungsgehilfen und Handlungslehrlinge betreffen, z. B. hinsichtlich der Verjährung des Gehaltsanspruches, eine wichtige Ergänzung des Handelsgesetzbuches.

Auch außerhalb ihres Rechtsverhältnisses zum Prinzipal ist ihnen die Fürsorge der Gesetzgebung in weitem Maße zuteil geworden. Vor allem der sozialpolitischen. Schon das sog. Lohnbeschlagnahme-Gesetz hat ihr Gehalt in den meisten Fällen so gut wie unpfändbar gemacht, und durch die deutsche Zivilprozeßordnung ist dieser Schutz noch erhöht worden. Andererseits hat die Konkursordnung ihrem Gehaltsanspruch gegenüber anderen Konkursgläubigern des Prinzipals ein wirkungsvolles Vorrecht gewährt. Die Reichsgesetze, betreffend die Krankenversicherung und die Alters- und Invaliditäts-Versicherung sind auf sie anwendbar, die Reichs-Gewerbeordnung, welche ihnen mit der einen Hand mannigfache Lasten polizeilicher Kontrolle auflädet, spendet ihnen mit der anderen die bedeutsamen Wohltaten der Sonntagsruhe und der Fortbildungsschulen, und vor allem hat das Reichsgesetz betreffend Kaufmannsgerichte den langjährigen Wunsch ihres Standes nach eigenen Sondergerichten vollständig verwirklicht.

Das Handelsgesetzbuch enthält also zwar ein ausschließlich für Handlungsgehilfen und Handlungslehrlinge geltendes Sonderrecht, aber nicht d a s ausschließliche Recht derselben. Jedoch als ihr Standesbrief begleitet es ihre Rechtsbeziehungen auch über seine Grenzen hinaus. Denn alle jene Gesetze, aus denen sich das gesamte Recht der Handlungsgehilfen und Handlungslehrlinge mosaikartig zusammensetzt, haben das Gemeinsame, daß sie unter Handlungsgehilfen und Handlungslehrlingen diejenigen Personen verstehen, welche das Handelsgesetzbuch darunter versteht.

Erster Teil.

Das private und gewerbliche Recht der Handlungsgehilfen und Handlungslehrlinge.

Erstes Buch.

Die Rechtsquellen und ihre zeitliche Anwendbarkeit.

§ 2. **Die Rechtsquellen. Gesetze, Usancen.**

A. Das **Gewerberecht** der Handlungsgehilfen und Handlungslehrlinge wird durch die Reichsgewerbeordnung bestimmt.

B. Ihr **privates Recht** wird durch das Handelsgesetzbuch, die Verkehrssitten und das allgemeine bürgerliche Recht bestimmt.

1. Der sechste Abschnitt des **HGB.** mit der Überschrift „Handlungsgehilfen und Handlungslehrlinge" behandelt ausschließlich das Recht dieser Personen und ist die eigentliche setes materiae dieses Rechtes.

2. Art. 1 des alten HGB. verordnete, daß, soweit letzteres keine Bestimmungen enthielt, zunächst die „Handelsgebräuche" zur Anwendung kommen sollten. Unter diesen verstand man das sog. **Handelsgewohnheitsrecht** (R. 6 Seite 368 ff.). Das neue HGB. und das Einführungsgesetz zu letzterem schweigen sich absichtlich darüber aus, ob und eventuell inwieweit das Handelsgewohnheitsrecht gelten soll, indem sie die Lösung dieser Frage der Wissenschaft und Rechtsprechung überlassen wollen (Denkschr. zum HGB. S. 3). Diese bedauernswerte Zurückhaltung des Gesetzgebers hat, wie vorauszusehen war, zu einem Knäuel von Streitfragen geführt (vgl. z. B. Staub S. 6 ff. Anm. 17 ff. zur Allgem. Einl.). Wir teilen die Ansicht von Goldmann und Lilienthal (Das BGB. nach der Legalordnung des ALR. S. 5), daß die Geltung vom Gewohnheitsrecht nach der Reichsverfassung ausgeschlossen ist und eine gewohnheitliche Übung nur im Wege der Gesetzgebung selber

Rechtsquelle werden kann. Denn sonst könnte, analog der ehemaligen Rezeption des römischen Rechts, z. B. der Code Napoléon in der Rheinprovinz im Wege des sog. Gewohnheitsrechts wieder eingeführt werden und das BGB., mindestens dessen Dispositiv-Vorschriften, also seinen bei weitem größten Teil, wieder aufheben.

Wir halten aber den ganzen Streit über die Gültigkeit und den eventuellen Umfang der Gültigkeit vom Gewohnheitsrecht für durchaus unfruchtbar, und zwar wegen der unbestrittenen Rechtswirksamkeit der Handelssitten (Usancen). Die übliche Unterscheidung, daß letztere lediglich in dem Bewußtsein der Sittlichkeit oder des Anstandes geübt werden, das Gewohnheitsrecht aber in dem Bewußtsein des Rechts, ist eine Kunstblüte der Studierstube. Dem Bewußtsein der Ausübenden ist eine derartige Unterscheidung fremd. Auch harrt das wissenschaftliche Thermometer, welches den Grad anzuzeigen vermag, bei welchem die flüssige Anstandssitte zur Rechtssitte erstarrt, noch der Erfindung. Die in der Literatur zitierten Fälle sog. Gewohnheitsrechtes, z. B. das frühere nicht kodifizierte Kontokorrentrecht, lassen sich zwanglos als Handelsgebräuche im Sinne der Verkehrssitten erklären. Insbesondere im Gebiete des Rechts der Handlungsgehilfen und Handlungslehrlinge ist uns niemals, weder in der Literatur noch in der Rechtsprechung, eine Übung bekannt geworden, die den Anspruch auf Gewohnheitsrecht machen darf.

Die Verkehrssitten des Handels, **Handelsgebräuche (Usancen)**, waren nach Art. 279 des alten HGB. für den gesamten Handelsverkehr ausdrücklich sanktioniert. § 346 des neuen HGB. beschränkt im Gegensatz hierzu ihre Wirksamkeit allerdings nur auf den Verkehr unter Kaufleuten. Obwohl die Handlungsgehilfen und Handlungslehrlinge zu letzteren nicht gehören, gelten die Verkehrssitten doch auch für deren Recht unverändert fort. Denn nach Art. 2 Abs. 1 des EinfGes. zum jetzigen HGB. kommen in Handelssachen — und zu diesen gehören auch die Sachen der kaufmännischen Angestellten — die Vorschriften des BGB. insoweit zur Anwendung, als nicht im HGB. oder in dem EinfGes. zu demselben ein anderes bestimmt ist. Nun sind aber im BGB. die Verkehrssitten, also auch diejenigen des Handelsverkehrs, sanktioniert in § 157:

„Verträge sind so auszulegen, wie Treu und Glauben mit Rücksicht auf die Verkehrssitte es erfordern."

und in § 242:

„Der Schuldner ist verpflichtet, die Leistung so zu bewirken, wie Treu und Glauben mit Rücksicht auf die Verkehrssitte es erfordern."

Diese Vorschriften, von denen der § 157 cit. auch auf einseitige Rechtsgeschäfte, z. B. Kündigungen, entsprechende Anwendung findet (s. Planck Anm. zu § 157 cit.) ergreifen die gesamten handels- und gewerberechtlichen Beziehungen der Handlungsgehilfen und Handlungslehrlinge.

Das bekannteste praktische Beispiel für die Anwendung des § 157 cit. ist die — außerordentlich häufige — Vereinbarung einer vierwöchentlichen Kündigungsfrist. Bei wörtlicher Auslegung wäre eine solche gemäß § 67 Abs. 1 und 4 HGB. nichtig. Weil jedoch die Verkehrssitte mit einer vierwöchentlichen Kündigungsfrist eine einmonatige meint, so hat mit Rücksicht auf diese Sitte nach Treu und Glauben eine letztere als vereinbart zu gelten.

Da die für das Recht der Handlungsgehilfen in Betracht kommenden Verkehrssitten ihre Rechtswirksamkeit aus dem BGB. ableiten, so gelten sie wie letzteres nur subsidiär (s. Art. 2 cit.), d. h. nur insoweit das HGB. keine Vorschriften enthält. Sie können sich also rechtswirksam nur neben dem HGB., nicht gegen dasselbe, auch nicht gegen dessen Dispositiv-Vorschriften bilden. (Anders offenbar Staub § 21 Allg. Einl. zum HGB.) Es würde demzufolge z. B. rechtsunwirksam sein ein Handelsgebrauch, wonach in einer bestimmten Branche der Handlungsgehilfe auch ohne Einwilligung des Prinzipals in dessen Handelszweige für eigene oder fremde Rechnung Geschäfte machen darf (vgl. § 60 Abs. 1 HGB.), oder mangels Vereinbarung die Kündigungsfrist einen Monat oder mehr als sechs Wochen beträgt (vgl. § 67 Abs. 1 HGB.). Dagegen würde ein Handelsgebrauch rechtsgültig sein, nach welchem z. B. eine militärische Übung oder eine Geschlechtskrankheit als unverschuldetes Unglück im Sinne des § 63 Abs. 1 HGB., oder nach dem z. B. eine vierwöchige Kündigung als eine einmonatige (siehe oben) zu erachten ist.

In einigen Fällen stellt das HGB. den **Ortsgebrauch**, d. h. die Handelsverkehrssitte eines bestimmten handelsgewerblichen Bezirkes, allem, selbst dem HGB. selber, voran. Nämlich nach § 59 HGB. hat der Handlungsgehilfe mangels entsprechender Vereinbarung die dem Ortsgebrauche entsprechenden Dienste zu leisten sowie die dem Ortsgebrauche entsprechende Vergütung zu beanspruchen. Es würde also z. B. ein örtlicher Handelsgebrauch rechtsgültig sein, nach welchem die Provision des als Verkäufer angestellten Handlungsgehilfen nicht erst nach dem Eingang der Zahlung, sondern schon nach dem Abschluß des Geschäfts fällig wäre, oder nach welchem die Abrechnung über die Provision vierteljährlich oder jährlich erfolgt (vgl. § 88 Abs. 1—4 und 65 HGB.). — Diese örtlichen Handelsgebräuche können sich auch gegen das BGB., ja sogar gegen dessen zwingende Vorschriften gültig bilden. Sie sind selbstverständlich nur dispositiver Natur und können daher durch Vereinbarung aufgehoben werden.

3. An dritter Stelle, d. h. hinter dem HGB. und hinter den Handelsgebräuchen, gilt das **BGB.**; insbesondere kommen von letzterem die den Dienstvertrag behandelnden §§ 611—630 in Betracht. Das BGB. gilt hinter den Handelsgebräuchen, weil letztere (s. vorstehend unter 2) ihre Gültigkeit aus den Vorschriften des BGB. herleiten, demnach sich auch gegen dasselbe bilden können. Natürlich nur gegen Dispositiv-Vorschriften des letzteren. Ein Handelsgebrauch z. B., wonach dem Handlungsgehilfen nach erfolgter Kündigung keine oder keine angemessene Zeit zum Aufsuchen einer neuen Stellung gewährt zu werden braucht (vgl. § 629 BGB.), würde rechtsungültig sein. Dagegen könnte ein Handelsgebrauch, welcher diese Zeit innerhalb des Rahmens der Angemessenheit, z. B. auf ein tägliches Minimum von zwei Stunden bemißt, sich rechtswirksam bilden.

4. Es gelten also nach obigen Ausführungen für das Recht der Handlungsgehilfen und Handlungslehrlinge in nachstehender Reihenfolge und derart, daß jede vorstehende Rechtsquelle die nachfolgenden ausschließt:

1. Die zwingenden Vorschriften des HGB.
2. Die örtlichen Handelsverkehrssitten über Ort und Umfang der Dienstleistungen sowie über die Vergütung.
3. Die dispositiven Vorschriften des HGB.
4. Die zwingenden Vorschriften des BGB.
5. Die Handelsverkehrssitten (Handelsgebräuche, Usancen), soweit sie nicht unter die der Nr. 2 fallen.
6. Die Dispositiv-Vorschriften des BGB. Danach könnte also eine örtliche Handelsverkehrssitte der Nr. 2, selbst wenn sie gegen eine zwingende Vorschrift des BGB. (Nr. 4) verstößt, sich rechtswirksam bilden und auch im Wege der Vereinbarung gegen eine solche zwingende Vorschrift rechtswirksam abgeändert werden.

§ 3. Einfluß des jetzigen Handelsgesetzbuches auf die zur Zeit seines Inkrafttretens bereits bestehenden Dienstverhältnisse der Handlungsgehilfen und Handlungslehrlinge.

Nachdem jetzt der sechste Abschnitt des HGB., welcher das Recht der Handlungsgehilfen und Handlungslehrlinge besonders behandelt, fast sieben Jahre, das übrige HGB., das BGB. und die sonstigen neuen Nebengesetze fast fünf Jahre in Kraft sind, hat das Thema der Überschrift nicht mehr die praktische Bedeutung wie zur Zeit des Erscheinens der ersten Auflage dieses Buches. Indem wir daher betreffs der Einzelheiten, Kasuistik und theoretischen Ausführungen auf letztere verweisen, geben wir im folgenden nur die Haupt-Grundsätze wieder:

Gesetzliche Bestimmungen über das wichtige Thema der Überschrift *fehlen*. Es kommen also die allgemeinen Rechtssätze über die sog. zeitliche Wirkung der Gesetze zur Anwendung.

A. Oberster Grundsatz ist, daß rechtsgültig erworbene Ansprüche durch neue Gesetze nicht berührt werden. *Die zur Zeit des Inkrafttretens des Abschn. 6 des jetzigen* HGB., also die am 1. Januar 1898 *bereits entstandenen Rechte bleiben* daher *bestehen*, selbst wenn sie nach den Bestimmungen des jetzigen Gesetzes nicht entstanden wären.

B. Schwieriger gestaltet sich das vorliegende Thema, *wenn es sich um Rechte handelt, die nach dem 1. Januar 1898, also erst unter der Herrschaft des neuen Gesetzes zur Entstehung kommen.*

Es ist ein Gebot der Rechtssicherheit, daß *Rechtsverhältnisse in ihren Wirkungen nach denjenigen Gesetzen* bestimmt werden, *welche zur Zeit der Begründung des Rechtsverhältnisses*, d. h. des Vertragsschlusses, nicht zur Zeit des Inkrafttretens der einzelnen Wirkung *gelten*. Diese Ansicht ist mit Recht die herrschende.

Auch aus der bloßen *Fortsetzung des Rechtsverhältnisses* unter der Herrschaft der neuen Gesetzgebung läßt sich nicht folgern, daß die Parteien sich derselben unterwerfen wollten.[1]) Nach unserer Ansicht freilich gilt dies nur in dem Falle, wo eine feste Vertragsdauer, die über die Lebenszeit des alten Gesetzes hinausgeht, vereinbart worden ist, z. B. ein Dienstvertrag vom 1. Januar 1896 auf 5 Jahre. Dagegen gilt jener Satz alsdann nicht, wenn der Vertrag ohne feste Dauer geschlossen ist, vielmehr einer Kündigung unterliegt. Denn kündigen die Parteien in solchem Falle nicht, so muß angenommen werden, daß sie lieber die ihnen ungünstigen Änderungen des neuen Gesetzes ertragen, als das Vertragsverhältnis lösen wollen. Einer diesbezüglich ausdrücklichen Willenserklärung bedarf es nicht.[2])

---

[1]) OTr. v. 9. 2. 64 in Str. A. 53 S. 122 und v. 29. Nov. 64 in Str. A. 55 S. 323, auch abgedr. bei Busch 5 S. 249 und S. 27; anders OTr. v. 30. Juni 68 bei Busch 14 S. 403—405 und Stadtger. Berlin v. 29. Nov. 63 bei Busch 3 S. 83/4.

[2]) Anders OTr. in Str. A. 53 S. 122 und offenbar auch in 55 S. 323, s. vorige Anm., dagegen ebenso Staub Suppl. Anm. 3 zu Art. 1 Abs. 2 EG. zum neuen HGB., vgl. Art. 171 EG. zum BGB.

I. Die oben aufgestellte Ansicht, daß die zur Zeit der Begründung der Rechtsverhältnisse geltenden Gesetze deren Wirkungen rechtlich bestimmen, gilt sowohl von den Rechtswirkungen, die aus Handlungen der Beteiligten, als auch von denen, die ohne solche Handlung infolge des bloßen Fortbestandes des Rechtsverhältnisses entstehen.

II. Zwei Ausnahmen sind von dem oben aufgestellten Prinzip zu machen:

1. Die öffentlich rechtlichen, d. h. polizeilichen Vorschriften des neuen HGB. finden vom 1. Januar 1898 ab auch auf die alsdann schon begründeten Dienstverhältnisse Anwendung. Es sind dies lediglich die Vorschriften der §§ 62, 76 Abs. 2—4 und Abs. 1, insoweit letzterer auf § 62 Bezug nimmt, ferner der §§ 81 und 82 des neuen HGB.

Nicht zu verwechseln mit den öffentlich rechtlichen sind die sog. zwingenden Gesetzesnormen, d. h. nicht polizeiliche, sondern rein privatrechtliche Bestimmungen, die aber durch Vereinbarung nicht abgeändert werden können, z. B. die Vorschrift, daß die Zahlung des Gehalts nicht später als am Schlusse des Monats erfolgen dürfe (§ 64 HGB.).

Denn diese sog. zwingenden Vorschriften regeln die beteiligten Interessen nur soweit sie privater, nicht dagegen soweit sie öffentlicher Natur, also eigentliche Staats-Interessen sind. Eine Expropriation von Rechten im Privatinteresse ist aber ausgeschlossen, sofern sie das Gesetz nicht ausdrücklich ausspricht, und das ist bei dem neuen HGB. nicht der Fall. Deshalb findet eine Anwendung der zwingenden Vorschriften des neuen HGB. auf die am 1. Januar 1898 bereits bestehenden Rechtsverhältnisse nicht statt.[1])

2. Die zweite Ausnahme betrifft das Institut der Verjährung.

Ist die Verjährungsfrist nach dem neuen HGB. kürzer als nach dem bisherigen Recht, so wird die kürzere Frist von dem Inkrafttreten des neuen HGB. an gerechnet. Läuft jedoch die in den bisherigen Gesetzen bestimmte längere Frist früher als die im

---

[1]) Entgegengesetzter Ansicht, Staub Suppl. Nr. 3 a. E. zu Art. 1 Abs. 2 EG. zum neuen HGB.; Steiner (Die Konkurrenzkl. nach dem neuen HGB., Stuttgart, Südd. Verlagsanst. 1898) S. 12, 34/5. — Dagegen ist das RG. unserer Ansicht beigetreten, z. B. in E. 42 S. 102, JW. 1898 S. 665ff., Nr. 28 und 1900 S. 638, ebenso Lehmann in G. Z. 48 S. 12ff. und S. 387.

neuen HGB. bestimmte kürzere Frist ab, so ist die Verjährung mit dem Ablauf der längeren Frist vollendet.[1])

Zweites Buch.

Das Recht der Handlungsgehilfen.

Kapitel 1.

Wer ist Handlungsgehilfe? Wer kann und wer darf es sein? Wer kann und wer darf Handlungsgehilfen haben?

Abschnitt 1: Wer ist Handlungsgehilfe?

§ 4. Der allgemeine Begriff und Kreis der Handlungsgehilfen.

Auf die Frage „Wer ist Handlungsgehilfe?" erteilt der § 59 HGB. die zutreffende, von der heutigen Wissenschaft und Rechtsprechung übereinstimmend ausgebildete Antwort: „Wer in einem Handelsgewerbe zur Leistung kaufmännischer Dienste gegen Entgelt angestellt ist."

Die Auflösung dieser Erklärung in ihre einzelnen Bestandteile wird eine richtige Vorstellung von dem Begriffe und dem Kreise der Handlungsgehilfen geben, namentlich auch von der Abgrenzung gegen andersartige, insbesondere gewerbliche Gehilfen des Kaufmanns (s. unten S. 30—32). Vorweg sei bemerkt, daß die Bezeichnung „Handlungsdiener", welche noch der Art. 57 des früheren HGB. mit den „Handlungslehrlingen" zusammen als die beiden Arten der „Handlungsgehilfen" bezeichnete, fortgefallen ist. In der Praxis hatte sie sich nie eingebürgert und das neue Gesetz kennt mit Recht nur „Handlungsgehilfen" und „Handlungslehrlinge". Nicht jeder, der mit seinen Diensten einem anderen hilft, ist deswegen dessen Diener. Gegen die Anschauung der Zeit sind gesetzliche Etikettes ohnmächtig.

§§ 5—7 Spezialisierung des Begriffes und Kreises der Handlungsgehilfen.

§ 5. Erfordernis der Tätigkeit in einem Handelsgewerbe

Handlungsgehilfe ist nur, wer in einem Handelsgewerbe angestellt ist.

[1]) Diese Sätze sind der entsprechend wörtliche Inhalt des Art. 169 des EG zum BGB.

A. In einem **Gewerbe.** Letzterer ist eine private Erwerbstätigkeit, welche auf dem Gebiete des Handels, der Industrie oder eines vom Gesetz ausdrücklich als Gewerbe bezeichneten Berufes im eigenen Namen und für eigene Rechnung mit der Absicht der Gewinnerzielung und der dauernden Fortsetzung ausgeübt wird.

Nicht Handlungsgehilfen sind daher die kaufmännischen Gehilfen der staatlichen Beamten, z. B. die Bureauvorsteher der Notare und Gerichtsvollzieher, ebenso nicht die Angestellten der beamtenartigen öffentlichen Funktionäre,[1]) wie der Rechtsanwälte, Konkursverwalter, vereideten Bücherrevisoren.

Die kaufmännischen Angestellten, z. B. Buchhalter, Verkäufer, Korrespondenten der staatlichen Behörden sind Handlungsgehilfen, wenn das betreffende staatliche Unternehmen selber ein Handelsgewerbe ist.[2]) Denn in diesem Falle sind alle Tatbestandsmerkmale des § 59 HGB. erfüllt. Außerdem sind jene Personen als Angestellte einer öffentlichen Behörde auch öffentliche Beamte. Kollidieren beide Eigenschaften, so gehen die zwingenden Vorschriften des HGB., z. B. §§ 64 und 67 desselben, vor, während die dispositiven Vorschriften des HGB., z. B. §§ 63 Abs. 1, 66, 72, etwa abweichenden Normen des Beamten-Rechtes nachgeben müssen; denn letzteren hat sich der Angestellte durch die Anstellung unterworfen, sie mithin vereinbart. — Eine Behörde betreibt ein Handelsgewerbe, wenn sie eins der in § 1 HGB. aufgeführten Gewerbe (s. unten zu **B**) betreibt, oder wenn sie ihr Unternehmen ins Handelsregister hat eintragen lassen (vgl. § 36 HGB.). Handlungsgehilfen sind also z. B. die Verkäufer der Königlich Preußischen Porzellan-Manufaktur, die Börsen-Vertreter der Preußischen Seehandlung, die Buchhalter und Korrespondenten des Bayrischen Hofbräuhauses, der Straßburger Tabaks-Manufaktur, der Reichsdruckerei, der städtischen Schlachthäuser, Elektrizitäts-Werke und Gasanstalten, die Billett-Verkäufer der Staats-Eisenbahnen. Dagegen sind die deutschen Postverwaltungen kraft der positiven Vorschrift des § 452 HGB. nicht Kaufleute, ihre Angestellten also nicht Handlungsgehilfen. Nicht Handlungsgehilfen sind die kaufmännischen Angestellten, z. B. Buchhalter, Stenographen, der Landwirte, Künstler und Ge-

---

[1]) Die kaufmännischen Angestellten der Kursmakler sind Handlungsgehilfen, da die Kursmakler trotz ihrer amtlichen Ernennung und Tätigkeit nicht aufhören Privathandelsmakler zu sein (Staub Anm. 5 zu § 93 HGB.).

[2]) Ebenso Laband in DJZ. Jahrg 3 S. 394, anders Staub Anm. 11 zu § 36 HGB., teilweise anders Lehmann u. Ring Note 1 zu § 59 HGB

lehrten, da die Erwerbstätigkeit dieser Personen weder auf dem Gebiete der Industrie noch des Handels liegt, noch vom Gesetz als Gewerbe ausdrücklich gekennzeichnet wird. Nicht Handlungsgehilfen sind ferner solche Personen, welche von Handlungsgehilfen zu deren Unterstützung für deren eigene Rechnung engagiert sind (G. Z. 37 S. 533), z. B. die von dem nicht selbständigen Generalagenten einer gewöhnlichen Versicherungsgesellschaft auf eigene Kosten angestellten Buchhalter; denn die Tätigkeit der Handlungsgehilfen selber ist kein Gewerbe, weil sie nicht im eigenen Namen ausgeübt wird. Nicht Handlungsgehilfen sind auch die kaufmännischen Angestellten einer Versicherungsgesellschaft auf Gegenseitigkeit, da deren Zweck nicht ist, ihren Mitgliedern Gewinn zuzuführen, sondern lediglich einen etwaigen Schaden zu ersetzen. Nicht Handlungsgehilfen sind weiter die kaufmännischen Angestellten, z. B. Buchhalter, Kassierer der Wohltätigkeitsbazare, eines kurzen Ausstellungsunternehmens, und anderer nur als vorübergehend geplanter Veranstaltungen; denn hier fehlt von vornherein die Absicht der dauernden Fortsetzung des Betriebes. Vorausgesetzt ist dabei natürlich, daß derartige Veranstaltungen nicht von einem Kaufmann zu einem kaufmännischen Zwecke unternommen werden (§§ 344 Abs. 1, 343 HGB.), wie z. B. kurze Ausverkäufe und Auktionen.

B. Der Gehilfe muß in einem **Handels**gewerbe angestellt sein.

Was ist ein Handelsgewerbe?

1. § 1 Abs. 2 HGB. bestimmt diesbezüglich folgendes:

„Als Handelsgewerbe gilt jeder Gewerbebetrieb, der eine der nachstehend bezeichneten Arten von Geschäften zum Gegenstande hat:

1. die Anschaffung und Weiterveräußerung von beweglichen Sachen (Waren) oder Wertpapieren, ohne Unterschied, ob die Waren unverändert oder nach einer Bearbeitung oder Verarbeitung weiter veräußert werden;
2. die Übernahme der Bearbeitung oder Verarbeitung von Waren für andere, sofern der Betrieb über den Umfang des Handwerks hinausgeht;
3. die Übernahme von Versicherungen gegen Prämie;
4. die Bankier- und Geldwechslergeschäfte;
5. die Übernahme der Beförderung von Gütern oder Reisenden zur See, die Geschäfte der Frachtführer oder der zur Beförderung von Personen zu Lande oder auf Binnengewässern

bestimmten Anstalten sowie die Geschäfte der Schleppschifffahrtsunternehmer;

6. die Geschäfte der Kommissionäre, der Spediteure oder der Lagerhalter;
7. die Geschäfte der Handlungsagenten oder der Handelsmäkler;
8. die Verlagsgeschäfte sowie die sonstigen Geschäfte des Buch- oder Kunsthandels;
9. die Geschäfte der Druckereien, sofern ihr Betrieb über den Umfang des Handwerks hinausgeht."

Nach Nr. 1 betreiben auch die kleinen Handwerker, welche selber Stoffe liefern, wie z. B. alle Schuhmacher und fast alle Schneider, ein Handelsgewerbe, sind also Kaufleute. Trotzdem werden ihre Angestellten fast nie Handlungsgehilfen, sondern nur Gewerbegehilfen (Gesellen) sein, weil dieselben wohl stets zur gewerblich technischen Hilfe und kaum jemals zur Leistung kaufmännischer Dienste angestellt sein werden.

Nach Nr. 2 ist der Betrieb aller Handwerker, die nicht selber Stoffe liefern, vom Kreis des Handelsgewerbes ausgeschlossen, z. B. der Betrieb eines Flickschneiders. Andererseits betreibt demgemäß eine große, über den Betrieb eines Handwerks hinausgehende Kleider-Reparatur-Anstalt ein Handelsgewerbe, und ihre kaufmännischen Angestellten, wie Buchhalter, Korrespondenten, Kassierer, sind Handlungsgehilfen.

Für den Begriff der in § 1 HGB. normierten Handelsgewerbe ist die Eintragung der Firma nicht Voraussetzung, ebensowenig — bis auf die Fälle unter Nr. 2 und 9 — eine den Umfang des Handwerks überschreitende Größe des Betriebes. Jedoch können nach § 4 Abs. 1 HGB. die Inhaber von Kleingewerben (sog. M i n d e r k a u f l e u t e) keine Prokuristen bestellen.

2. § 2 HGB. bestimmt folgendes:

„Ein gewerbliches Unternehmen, das nach Art und Umfang einen in kaufmännischer Weise eingerichteten Geschäftsbetrieb erfordert, gilt, auch wenn die Voraussetzung des § 1 Abs. 2 (HGB.) nicht vorliegen, als Handelsgewerbe im Sinne dieses Gesetzbuchs, sofern die Firma des Unternehmers in das Handelsregister eingetragen worden ist. Der Unternehmer ist verpflichtet, die Eintragung nach den für die Eintragung kaufmännischer Firmen geltenden Vorschriften herbeizuführen."

Danach stellen z. B. jetzt die kaufmännisch betriebenen Hotel-, Restaurations- und Grundstücks-Geschäfte ein Handelsgewerbe dar, falls ihre Firma im Handelsregister eingetragen ist, und es sind dann die kaufmännischen Angestellten dieser Unternehmungen Handlungsgehilfen. Wird die Firma erst während ihrer Anstellungszeit eingetragen, so sind sie bis zur Eintragung lediglich Gewerbegehilfen und unterstehen bis dahin der Gewerbe-Ordnung. Die Vorschrift des Art. 275 des alten HGB., wonach der Betrieb von Immobilien-Geschäften niemals ein Handelsgeschäft begründen konnte, ist in das neue HGB. nicht aufgenommen und damit beseitigt.

3. Nach § 3 HGB. sind die mit dem Betrieb der Land- oder Forstwirtschaft verbundenen Nebengewerbe, wie z. B. das einer Brennerei, einer Molkerei, einer Dampfsäge-Anstalt, einer großen Mühle, des Verkaufs von selbstgezüchtetem Vieh, in allen Fällen nur dann Handelsgewerbe, wenn der Unternehmer den Betrieb kaufmännisch führt und seine Firma ins Handelsregister eintragen läßt; zu dieser Eintragung kann er jedoch — im Unterschiede zu den Betriebs-Inhabern des § 2 HGB. (s. oben zu 2) — nicht gezwungen werden.

Nach alledem ist Handelsgewerbe,[1]) abgesehen von dem Gewerbe der allgemein bekannten Kaufmannskategorien, u. a. das Gewerbe der Agenten, Annoncenbureau-Besitzer, Apotheker, Bäcker, Dampfwaschanstalten, Fabrikanten (soweit sie nicht selbstproduzierte Stoffe verarbeiten), Fleischer, Friseure (wenn sie Haarartikel, Öl, Seifen und anderes verkaufen), Fuhrwerks-Unternehmer, Gastwirte, Handelsgärtner (sofern sie ihre Ware nicht selber produzieren, sondern von anderen einkaufen), Handwerker (wenn sie nicht nur fremdes Material bearbeiten, sondern auch eigenes hierzu angeschafftes Material nach Verarbeitung verkaufen), Hausierer, Höker, Hoteliers (welche nicht nur Zimmer vermieten, sondern auch Genußgegenstände verkaufen), Hypothekenmakler, Kommissionäre, Konditoren (anders Gutacht. d. Berl. Ältest. an den Vorstand der Berliner Pfefferküchler- und Konditoren-Innung vom 15. Mai 1896), Lotterie-Kollekteure, Privatmakler, Patentanwälte (nicht als Verfasser von Patentschriften, aber als Vermittler von Patentveräußerungsgeschäften), Photographen, Reinigungs-Anstalten, Schneider, Versicherungsgesellschaften gegen Prämie (nicht auf Gegenseitigkeit), Zeitungsverleger.

Nicht Handelsgewerbe dagegen ist u. a. das Gewerbe der Ärzte und ärztlichen Heilanstalten, Auktionskommissare (außer wenn sie ihre Tätigkeit vorzugsweise für Kaufleute ausüben), Auskunftsbureaus, Badeanstalten, Bautischler, Bauunternehmer, Berg-

[1]) Dieser und der nachfolgenden Aufstellung ist die entsprechende bei Staub Anm. 79 und 80 zu § 1 HGB. zugrunde gelegt.

werksbesitzer, Einziehungsbureaus, Gesindevermietungsbureaus, Grundstücksmakler, Grundstücksspekulanten, Güterparzellierer, Kunst- und Handelsgärtner (sofern sie nur eigene Produkte verkaufen), Handwerker (wenn sie lediglich fremdes Material verarbeiten), Hoteliers (welche nur Zimmer vermieten, aber keine Speisen oder Getränke verkaufen), Leihbibliotheken, Maurermeister, Privatleihanstalten, Theateragenten, Theaterunternehmer, Versicherungsgesellschaften auf Gegenseitigkeit (nicht gegen Prämie), Ziegeleibesitzer, Zimmervermieter.

Nach § 344 Abs. 1 HGB. gelten die von einem Kaufmann vorgenommenen Rechtsgeschäfte im Zweifel als zum Betriebe seines Handelsgewerbes gehörig. Daher wird z. B. das Druckereigeschäft einer Verlagsbuchhandlung solange als Handelsgewerbe gelten, als nicht klar und zweifellos erhellt, daß es nur handwerksmäßig betrieben wird (vgl. § 1 Nr. 8 und 9 HGB.), und solange werden auch die kaufmännischen Angestellten einer solchen Druckerei als Handlungsgehilfen anzusehen sein. Wenn dagegen z. B. ein nicht ins Handelsregister eingetragener Kommissionär oder Bankier auch Grundstücksgeschäfte macht (§ 1 Nr. 4 und 6 und § 2 HGB.), so sind die für letztere angestellten Reisenden, Verkäufer, Buchhalter nicht Handlungsgehilfen, weil es zweifellos ist, daß sie für ein Nichthandelsgewerbe angestellt sind (vgl. R. Bd. 14 S. 50/51).

Ein Handelsgewerbe ist auch dasjenige, welches sein Inhaber gegen ein Verbotsgesetz ausübt. Es können also auch die Angestellten eines solchen verbotenen Handelsgewerbes Handlungsgehilfen sein, so z. B. die Buchhalter einer konzessionspflichtigen aber nicht konzessionierten Fabrik oder Gastwirtschaft (vgl. §§ 16, 33 GewO.). Nur kann in einem solchen Falle der Prinzipal sowohl als der Handlungsgehilfe ohne Kündigung vom Vertrage zurücktreten, falls der Mangel nicht binnen angemessener Frist behoben wird.

Eine gesetzliche Bestimmung, daß in gewissen Handelsgewerben oder von bestimmten Personen Handlungsgehilfen nicht engagiert werden dürfen, besteht nicht. Anders bei Handlungslehrlingen (s. unten S. 159 **sub II**).

Wenn sich jemand als Inhaber eines Handelsgewerbes, also als Kaufmann, im Verkehrsleben benimmt, ohne es zu sein, so wird im Verhältnis zu seinen kaufmännischen Angestellten eine stillschweigende Vereinbarung dahin anzunehmen sein, daß für das beiderseitige Rechtsverhältnis die Vorschriften des Handlungsgehilfen-Rechts maßgebend sein sollen (vgl. §§ 157, 242 BGB.).[1]

---

[1]) Ebenso Staub Anm. 9 zu § 59 HGB.

Dritten gegenüber und in öffentlich rechtlicher Hinsicht, z. B. in Hinsicht der Krankenversicherung, sind derartige Angestellte natürlich keine Handlungsgehilfen.

§ 6. Erfordernis der Anstellung und des Entgelts.

A. Die **Anstellung** charakterisiert sich dadurch, daß sie den Angestellten zum unselbständigen Glied des Geschäftsorganismus und zum Untergebenen des Geschäftsherrn macht.

1. Demgemäß ist Handlungsgehilfe z. B. der in diesem Sinne angestellte Reisende, auch Stadtreisende, dagegen nicht der Agent (s. R. 16, S. 38), auch nicht der sog. (freie, selbständige) Provisionsreisende (s. unten zu 2a; vgl. z. B. R. 1 S. 151; 15 S. 406); denn beide sind nicht Untergebene, sondern lediglich Vertragskontrahenten ihres Hauses.

Nicht Handlungsgehilfen sind ferner die Vorstandsmitglieder und stellvertretenden Vorstandsmitglieder einer Aktiengesellschaft,[1]) der Geschäftsführer einer Gesellschaft mit beschränkter Haftung, der Liquidator einer Handelsgesellschaft (Reichsgericht v. 23. Dez. 95 i. DJZ. 96 S. 57 r.). Denn alle diese Personen sind zwar angestellt, aber nicht als Untergebene, sondern als gesetzlich erforderliches Vertretungs-Organ des Inhabers des Handelsgewerbes. Folge davon ist z. B., daß zum Geschäftsführer einer Gesellschaft mit beschränkter Haftung auch einer der Gesellschafter bestellt werden kann, während es begrifflich unmöglich ist, daß der Mitinhaber eines Handelsgewerbes zugleich Handlungsgehilfe in demselben ist. Der Vorsteher einer Filiale, Wechselstube u. dgl. ist dagegen Handlungsgehilfe, denn eine solche Vertretung des Prinzipals beruht auf dessen freiem Willen, nicht auf gesetzlichem Zwang.

Nicht Handlungsgehilfe sind sodann das Kind oder der Ehegatte, die im Geschäfte der Eltern oder des anderen Ehegatten nur mithelfen, ohne angestellt zu sein; die Anstellung ist in solchem Falle nicht ohne weiteres zu vermuten, ja eine solche Vermutung ist sogar ausgeschlossen, wenn eine derartige Mithilfe nach den Lebensverhältnissen des Einzelfalles üblich ist (§§ 1617, 1356 Abs. 2 BGB.). Wer sich nur zu einzelnen Dienstleistungen im Geschäft verpflichtet hat, ist weder Glied

---

[1]) R. 13 S. 181 ff., 19 S. 59 und 62; 21 S. 375; RG. in JW. 1902 S. 173[38].

des Geschäftsorganismus, noch Untergebener des Geschäftsherrn, daher nicht Handlungsgehilfe (ebenso Behrend § 44 S. 311), ebensowenig derjenige, der in einem Geschäft nur tätig ist, um dasselbe kennen zu lernen, z. B. zwecks eventuellen Eintritts als Sozius (G. Z. 34 S. 569/70). Ein solcher kann natürlich auch Handlungsgehilfe sein, wenn nämlich die zu erwerbende Kenntnis nicht Gegenstand, sondern nur Motiv der seiner Tätigkeit zugrunde liegenden Vereinbarung ist.

2. Lediglich als **Indizien**, die mit Vorsicht je nach Lage der Sache zu verwerten sind, kommen alle jene Umstände in Betracht, welche entweder auf eine Selbständigkeit oder Unselbständigkeit der Stellung hindeuten, jedoch sowohl mit dieser wie mit jener vereinbar sind. Es sind dies insbesondere folgende:

a) Die Art der Vergütung. Der sog. (freie, selbständige) Provisionsreisende hat seine Bezeichnung allerdings infolge des Umstandes, daß er ohne festes Gehalt nur gegen Provision reist. Aber nicht deswegen steht er außerhalb des Kreises der Handlungsgehilfen, sondern lediglich wegen der Selbständigkeit seiner Stellung. Denn ebenso wie es zulässig ist, daß ein als Handlungsgehilfe angestellter Reisender kein festes Gehalt, sondern nur Provision oder nur Tantieme bezieht (s. O. L. 7 S. 319), ebenso wird der selbständige Reisende nicht dadurch zum Handlungsgehilfen, daß er neben der Provision festes Gehalt oder sogar nur letzteres allein bezieht. Nur wird der Bezug festen Gehalts die Vermutung der Unselbständigkeit begründen,[1]) bei dem Reisenden sowohl als bei anderen Gehilfen, z. B. bei dem sog. Generalagenten der Versicherungsgesellschaften.

Dagegen wird im Zweifel darüber, ob bei einer geschäftlichen Tätigkeit, welche lediglich gegen Tantieme erfolgt, der Tantieme-Berechtigte als Angestellter oder als stiller Sozius, der als Einlagekapital seine Dienste einwirft, anzusehen sei, ein Anstellungsverhältnis angenommen werden müssen. Denn eine Sozietät ohne Kapitalbeteiligung eines der Sozien ist immerhin Ausnahme.[2]) Andererseits ist eine stille Gesellschaft dadurch nicht unmöglich gemacht, daß der stille Gesellschafter für die Einlage seiner Dienste außer der Tantieme noch festes Gehalt bezieht; nur wird hier

---

[1]) Nach Ältst. v. 18. 2. 04 i. S. Schnapp/Wald 72. C. 1971. 03. AG. Berlin I ist ein Stadtreisender, der ein kleines Fixum wie 10 Mk. pro Woche erhält und im übrigen auf seine Provision angewiesen ist, nicht als Handlungsgehilfe, sondern als Agent anzusehen.

[2]) Vgl. Bolze 10 Nr. 534.

natürlich in noch stärkerem Grade die Vermutung für einen Anstellungsvertrag sprechen.[1])

b) Ein Indizium für die Selbständigkeit der Stellung, keineswegs für letztere entscheidend ist die Übernahme von Delkredere (s. R. 14 S. 214), Reisespesen und ähnlichen Unkosten durch den Handlungsgehilfen.

c) Ferneres Indizium ist die Art der Tätigkeit. So z. B. wird die Tatsache, daß bei einem Reisenden Beginn, Ende und Art der Reise der Weisung des Geschäftsherrn unterliegen, und daß der Reisende in der reiselosen Zeit im Geschäft täglich sich melden, ja womöglich dort tätig sein muß, wichtige Anhaltspunkte für die Annahme einer Anstellung abgeben, aber der bestimmte Nachweis ihnen gegenüber, daß im Einzelfalle kein Anstellungsvertrag, sondern nur ein gewöhnlicher Dienstvertrag vereinbart worden, muß auf alle Fälle offen bleiben.

d) Ebensowenig sind Ort und Zeit der Tätigkeit entscheidend. So ist es zwar Regel, aber nicht Erfordernis, daß der Handlungsgehilfe in den Geschäftsräumen des Prinzipals arbeitet (R. 7 S. 301) und daß er während der ganzen üblichen Geschäftszeit für den Prinzipal tätig ist. Es kann deshalb auch der sog. Stundenbuchhalter, d. h. derjenige, der einige Stunden des Tages oder der Woche im Geschäft tätig ist, um die Bücher in Ordnung zu halten" (Staub Anm. 6 zu § 59 HGB.), Handlungsgehilfe sein. Es ist dies jedoch nicht zu vermuten, sondern nachzuweisen.[2])

e) Eine Anstellung wird dadurch nicht ausgeschlossen, daß ihr von vornherein der Charakter der Dauer genommen ist, z. B. wenn sie zur Aushilfe erfolgt (vgl. § 69 HGB.). Doch wird bei einem derartigen Engagement auf ganz kurze Zeit, z. B. auf einen Tag, anzunehmen sein, daß die Parteien nicht einen Anstellungsvertrag, sondern einen gewöhnlichen Dienstvertrag haben abschließen wollen.

f) Zeichen der Anstellung als einer Einfügung in den Organismus des Geschäftes ist regelmäßig, daß der Angestellte keinem anderen als dem Geschäftsherrn gleichartige Dienste leisten darf (vgl. § 60 HGB. und unten § 13).

Doch ist das Gegenteil mit dem Begriffe des Handlungsgehilfen vereinbar. So bleibt der angestellte Reisende Handlungs-

---

[1]) Vgl. OLG. München in der DJZ. 97 S. 228.

[2]) Anders Staub a. a. O., Lehmann u. Ring Note 4 zu § 59 HGB., LG. Berlin I 1903 in DJZ. 1904 S. 952.

gehilfe, auch wenn ihm erlaubt ist, für ein anderes Haus mit zu reisen, und der Agent sowie der Provisionsreisende werden nicht dadurch zu Handlungsgehilfen, daß sie vertraglich nur ein einziges Haus vertreten dürfen.

B. Nur der gegen **Entgelt** Angestellte ist Handlungsgehilfe. Grund ist, daß die Unentgeltlichkeit der Dienstleistung mit der Stellung des Leistenden als eines Untergebenen nicht recht vereinbar ist. Nicht Handlungsgehilfe ist also der Volontär.[1] Staub (Anm. 7 zu § 59 HGB.) will die Vorschriften über Handlungsgehilfen auf den Volontär analog anwenden, bis auf diejenigen, welche von der Vergütung handeln, und zwar deswegen, weil der Volontär freiwillig die Pflichten des Handlungsgehilfen übernehme. Letzteres aber gerade erscheint bedenklich. Einerseits tritt der Volontär in ein Geschäft ein, um sich darin umzusehen oder zu lernen, ohne Lehrling zu sein, und zwar in einer Art zu lernen, die mehr seinen Wünschen und Zwecken als denen des Prinzipals entspricht. Andererseits will der letztere durch Annahme des Volontärs eine Gefälligkeit erweisen, aber keine Verpflichtung eingehen. Die Einhaltung der für Handlungsgehilfen gegebenen gesetzlichen Kündigungsfristen z. B. würde daher dem Wesen des Volontär-Verhältnisses widersprechen. Letzteres untersteht vielmehr den Regeln des allgemeinen Auftragsverhältnisses. Zuzustimmen ist der Ansicht von Düringer und Hachenburg (Anm. 2 vor § 59 HGB.) daß die §§ 618, 629, 630 BGB. und §§ 62, 73, 74 HGB. entsprechend anwendbar sind.[2]) Es folgt dies aus den Anschauungen der Verkehrssitte, nicht jedoch, wie jene Schriftsteller offenbar annehmen, daraus, daß die Vorschriften über den Dienstvertrag, soweit sie nicht die Entgeltlichkeit betreffen, schlechthin auf den Auftrag anwendbar sind.

§ 7. Erfordernis der Leistung kaufmännischer Dienste.

A. Die Anstellung muß zur Leistung von Diensten erfolgt sein.

Nicht Handlungsgehilfen sind daher der Lehrling und der Volontär (vgl. § 6 am Schluß), weil deren Anstellung in erster Linie nicht die Leistung von Diensten, sondern die Erlernung des Geschäfts zum Gegenstand hat.

---

[1]) Ebenso Apt Kommentar zum Reichsges. betr. Kaufmannsgerichte Anm. 5 II d zu § 1, Lehmann und Ring Note 3 zu § 59 HGB.

[2]) Lehmann und Ring a. a. O. wollen den § 62 HGB. analog anwenden, erheben aber betreffs der §§ 73—75 diesbezügliche Zweifel.

B. Die zu leistenden Dienste müssen kaufmännische sein.

Damit hat das Gesetz eine alte Streitfrage zwischen der herrschenden und u. E. richtigen Meinung einerseits und Thöl und Wendt andererseits, welche letzteren alle, auch die nichtkaufmännischen, Gehilfen eines Kaufmanns als Handlungsgehilfen betrachtet sehen wollten, zugunsten der ersteren entschieden.

I. Kaufmännische Dienste sind diejenigen, welche, wenn auch nicht nach dem gesetzlichen Kaufmannsbegriff der §§ 1—3 HGB.,[1]) so doch gemäß der Anschauung des Kaufmannsstandes, insbesondere der betreffenden Branche, sich als kaufmännische charakterisieren, welche nach einem treffenden Ausdruck des Reichsoberhandelsgerichts (R. 17 S. 309) die „kaufmännische Signatur" tragen. Die Frage, ob eine solche vorhanden ist, wird nur nach Lage des einzelnen Falles zu beantworten sein; sie ist aber deswegen nicht, wie das Reichsoberhandelsgericht in einzelnen Entscheidungen[2]) irrtümlich ausführt, eine der Revision entzogene Tatfrage, vielmehr eine revisionsfähige Rechtsfrage. Denn ein in den gesetzlichen Tatbestand aufgenommener Begriff ist Rechtsbegriff, Teil der Rechtsnorm. Es liegt hier dieselbe Erscheinung vor, wie z. B. bei dem Tatbestande der strafrechtlichen Beleidigung, welche eine Verletzung der persönlichen und gesellschaftlichen Signatur des einzelnen darstellt, oder wie bei der Frage, was ein wichtiger Grund zur Entlassung ist. In allen derartigen Fällen, in denen der Rechtsbegriff sich nicht ohne weiteres aus den tatsächlichen Umständen logisch folgern läßt, sondern sich erst aus einer tatsächlichen Abschätzung derselben ergibt, ist die Vornahme einer solchen Abschätzung als Rechtsprüfung anzusehen. Es hat denn auch das Reichsoberhandelsgericht entgegen seiner Theorie in einer — bis auf die zitierten Fälle — ständigen Rechtsprechung die Frage, ob kaufmännische Dienste vorliegen, in der Revisionsinstanz nachgeprüft und auf sein diesbezügliches Ergebnis das Revisionsurteil gegründet. Dieselbe Praxis befolgt das Reichsgericht.

II. Die kaufmännische Eigenschaft eines Dienstes ist nicht schon deswegen zu vermuten, weil derselbe im Betriebe eines Handelsgewerbes geleistet worden ist; vielmehr hat derjenige,

---

[1]) S. oben S. 19—22.

[2]) R. 10 S. 186; 17 S. 312; 21 S. 254; ebenso allerdings auch Behrend § 46 Anm. 11.

welcher eine solche Eigenschaft behauptet, dafür die Beweislast (E. 1 S. 268/269).

Wenn der Gehilfe eines Kaufmanns gemischte, d. h. teils kaufmännische teils andere, z. B. gewerbliche, Dienste leistet, so wird er dann Handlungsgehilfe sein, wenn die kaufmännischen überwiegen[1]) oder doch in erheblichem Umfange, nicht nur nebensächlich oder gelegentlich geleistet werden.

Die kaufmännische Signatur können nicht nur diejenigen Dienste tragen, welche den Abschluß von Rechtsgeschäften betreffen, — die der Prokuristen und Handlungsbevollmächtigten, — sondern auch die innergeschäftlichen Dienste, wie z. B. die des Buchhalters und Korrespondenten (R. 14 S. 115). Nur tragen die Dienste ersterer Art stets die kaufmännische Signatur. Der Handlungsbevollmächtigte braucht übrigens nicht zugleich Handlungsgehilfe zu sein.[2])

III. **Gehilfen, welche kaufmännische Dienste leisten,** sind u. a.

1. Der Akquisiteur (AG. Berlin I in Bl. f. R. 1904 S. 64);
2. der Apothekergehilfe (s. unten Nr. 25 unter „Provisor") Wie wir auch das Reichsgesetz über die Kaufmannsgerichte, dessen § 4, soweit er sich auf die Apotheker-Gehilfen bezieht, sonst keinen Sinn hätte;
3. der Buchhalter;
4. der Bureauchef eines Zeitungsverlegers, weil seine Tätigkeit sich auf die Verwertung, d. h. Expedition und Verbreitung der Zeitung bezieht (Kammergericht vom 17. Juni 1891, in Bl. f. R. 91 S. 85/86);
5. die Direktrice, wenn sie, wenigstens ab und zu, Kunden bedient oder Stoffe zur Ausführung von Aufträgen einkauft (ebenso Ältst. v. 27. März 1895 i. S. 56 C. 39. 95. des AG. Berlin I.); OL. 6 S. 349;
6. der Disponent (Bolze 10 Nr. 428; vgl. das. 13 Nr. 390);
7. der Einkäufer;
8. der Expedient (vgl. Bl. f. R. 91 S. 63/64 und 85/86), welcher dem Geschäfts- bzw. Fabrikpersonal die Bestellungen aufzugeben und für die Ausführung derselben bis zur Absendung der Ware zu sorgen hat;

---

[1]) Ebenso Behrend § 44 A. 10, Cosack § 18 S. 65 und OL. 6 S. 349.

[2]) Ebenso Staub Anm. 13 zu § 54 HGB. Anders R. 1 S. 151; 5 S. 105; 15 S. 406.

9. der Fabrikinspektor, wenn er nicht nur den technischen Betrieb inspiziert, sondern auch die Arbeiter engagiert und entläßt oder die Kontrolle über Buchhaltung und Kasse führt oder dem Prinzipal in diesen Angelegenheiten oder bei dem Ein- und Verkauf assistiert (s. IV Nr. 8);
10. der Fabrikleiter oder Fabrikdirektor (R. 18 S. 25) vgl. IV Nr. 8;
11. der General-Agent einer Versicherungs-Gesellschaft (s. sub. 12);
12. der generelle Handlungsbevollmächtigte;
13. der Hotel-Leiter (Bolze 16 Nr. 238; 14 Nr. 391, vgl. KG. in OL. 1 S. 72);
14. der Kalkulator (LG. Berlin I v. 17. 3. 96 in Bl. f. R. 96 S. 48, 49), sofern er die Kalkulation von Einkaufs- oder Verkaufspreisen zu besorgen hat (vgl. IV Nr. 15).
15. der Kassierer;
16. der Konfektionär;
17. die Konfektioneuse (Ältst. v. 14. Febr. 93 i. S. Schulz/Lichtwitz u. Milchner AG. Berlin I 34 C 1931, 92);
18. der Kontrolleur einer Straßenbahn (ebenso Puchelt Anm. 2 zu Art. 57 HGB. und die dort zitierte Entsch. des R. vom 12. Febr. 1878);
19. der Korrespondent;
20. das Ladenmädchen, auch wenn es nicht Verkäuferin ist, sondern nur etikettiert, verpackt, zum Versand fertig stellt, die erledigten Aufträge im Lagerbuch bucht u. dgl. (LG. Berlin I vom 24. 4. 91 in Bl. f. R. 91 S. 63, 64 und in G. Z. 42 S. 513);
21. der Lagerist, welcher die Aufsicht über das Lager führt, meist auch die Ware zu empfangen, zu verpacken und zu expedieren hat (s. auch Expedient), ebenso OL. Hamburg 1895 in G. Z. 47 S. 486;
22. der Leiter eines Handelsgewerbes oder eines Teiles oder Zweiges desselben;
23. der Platzanweiser sog. Stätteplätze; derselbe ist Lagerist (KG. in Bl. f. R. 1901 S. 106; vgl. oben Nr. 21);
24. der Prokurist;
25. der Provisor einer Apotheke (s. oben zu Nr. 2), da seine Verkaufstätigkeit nicht eine ganz geringfügige im Verhältnis zu seiner sonstigen Tätigkeit (im Laboratorium) ist. (Ebenso Lehmann und Ring Note 5 zu § 59 HGB.,

HAG. Nürnberg bei Busch 21 S. 351 und O. Tr. vom 12. 10. 65 in Strieth. Arch. 61 S. 95, 96. Anders Staub Anm. 13 zu § 52 HGB., Cosack S. 106/107, Dernburg Pr. Priv. R. II § 93 A. 3 u. Bürg. R. II § 310 Anm. 2, Gutachten der Apothekerkammer Berlin u. LG. Berlin I Bl. f. R. 1904 S. 85);

26. der Recherch eur der Auskunfteien;
27. der Reisende, auch der Stadtreisende;
28. der Restaurations-Geschäftsführer (Bolze 16 Nr. 375);
29. der Seeschiffs-Kapitän, § 511 HGB. (s. unt. IV Nr. 29);
30. die Schlächtermamsell (LG. Berlin I i. S. Gehrs/Wehlisch S. 34. 99. C. K. 23);
31. der Speichermeister, dem auch die Ablieferung des lagernden Getreides und die Buchführung darüber anvertraut ist (R. 18 S. 232);
32. der Subdirektor einer Versicherungsgesellschaft (vgl. Bolze 14 Nr. 395);
33. der Verkäufer;
34. der Verwalter eines Handelsgewerbes oder eines Teiles desselben (vgl. oben 22).

    Die Auszahlung der Löhne macht noch nicht zum kaufmännischen Verwalter, wohl aber das Engagement von Arbeitern, jedoch nicht schlechthin, sondern nur, wenn sich die Engagements-Befugnis auf alle Arbeiter oder einen erheblichen, nach Fachzweigen nicht begrenzten Teil derselben erstreckt. Sonst würden die zahlreichen kleinen Werkmeister, welche in großen Fabriken für den ihnen unterstehenden technischen Spezialzweig die Arbeiter selbständig engagieren und oft auch entlassen, sämtlich Handlungsgehilfen sein (vgl. IV Nr. 9);
35. der Vorsteher einer Filiale, Wechselstube (RG. in JW. 1902 S. 173[38]).

Alle vorstehend aufgeführten Personen sind Handlungsgehilfen, falls die sonstigen Merkmale dieses Begriffes vorhanden sind.

IV. Die **Gehilfen** des Handelsgewerbes, **welche nicht kaufmännische Dienste leisten** und welche man gewöhnlich in gewerbliche (z. B. Ingenieure, Zeichner, Köche), gesindeartige (z. B. Kontordiener, Hausknechte) und sonstige nichtkaufmännische Gehilfen (z. B. Syndici, Redakteure) einteilt, **sind u. a.:**

1. Der gewöhnliche Arbeiter;
2. der Berichterstatter einer Zeitung (R. 14 S. 23, 24; E. 1 S. 268);
3. der Bierfahrer. Anders das Reichsgericht v. 25. Juni 1890 (JW. 1890 S. 295[3]), falls der Bierfahrer das Bier verkauft oder auch nur das Kaufgeld für das verkaufte Bier einkassiert oder auch nur das sog. Spundgeld erhebt, selbst wenn letzteres vom Prinzipal ihm überlassen wird. Aber diese zweifellos kaufmännischen Funktionen sind sekundär neben der nicht kaufmännischen Kutscher- und Botentätigkeit des Bierfahrers. Verkauft der Bierfahrer das Bier gegen Provision, so ist er Reisender und als solcher Handlungsgehilfe;
4. die Blumenbinderin, auch wenn sie gelegentlich mit verkauft; anders wenn sie ständig verkauft;
5. der Braumeister (R. 9 S. 306 ff.; vgl. jedoch Überschrift zu E. 36 S. 50);
6. die Büffet-Mamsell;
7. der Chemiker, selbst wenn er technische Werkzeuge und Geräte bestellt, Arbeiter anstellt und lohnt und korrespondiert (Bolze 17 Nr. 410);
8. der Fabrikinspektor, falls ihm lediglich die Inspektion über den technischen Betrieb obliegt (s. oben III Nr. 9);
9. der Fabrikmeister oder Werkmeister, der für einen begrenzten Zweig der Fabrik Arbeiter engagiert und entläßt, die Arbeit verteilt, Lohnlisten, Material- und Inventar-Verzeichnisse, Wochenzettel und sonstige auf den Gewerbebetrieb bezüglichen Bücher führt, jedoch keine Rohstoffe einkauft (ebenso LG. Berlin I v. 17. März 96 in Bl. f. R. 96 S. 48/49; R. 11 S. 387, vgl. III unter 10 u. 34);
10. der Fahrradlehrer in einem Fahrradgeschäft (ebenso LG. Berlin I i. S. Raasch/Heftenberg S. 34. 97. C. K. 8);
11. der Geselle;
12. der Hausknecht (vgl. LG. Berlin I v. 5. 12. 89 in Bl. f. R. 90 S. 14);
13. der Hüttenmeister (vgl. Mühlenmeister, Obermüller, Polier);
14. der Ingenieur (vgl. jedoch G. Z. 14 S. 529. 530);
15. die Kalkulatoren, die nur Lohnlisten und die darauf bezüglichen Bücher führen (Bl. f. R. 1896 S. 48/49 und 1891 S. 63/64) oder nur den Verkehr mit der Krankenkasse führen (vgl. III Nr. 14);
16. der Kassenbote;

17. der Kellner (R. 24 S. 271; s. auch Oberkellner);
18. der Koch (R. 10 S. 299. 300);
19. der Kontordiener;
20. der Kutscher;
21. der Laufbursche;
22. der Mühlenmeister (Bolze 9 Nr. 228), (s. Obermüller);
23. der Oberkellner (R. 24 S. 271; G. Z. 37 S. 534; Cosack S. 106/107, anders Lehmann u. Ring Note 5 zu § 59 HGB.), (s. auch Kellner);
24. der Obermüller, welcher nicht das Getreide einkauft und verkauft wie der Mühlenmeister, sondern nur Arbeiter ist oder Arbeiter beaufsichtigt (HAG. Nürnberg v. 29. 10. 66 in G. Z. 14 S. 528/29);
25. der Omnibusschaffner (LG. Berlin I v. 6. 12. 90 in Bl. f. R. 91 S. 28/29);
26. der Straßenbahnschaffner;
27. der Polier;
28. die Probiermamsell;
29. der Schiffsführer eines Stromschiffes. Derselbe ist, weil seine Dienste wesentlich in der technischen Leitung des Schiffstransportes bestehen, Gewerbegehilfe (ebenso Behrend § 44 Anm. 10; anders OTr. v. 3. 3. 68 bei Busch 17 S. 194 und in StriethArch. 70 S. 131); (s. oben III Nr. 29);
30. der Schreiber;
31. die Schreibmaschinistin;
32. der Syndikus;
33. der Techniker (s. Ingenieur, Zeichner);
34. der Werkmeister (s. oben Fabrikmeister);
35. der Zeichner (anders OAG. Rostock v. 30. 1. 68 in G. Z. 14 S. 529/530);
36. der Zeitungsberichterstatter (R. 14 S. 23; E. 1 S. 268);
37. der Zeitungsredakteur (AG. Zwickau bei Busch 22 S. 254; anders die ebenfalls sächsische Entsch. bei Busch 18 S. 393 ff., sowie Lehmann u. Ring, Note 5 zu § 59 HGB.);
38. der Zuschneider (R. 21 S. 18).

§ 8. Künstliche Handlungsgehilfen.

So benennen wir diejenigen Personen, welche nicht der Natur ihrer Stellung nach (s. §§ 4—7) unter den gesetzlichen Begriff der

Handlungsgehilfen fallen, aber nach Vertrag oder Handelsbrauch rechtlich als Handlungsgehilfen gelten. Beides kommt in der Praxis vor. Dieselbe kennt z. B. Verträge, welche besagen, daß für das Verhältnis zwischen dem Prinzipal und dem engagierten Techniker die Rechtssätze maßgebend sein sollen, welche das Handelsgesetzbuch über das Verhältnis zwischen Prinzipal und Handlungsgehilfen aufstellt. Andererseits wurden z. B. nach Berliner Ortsgebrauch die Gehilfen der vereideten Makler, obwohl letztere keine Kaufleute waren, als Handlungsgehilfen angesehen;[1]) jetzt, nachdem das Institut der vereideten Börsenmakler durch das Reichsbörsengesetz abgeschafft worden ist, hat dieser Ortsgebrauch allerdings nur noch ein historisches und exemplifikatorisches Interesse.

Selbstverständlich ist eine analoge Ausdehnung der Gesetze öffentlichen Rechtes über die Handlungsgehilfen auf Nicht-Handlungsgehilfen ausgeschlossen. So z. B. unterliegt ein künstlicher Handlungsgehilfe nicht den die Handlungsgehilfen betreffenden Vorschriften der Reichsversicherungsgesetze.

Eine Vereinbarung, daß ein Handlungsgehilfe als Nicht-Handlungsgehilfe oder als Gewerbegehilfe angesehen werden soll, bewirkt nur, daß das dispositive Handlungsgehilfen-Recht nicht zur Anwendung kommt, dagegen beseitigt sie nicht die Anwendbarkeit der zwingenden Vorschriften dieses Rechtes.

Abschnitt 2.

§ 9. **Wer kann und wer darf Handlungsgehilfe sein? Wer kann und darf Handlungsgehilfen haben?**

A. Abschnitt 1 hat die Frage erörtert, unter welchen Voraussetzungen jemand Handlungsgehilfe ist. In diesem Abschnitt sollen zunächst zwei weitere Fragen beantwortet werden, nämlich:

1. wer kann Handlungsgehilfe werden, d. h. wer hat die privatrechtliche Fähigkeit dazu? und
2. wer darf es werden, d. h. wer hat die öffentlich-rechtliche Erlaubnis dazu?

Die Antwort lautet:

ad 1: **Jeder kann es werden,** auch Ehefrauen, Minderjährige und solche, die der elterlichen Gewalt unterworfen sind; auch selb-

[1]) Altst. v. 1. Januar 91 i. S. Simon/Webel, S. 139. 90. LG. II Berlin und v. 8. Mai 94 i. S. Dirksen/Landt 37 C. 508. 94. AG. I Berlin. Die Angestellten der jetzigen Kursmakler sind Handlungsgehilfen (siehe oben S. 18 Anm. 1).

ständige Kaufleute, die Inhaber eines anderen Handelsgewerbes sind.

ad 2: **Jeder darf es werden, bis auf** folgende Ausnahmen:

a) die Kursmakler dürfen nicht zugleich Handlungsgehilfen sein (§ 32 Abs. 2 Börsenges.);

b) als Einkäufer oder Reisender eines Handelsgewerbes darf außerhalb des Gemeindebezirks, in welchem die Niederlassung desselben sich befindet, nur derjenige fungieren, welchem in Gemäßheit des § 44 a der GewO. eine Legitimationskarte von der zuständigen Verwaltungsbehörde erteilt worden ist. Ebenso darf als Einkäufer oder Reisender eines Handelsgewerbe-Betriebes im Umherziehen nur derjenige fungieren, welchem ein Wandergewerbeschein von der zuständigen Verwaltungsbehörde erteilt worden ist (§ 55 GewO.). Eine Legitimationskarte genügt auch hier, falls der Handlungsgehilfe nur Warenbestellungen aufsuchen oder Waren bei anderen Personen als bei Kaufleuten oder an anderen Orten als in offenen Verkaufsstellen zum Wiederverkauf einkaufen will (§ 55 cit.).[1] Legitimationskarte und Wandergewerbeschein können unter bestimmten Voraussetzungen zurückgenommen werden (§§ 44 a Abs. 4, 58 GewO.).

c) Wer die Befugnisse zu einem stehenden Handelsgewerbe-Betriebe als Stellvertreter, z. B. als Vorsteher einer Bierhaus-Filiale ausübt, muß den für das in Rede stehende Gewerbe insbesondere vorgeschriebenen Erfordernissen genügen (§ 45 GewO.).

d) Ein Ausländer, d. h. Nicht-Deutscher, darf als Handlungsgehilfe eines Handelsgewerbebetriebes im Umherziehen nur mit besonderer behördlicher Genehmigung tätig sein (§ 56 d GewO.).

Die Absolvierung einer Lehrzeit ist für den Handlungsgehilfen nicht erforderlich; ein diesbezüglicher Antrag ist in der Reichstagskommission abgelehnt worden (Kom. S. 19, 21). Ebensowenig ist ein bestimmtes Alter erforderlich. Nur dürfen — mit hier nicht interessierenden Ausnahmen — Kinder unter 14 Jahren an öffentlichen Orten oder ohne vorgängige Be-

[1]) Die Legitimationskarte muß den in § 57 GewO. aufgeführten Personen versagt und kann denjenigen versagt werden, welche blind, taub oder stumm sind oder an Geistesschwäche leiden (§ 44 a Abs. 3; § 57 a Abs. 2 GewO.). Dasselbe gilt vom Wandergewerbeschein. Nur kann derselbe auch unter den Voraussetzungen der §§ 37 a Nr. 1 und 57 b GewO. versagt werden.

stellung von Haus zu Haus Gegenstände nicht feilbieten (§ 42 b Abs. 5 GewO.). Ferner sei noch hervorgehoben, daß der Wandergewerbeschein Personen unter 25 Jahren in der Regel zu versagen ist (§ 57 a Nr. 1 GewO.).

Wird jemand Handlungsgehilfe, der es nicht werden darf, so ist die öffentlich rechtliche Folge davon, daß er im Wege des Strafverfahrens (vgl. Nr. 5, 7, 7 d des § 148 GewO.) bestraft werden kann, und die privatrechtliche Folge, daß sowohl er als der Prinzipal vom Dienstvertrage ohne Kündigung zurücktreten darf, falls die behördliche Erlaubnis nicht binnen angemessener Zeit nachgeholt wird. Solange jedoch der Rücktritt nicht erklärt ist, besteht der Dienstvertrag in rechtsgültiger Art, kann der Handlungsgehilfe also z. B. sein Gehalt beanspruchen, und hat inzwischen in jeder Hinsicht die Rechtsstellung eines Handlungsgehilfen.

B. **Handlungsgehilfen haben kann** jeder Kaufmann. Nur können Minderkaufleute keine Prokuristen bestellen (§ 4 Abs. 1 HGB.) und Erwerbs- und Wirtschafts-Genossenschaften weder Prokuristen noch Handlungsbevollmächtigte (§ 40 Abs. 2 Reichsges. v. 1. Mai 1889).

Handlungsgehilfen haben darf jeder überhaupt, auch ein solcher, der keine Handlungslehrlinge haben darf (s. unten S. 160).

Kapitel 2.

Das Rechtsverhältnis zwischen Prinzipal und Handlungsgehilfen.

Abschnitt 1. Der Anstellungsvertrag und seine Kontrahenten.

§ 10. Der Anstellungsvertrag.

I. Das Rechtsverhältnis zwischen einem Kaufmann und seinem Handlungsgehilfen ist Handelssache im Sinne des Art. 2 des Einf.Ges. zum HGB. Der dieses Verhältnis begründende Vertrag ist Handelsgeschäft[1]) für den Prinzipal. Es ergiebt sich dies ohne weiteres aus dem Umstande, daß die Anstellung von Betriebsgehilfen in eminentem Maße zum Betriebe selber gehört, und nach § 343 Abs. 1 HGB. alle einzelnen Geschäfte eines Kaufmannes, welche zum Betriebe seines Handelsgewerbes

---

[1]) Vgl. R. 11 S. 57; Anders OTr. v. 14. 1. 64 in G. Z. 13 S. 636.

gehören, als Handelsgeschäfte anzusehen sind. Hat daher z. B. der Prinzipal eine Vertragsstrafe für den Fall versprochen, daß er den Handlungsgehilfen vor einem bestimmten Termin entlassen sollte, so ist die Herabminderung einer solchen Vertragsstrafe im Falle der Übermäßigkeit durch das Gericht nicht zulässig (§ 348 HGB.).

Dagegen ist der Anstellungsvertrag kein Handelsgeschäft für den Handlungsgehilfen, weil letzterer nicht Kaufmann ist. Daher ist die gerichtliche Herabminderung der Vertragsstrafe, welche der Handlungsgehilfe für den Fall seines vorzeitigen Austrittes versprochen hat, gemäß § 343 BGB. zulässig. Daher kann bei Verzug in der Gehaltszahlung der Handlungsgehilfe nicht 5 % (§ 352 HGB.), sondern nur 4 % (§ 288 Abs. 1 BGB.) Verzugszinsen beanspruchen. Daher ist die Übernahme von Delkredere durch den Handlungsreisenden kein Handelsgeschäft (§ 349 HGB.), und es steht ihm, falls der Kunde nicht bezahlt, dem Prinzipal gegenüber zunächst die Einrede der Vorausklage zu.[1])

II. Der Anstellungsvertrag bedarf zu seiner Gültigkeit keiner besonderen Form, insbesondere nicht der schriftlichen.[2]) Genügt mithin das mündliche Wort, ja sogar jede Art des Verhaltens, welche den Willen der Kontrahenten deutlich zum Ausdruck bringt (sog. konkludente Umstände), so muß letzteres sich doch in einer unzweideutigen Weise zeigen. Es ist nicht erforderlich, daß Ausdrücke gebraucht werden wie „Ich engagiere Sie hiermit" oder „Also abgemacht" oder „Sie können gleich morgen antreten", sondern es würde auch zum Engagement genügen, wenn z. B. nach gepflogenen Verhandlungen der Prinzipal den Stellensuchenden zu einer Schlußbesprechung einladet, in derselben Meinungsverschiedenheiten über die beiderseitigen Ansprüche sich nicht mehr ergeben oder ausgeglichen werden, und am Ende der Besprechung der Prinzipal den Bewerber etwa mit den Worten verabschiedet: „Also auf Wiedersehen." Natürlich wird es sich prak-

---

[1]) Anders R. 14 S. 216 und unsere erste Auflage S. 27.

[2]) Zwei merkwürdigen Irrtümern begegnet der Praktiker häufig sowohl bei Handlungsgehilfen als bei Prinzipalen, nämlich einmal der Meinung, daß der nicht gestempelte Anstellungsvertrag rechtsungültig sei, und zweitens der Ansicht, daß jeder Teil binnen 24 Stunden seit rechtsgültigem Abschluß des Engagementsvertrages von letzterem mit Recht zurücktreten dürfe.

In Preußen sind die schriftlichen Dienstverträge der Handlungsgehilfen stempelfrei, wenn das vereinbarte Gehalt 1500 Mk. für das Jahr nicht übersteigt, sonst sind sie mit 1,50 Mk. zu stempeln (Pos. 71 sub 2 und 2b des Tarifs zum Preuß. Stempelsteuerges. v. 31. 7. 95).

tisch in solchen Fällen für den Gehilfen empfehlen, sich nicht auf juristische Deutungen zu verlassen, sondern eine direkte Äußerung darüber herbeizuführen, ob er sich als engagiert betrachten solle.

Was von der Frage gilt, ob ein Anstellungsvertrag überhaupt zustande gekommen, gilt auch von den Vereinbarungen, die seinen Inhalt und seine Fortsetzung betreffen. Die bloße Zusage künftiger Gehaltserhöhung z. B. „sobald sich der Anzustellende nach dem Wunsche des Prinzipals eingerichtet haben werde," ist keine verbindliche Verpflichtung, die nach billigem Ermessen fällig wird, sondern ein unverbindliches Inaussichtstellen (R. 18 S. 258/59). Wenn dagegen der Prinzipal dem Gehilfen vorschlägt, gegen ein bestimmtes in den nächsten drei Jahren steigendes Gehalt im Geschäft weiter zu bleiben, der Gehilfe antwortet, er werde es sich überlegen, und dann ohne weitere Erklärung tatsächlich weiter bleibt, so ist anzunehmen, daß das Dienstverhältnis auf drei Jahre, und zwar mit den neuen Bedingungen, verlängert worden ist (Bolze 12 Nr. 207; vgl. R. 19 S. 121/23).

Wird von beiden Seiten das Vertragsverhältnis nach seinem Ablauf stillschweigend fortgesetzt, so ist nach Treu und Glauben anzunehmen, daß es mit dem bisherigen Inhalte fortgesetzt wird, z. B. mit den alten Stipulationen von Konkurrenzklauseln und Konventionalstrafen.[1]) Es gilt dann als auf unbestimmte Zeit verlängert (§ 625 BGB.).

Jeder Teil, sowohl der Prinzipal als der Handlungsgehilfe, kann von dem anderen Teile die Vorlegung der Anstellungsvertrags-Urkunde zwecks Einsicht verlangen, wenn er hieran ein rechtliches Interesse hat (§ 810 BGB.), z. B. wenn er ein Vertrags-Exemplar überhaupt nicht erhalten oder wenn er das seinige verloren hat, oder wenn er behauptet, daß sein Exemplar von demjenigen des Prinzipals inhaltlich abweiche.

III. Der Engagementsvertrag ist im Zweifel zugunsten des Handlungsgehilfen zu interpretieren,[2]) namentlich bei Bedingungen, die im Interesse des Prinzipals getroffen worden sind. Denn von letzterem als dem wirtschaftlich Stärkeren gehen die Engagements-Bedingungen in der Regel aus (R. 17 S. 19, 20). Seine Sache ist es, das ihm Vorteilhafte mit zweifellosen Worten zu formulieren.

---

[1]) Ebenso jetzt Staub Anm. 2 zu § 66 HGB. im Gegensatz zu seinen früheren Auflagen (§ 1 Abs. 1 zu Art. 61 HGB.).

[2]) Ebenso betreffs der Art und des Umfanges der Dienstleistungen Lehmann und Ring Note 8 zu § 59 HGB.

IV. Das Dienstverhältnis ist nach dem Recht des Erfüllungsortes zu beurteilen. Letzterer ist in der Regel der Ort des Geschäftssitzes (vgl. Bolze 15 Nr. 6). Z. B. ein Reisender wird in Paris für ein Berliner Exportgeschäft zu Reisen in Mexiko engagiert. Dann ist nicht das Pariser oder mexikanische, sondern das Berliner Recht maßgebend. Wird dagegen der Handlungsgehilfe seitens einer Zweigniederlassung direkt für letztere engagiert, ohne daß er mit dem Hauptgeschäft etwas zu tun bekommt, so ist nicht der Geschäftssitz des letzteren, sondern derjenige der Filiale als Erfüllungsort anzusehen.

§ 11. Die Kontrahenten des Anstellungsvertrages.

A. **Der Anstellende** ist entweder der Prinzipal selber oder sein rechtsgültiger Stellvertreter. Als solcher hat insbesondere das Recht, Handlungsgehilfen zu engagieren: Der Prokurist, der generelle Handlungsbevollmächtigte, der zum Engagement von Handlungsgehilfen speziell Bevollmächtigte, der Liquidator, der Konkursverwalter, und die gesetzlichen Vertretungsorgane der Handelsgesellschaften, wie der Vorstand einer Aktiengesellschaft und der Geschäftsführer einer Gesellschaft m. b. H. — Nicht dagegen hat ein solches Recht die Ehefrau des Prinzipals, auch nicht während dessen Krankheit oder Abwesenheit.

B. **Der Anzustellende.** Einer Erörterung bedürfen die Fälle, in denen ein Minderjähriger, ein Hauskind oder eine Ehefrau sich als Handlungsgehilfe engagieren läßt. Die diesbezüglichen Verhältnisse richten sich nach bürgerlichem Recht.

I. **Minderjährige,** d. h. Personen unter 21 Jahren (§ 2 BGB.). Vorweg sei hervorgehoben, daß nach moderner Rechtsanschauung dem Vater oder Vormund nicht unbedingt das Recht zusteht, ohne Einwilligung des minderjährigen Kindes oder Mündels dessen Dienste zu einer Handlungsgehilfen-Tätigkeit zu verdingen; nämlich dann nicht, wenn diese Verdingung nicht im Interesse des Kindes oder Mündels liegt. In solchem Falle hat das Vormundschaftsgericht, sobald es Kenntnis erhält, von amtswegen eine solche Verdingung zu verhindern (§§ 1666 Abs. 1, 1837 BGB.).

Der Vertrag, durch welchen ein Minderjähriger als Handlungsgehilfe engagiert wird, ist nur rechtsgültig bei Einwilligung des Vaters oder Vormundes (§ 108 Abs. 1 BGB.). Dieselbe kann formlos erteilt werden, auch durch ein Verhalten, welches billigerweise als Genehmigung aufgefaßt werden muß (§ 182 Abs. 2 BGB., R. 17 S. 395/96). Sie kann allgemein erteilt werden oder für einen speziellen Vertrag; in ersterem Falle macht sie den Minderjährigen befugt zur Eingehung und Auflösung auch von weiteren Engagements-Verträgen der genehmigten Art (§ 113 Abs. 1 BGB. Näheres s. unten). — Der Vater oder Vormund darf die einmal erteilte Genehmigung nur insoweit zurückziehen oder einschränken, als dadurch Rechte Dritter nicht beeinträchtigt werden, also niemals hinsichtlich eines bereits abgeschlossenen Engagements-Vertrages. Ein Recht des Minderjährigen auf Erteilung der Einwilligung besteht nicht. Wird ihm jedoch letztere gegen Neigung und Vorteil versagt, so kann er sich in schwerwiegenden Fällen sowohl gegen seinen Vormund als gegen seinen Vater an das Vormundschaftsgericht um Hilfe wenden (§§ 1837, 113 Abs. 3 BGB.).

Bis zur Genehmigung des Vormundes ist der Prinzipal zum Widerrufe des Anstellungsvertrages berechtigt (§ 109 Abs. 1 BGB.). Hat er jedoch beim Abschlusse des Vertrages die Minderjährigkeit des anderen Teiles gekannt, so kann er nur widerrufen, wenn der Minderjährige der Wahrheit zuwider die Einwilligung seines gesetzlichen Vertreters behauptet hat; er kann auch in diesem Falle nicht widerrufen, wenn ihm das Fehlen der Einwilligung bei dem Abschlusse des Vertrages bekannt war (§ 109 Abs. 2 BGB.).

Soll der Mündel durch den Anstellungsvertrag für längere Zeit als ein Jahr verpflichtet werden, so bedarf der Vertrag außer der Genehmigung des Vormundes noch derjenigen des Vormundschaftsgerichtes (§ 1822 Nr. 7 BGB.). Dasselbe soll vor seiner Entscheidung den Mündel hören (§ 1827 Abs. 1 BGB.). Letztere Vorschrift ist jedoch nur Ordnungsvorschrift, ihre Nichtbefolgung daher rechtlich einflußlos.

Ein ohne Genehmigung geschlossener Anstellungsvertrag ist nicht nichtig, sondern nur seitens des Minderjährigen, dessen Vaters oder Vormundes anfechtbar (§ 184 BGB.). Er besteht daher, so lange eine Anfechtung nicht erfolgt, und er wird rechtsgültig, wenn der Minderjährige nach erlangter Volljährigkeit den Vertrag anerkennt (§ 108 Abs. 3 BGB.). Ein solches Anerkenntnis braucht nicht ausdrücklich zu erfolgen. Es liegt u. a. schon in der bloßen tatsächlichen Fortsetzung des Dienstverhältnisses.

Wird der Vertrag angefochten, so ist der Minderjährige dem Prinzipal schadensersatzpflichtig, falls er beim Engagement sich für geschäftsfähig ausgegeben hat und seiner Persönlichkeit nach dafür gelten konnte (§§ 823, 826, 828, 829 BGB.).

Ist die Genehmigung generell erteilt, so ist der Minderjährige unbeschränkt geschäftsfähig für solche Rechtsgeschäfte, welche die Eingehung oder Aufhebung eines Handlungsgehilfen-Verhältnisses oder die Erfüllung der sich aus einem solchen Verhältnis ergebenden Verpflichtungen betreffen. Ausgenommen sind Verträge, zu denen der Vertreter der Genehmigung des Vormundschaftsgerichts bedarf (§ 113 Abs. 1 BGB.). Dieser Rechtssatz führt allerdings zu merkwürdigen Konsequenzen. Ein Minderjähriger z. B. ist danach berechtigt, zwar ohne Genehmigung des Vormundschaftsgerichtes einen Vertrag zu schließen und aufzuheben, durch welchen er gegen mehrere tausend Mark Jahresgehalt als Handlungsgehilfe engagiert wird, und in dem er sich zu Konventionalstrafen von vielen Tausenden von Mark verpflichtet. Er kann dagegen betreffs eines Schadensersatzanspruches oder Gehaltsanspruches mit seinem Prinzipal keinen über 300 Mark gehenden Vergleich rechtsgültig abschließen, wenn das Vormundschaftsgericht den Abschluß nicht genehmigt (§ 1822 Nr. 12 BGB.).

II. **Hauskinder,** d. h. Minderjährige, deren Vater oder deren Mutter noch lebt. Über diese hat der Vater die elterliche Gewalt (§ 1627 BGB.), die Mutter nur, wenn der Vater gestorben ist oder die eheliche Gewalt verwirkt hat und gleichzeitig die Ehe aufgelöst ist (§ 1684 BGB.).

Betreffs der Hauskinder gilt dasselbe, was oben zu I betreffs der Minderjährigen ausgeführt worden ist, jedoch mit zwei Ausnahmen. Der Anstellungsvertrag eines Hauskindes bedarf nicht der Genehmigung des Vormundschaftsgerichts (§ 1643 Abs. 1 BGB.) und die generelle Ermächtigung zum Abschlusse von Anstellungsverträgen kann nicht durch das Vormundschaftsgericht ersetzt werden (§ 113 Abs. 3 BGB.).

Der Gehalt des Hauskindes wird sein freies Vermögen, ist also von der Verwaltung und Nutznießung des Gewalthabers ausgeschlossen (§§ 1651 Abs. 1 Nr. 1 und Abs. 2, 1650 BGB.).

III. **Ehefrauen.**

Eine Ehefrau bedarf zum Abschluß eines Vertrages, durch den sie sich als Handlungsgehilfin anstellen läßt, nicht der Genehmigung des Ehemannes. Letzterer kann jedoch einen von ihm nicht genehmigten Dienstvertrag dem Prinzipal seiner Ehefrau gegenüber ohne Einhaltung einer Frist kündigen, wenn er vom Vormundschaftsgericht dazu ermächtigt worden ist; diese Ermächtigung ist zu erteilen, wenn die Tätigkeit der Ehefrau als Handlungsgehilfin die ehelichen Interessen beeinträchtigt (§ 1358 Abs. 1 BGB.). Dem Mann ist das gedachte Kündigungsrecht versagt, wenn er dem Anstellungsvertrage zugestimmt hat, oder das Vormundschaftsgericht diese Zustimmung ersetzt hat, oder die Eheleute getrennt leben (§ 1358 Abs. 2 BGB.).

Der Handlungsgehilfen-Gehalt der Ehefrau ist ihr Vorbehaltsgut, unterliegt also weder der Verwaltung noch der Nutznießung des Ehemannes, wenn die Ehegatten, was die Regel ist, unter gesetzlichem Güterrecht leben (§ 1367 BGB.). Stehen sie in Gütergemeinschaft, so wird der Gehalt der Ehefrau Gesamtgut beider Ehegatten (§ 1438 Abs. 1 BGB.); als solches unterliegt derselbe der Verwaltung (§ 1443 Abs. 1 BGB.), aber nicht der Nutznießung des Ehemannes.

Abschnitt 2. **Die Pflichten des Handlungsgehilfen.**

§ 12. **Die Pflicht zur Dienstleistung.**

A. Die wesentlichste Pflicht des Handlungsgehilfen ist, im Handelsgewerbe des Prinzipals die vereinbarten kaufmännischen Dienste zu leisten. Soweit nicht besondere Vereinbarungen über die Art und den Umfang der Dienstleistungen getroffen sind, entscheidet der Ortsgebrauch und in Ermangelung eines solchen gelten die den Umständen nach angemessenen Leistungen als vereinbart. — § 59 HGB. — Über Ortsgebrauch s. oben S. 13/14.[1])

B. Unter Berücksichtigung dieser Punkte ergiebt sich folgendes:

I. **Betreffs der Art und des Gegenstandes der Dienste.**

1. Der Handlungsgehilfe muß seine Dienste persönlich leisten; weder Stellvertreter[2]) noch Gehilfen darf er annehmen. Es folgt dies aus der persönlichen Natur des Dienstvertrages. Andererseits folgt aus derselben, daß der Handlungsgehilfe nur dem Geschäfte des Prinzipals Dienste zu leisten hat. Er braucht daher z. B., falls der letztere gewerbsmäßig Schreibmaschinen verleiht, diese Maschinen bei dem Leiher derselben nicht ständig zu bedienen (LG. Berlin I v. 19. 6. 1900 in Bl. f. R. 1901 S. 20), während er zur Anlernung des Leihers bzw. dessen Angestellter natürlich verpflichtet ist (vgl. unten II unter 1).

2. Der Handlungsgehilfe hat ferner nur kaufmännische Dienste zu leisten (s. oben S. 27 ff.). So braucht z. B. die

---

[1]) Vgl. allerdings Laband in G. Z. 17 S. 505, der unter Ortsgebrauch auch örtliches Gewohnheitsrecht versteht (s. dagegen oben S. 12).

[2]) Was z. B. das österreichische Recht gestattet. v. Canstein S. 321. Nach § 613 BGB. hat der Dienstverpflichtete den Dienst „im Zweifel“ in Person zu leisten. Nach Treu und Glauben mit Rücksicht auf die Verkehrssitte (§§ 157, 242 BGB.) ist bei dem speziellen Dienstvertrag der Handlungsgehilfen nicht einmal ein diesbezüglicher Zweifel vorhanden.

Verkäuferin in einer Konditorei nicht für letztere zu backen oder zu kochen, der Buchhalter eines Patentanwaltes nicht Zeichnungen anzufertigen, die Direktrice nicht als Probiermamsell zu fungieren. So ist die Verkäuferin in einem Konfektionsgeschäft selbst während der Saison nicht verpflichtet, ein auch nur mäßig großes Paket nach Schluß der Geschäftszeit zu einem Kunden zu tragen, und zwar selbst nicht unter Benutzung der Pferde- oder Eisenbahn,[1]) so ist der Kommis in einem Wäschegeschäft nicht verpflichtet, Bettfedern umzuschütten,[2]) der Leiter der Getreide-Abteilung eines Handlungshauses nicht verpflichtet, selbst von einem Waggon an der Bahn eine Getreideprobe zu holen.[3]) So ist z. B. zwar das Wiederverpacken und Wegräumen der zum Zwecke des Verkaufs ausgepackten und vorgelegten Waren in der Regel Sache des Verkäufers.[4]) Denn die ordnungsmäßige Aufbewahrung der Ware gehört zur kaufmännischen Tätigkeit und insbesondere zu derjenigen des Verkäufers, weil demselben ein spezielles Verkaufslager unterstellt und auch die stete Übersicht über letzteres für ihn notwendig ist. Schwieriger aber gestaltet sich die Frage, ob und inwieweit der Verkäufer auch verpflichtet ist, die mit dem Vorlegen verbundenen Verschlechterungen des Aussehens der Ware wieder zu beseitigen, insbesondere das Ansehen ihrer Neuheit wieder herzustellen. In der Regel wird er zu einer solchen Mühewaltung verpflichtet sein, wenn dieselbe als eine unbedeutende und nebensächliche erscheint und eine besondere technische Fertigkeit nicht erfordert. So wird z. B. die Handschuh-Verkäuferin in der Regel verpflichtet sein, die aufprobierten und nicht verkauften Handschuhe vor ihrem Wegräumen wieder zu glätten, während man dem Verkäufer in einem Glaswarengeschäft nicht wird zumuten können, komplizierte Glaswaren vor dem Verpacken zu überputzen, um etwaige Folgen des Anfassens und Anstäubens zu beseitigen.[5])

---

[1]) Ältst. v. 18. Sept. 95 i. S. Frohwein/Kunst 37 C 156. 95 AG. Berlin I.

[2]) Ältst. v. 5. Juli 92 i. S. Hamburger/Samulon 49 C 481. 92 AG. Berlin I.

[3]) Ältst. v. 16. Nov. 93 i. S. Müller/Landw. Hauptgenossensch. 58 C 366. 93. AG. Berlin I.

[4]) Das Verpacken und Etikettieren kann, wenn es nicht rein mechanisch erfolgt, eine kaufmännische Tätigkeit darstellen (AG. und LG. Berlin I in Bl. f. R. 99 S. 39).

[5]) Ähnlich für die Konfektionsbranche Ältst. v. 14. 1. 99 i. S. Krupp/Schlesinger 59 C 2136. 98 AG. Berlin I. Nach Ältst v. 5. 1 04 i. S. Schnee/Heinze 25 C 2171. 03 AG. Berlin I sind die Handlungsgehilfen der Detailgeschäfte der Waschgarniturengeschäfte zur Reinigung der zum Verkauf stehenden Waren von Fliegenschmutz verpflichtet, dagegen nicht in Engrosgeschäften dieser Branche.

Natürlich kann der Ortsgebrauch auch nebenbei zu nichtkaufmännischen Diensten, selbst gesindeartigen (anders Staub Anm. 17 zu § 59 HGB.), verpflichten. Ein entgegengesetzter Antrag ist in der Reichstagskommission abgelehnt worden (Kom. S. 19/21). Nach Berliner Ortsgebrauch ist z. B. ein in einem kleineren Geschäfte der Kolonialwaren-Branche tätiger Handlungsgehilfe verpflichtet, Arbeiten, wie die Herbeischaffung einer Kiste Soda von etwa 50—55 Pfd. aus dem Keller in den Laden, zu verrichten.[1])

Dieser Ortsgebrauch entspricht auch der Angemessenheit.

3. Der Handlungsgehilfe ist nur verpflichtet, diejenigen kaufmännischen Dienste zu leisten, welche zu dem Spezialfach gehören, für welches er engagiert worden ist. Es braucht deshalb z. B. der Korrespondent nicht den Ladenverkäufer, der Reisende nicht den Buchhalter zu spielen. Ja, der Reisende, welcher für den Betrieb von Shawls und Tüchern engagiert worden, braucht nicht als Reisender für den Verkauf von Shlipsen oder Schirmen zu fungieren, die sein Prinzipal noch außerdem führt.[2]) Der Handlungsgehilfe, welcher als Reisender angestellt worden ist, ist nicht verpflichtet, als Stadtreisender tätig zu sein.[3]) Derjenige, welcher als Handlungsgehilfe schlechthin engagiert worden ist, muß jede Art der Handlungsgehilfen-Tätigkeit übernehmen. Ist er jedoch als Spezialist, z. B. als Verkäufer, längere Zeit und über den Kündigungstermin oder die festvereinbarte Vertragszeit hinaus beschäftigt worden, so ist damit die ursprüngliche allgemeine Anstellung in eine spezielle verwandelt und eine Pflicht nur zur speziellen Tätigkeit begründet worden. Derjenige, welcher sich verpflichtet hat, aus seinem Spezialfach in ein anderes auf Wunsch des Chefs überzutreten, hat Anspruch auf eine gleichwertige Stellung in letzterem; z. B. dem Leiter einer Fabrik, der ins Kontor übertritt, muß dort eine entsprechende überragende Vertrauensstellung geboten werden (Bolze 14 Nr. 396), und der Prokurist, dem die Prokura entzogen wird, hat Anspruch auf eine der bisherigen Prokuristen-Tätigkeit gleichwertige Tätigkeit und kann insbesondere die Leistung gewöhnlicher Kontor-Arbeiten ablehnen (HAG. Nürnberg bei Busch 21 S. 345).

---

[1]) Ältst. v. 22. Febr. 1895 i. S. Richter/Frentzel 52 C 1673. 94 AG. Berlin I.

[2]) Zu weitgehend finden dieses Beispiel Düringer und Hachenburg Anm. 2 zu § 59 HGB.

[3]) Vgl. das erste Gutachten der Ältst. S. 44 Anm. 1 und ferner S. 45 Anm. 1.

Zu den Obliegenheiten des Handlungsgehilfen gehört auch die Unterweisung von Lehrlingen innerhalb seines Wirkungskreises gemäß den Anordnungen des Prinzipals, ebenso die Unterrichtung anderer Handlungsgehilfen, ja sogar des ihm bestimmten Nachfolgers von den Einrichtungen und Besonderheiten des Geschäfts.

Besonders wichtig für die Praxis ist die Frage nach den **Obliegenheiten der Reisenden außerhalb der Reisezeit.** Nach unserer Ansicht haben Handlungs-Reisende diesbezüglich nicht die Verpflichtung, andere Dienste zu leisten als solche, die mit der Reisetätigkeit zusammenhängen oder deren Vorbereitung betreffen. Zu den Diensten ersterer Art gehört insbesondere die Korrespondenz mit der Reise-Kundschaft, zu den Diensten letzterer Art die Zusammenstellung der Musterkollektion und des Preis-Verzeichnisses. In der Reichstags-Kommission (Kom. S. 21/22) ist ein die gleiche Ansicht zum Ausdruck bringender Antrag abgelehnt, ein entgegengesetzter zurückgezogen worden, indem die Kommission von der Auffassung ausging, daß diese Frage der Rechtsprechung überlassen werden müsse. Eine diesbezügliche allgemein gültige Stellung der letzteren haben wir nicht ermitteln können. Eine Entscheidung des Handelsappellationsgerichts Nürnberg vom 10. 7. 68 bei Busch 21 S. 345 Anm., und eine Entscheidung des LOHG. Stuttgart v. 9. Juli 1867 in G. Z. 21 S. 559 und bei Busch 13 S. 181 decken sich mit unserer oben aufgestellten Ansicht.

Ebenso decken sich mit derselben im wesentlichen zahlreiche Gutachten der Ältesten der Berliner Kaufmannschaft.[1])

Diese Gutachten bekunden, daß sich zwar kein entsprechender feststehender Handelsgebrauch gebildet habe, daß es aber üblich sei, Reisende außer ihrer Reisezeit auf dem Kontor zu beschäftigen, natürlich nur mit Arbeiten, die im Zusammenhang mit ihrer Reisetätigkeit stehen, weniger mit Bucharbeiten; immer aber werde es von der Größe und dem Umfange des Geschäftes abhängen, in welcher Art ein Reisender im Hause beschäftigt werden könne. Das

[1]) So vom 14. Januar 89 i. S. Greisen/Johanning und Scholl 15 C 1233. 89 AG. Berlin I; vom 3. Dezember 91 i. S. Cronegk/Clemke V. C. 1229. 96 AG. Liegnitz, wo auch folgerichtig bezeugt wird, daß ein Reisender, der seinen Wohnsitz nicht am Geschäftsort hat, dort nicht längere Zeit, etwa einen Monat, zuzubringen braucht, ohne zu reisen; ferner vom 31. Oktober 94 i. S. Israel/Wertheim 73 C 962. 94 AG. Berlin I; vom 22. Oktober 95 i. S. Sinasohn/Blodeck 6 C 686. 95 AG. Berlin I und vom 17. Februar 96 i. S. Michalis/Birnholz und Hochstein 6 C 535. 95 AG. Berlin I; vom 5. 1. 01 i. S. Todtenkopf/Löwindorff & Co. 41 C 1300. 00 AG. Berlin I Ähnlich Ältst. bei Dove und Apt I S. 7 Nr. 8, S. 8 Nr. 10/11, S. 11 Nr. 16. Anders jedoch Gutachten v. 6. 11. 94 in Bl. f. R. 95 S. 39, auch abgedruckt bei Dove und Apt I S. 7/8.

erstgenannte der unten in Anmerkung 1 S. 44 zitierten Gutachten verneint auch mit Recht einen Brauch, den Reisenden in fraglicher Zeit als Stadtreisenden zu beschäftigen, während in einem anderen Gutachten[1]) ein solcher Brauch allerdings behauptet wird.

Was von den Reisenden gilt, gilt ebenmäßig von den **Stadtreisenden.** Auch betreffs ihrer hat sich ein diesbezüglicher Handelsgebrauch nicht gebildet,[2]) aber es wird als geschäftsüblich bezeugt, daß sie außer der Besuchszeit im Geschäft insbesondere solche Arbeiten leisten müssen, die mit der Verkaufstätigkeit in Zusammenhang stehen.[3]) Jedenfalls sind sie verpflichtet, täglich im Geschäftslokal zu erscheinen.[4])

II. Betreffs des Umfanges der Dienste.

1. Mangels Vereinbarung entscheidet hier innerhalb der Grenzen eines etwaigen Ortsgebrauches oder der Angemessenheit der *Wille des Prinzipals.* Der *Reisende* z. B. hat, falls der Prinzipal es verlangt, täglich *Bericht zu erstatten*, und zwar auch dann, wenn er keine Geschäfte gemacht hat, oder das Geschäftsinteresse eine tägliche Berichterstattung nicht erfordert. Mangels Anweisung ist es angemessen, daß der Reisende, falls er nichts verkauft, zweimal wöchentlich Bericht erstattet.[5]) Über eingezogene Gelder muß der Reisende sofort Aufgabe machen und dieselben einsenden; seine Spesen kann er sich abziehen.[6])

Jedenfalls sind die Dienste *nur für das bestimmte Handelsgewerbe zu leisten, für welches der*

---

[1]) Ältst. vom 3. Januar 88 i. S. Friedeberger/Gebr. Stein 32 C 1308. 87 AG. Berlin I, auch abgedruckt bei Dove und Apt I S. 9/10. Dagegen, ebenfalls unserer Ansicht, Ältst. vom 7. 12. 98 i. S. Reuter/Windmüller & Co. 74 C 1564. 98.

[2]) Ältst. vom 29. November 92 i. S. Kohlhoff/Zemmin & Co. 65 C 731. 92 AG. Berlin I u. Ältst. v. 15. Dezember 91 i. S. Preu/Gerstel 10 C 1243. 91 AG. Berlin I.

[3]) Ältst. vom 22. November 95 i. S. Israel/Wertheim VIII U. 18 15. 95 KG. Berlin und vom 2. Dezember 96 i. S. Buchsbaum/Falk & Noack V. C. 587. 96 AG. Halle a. S.

[4]) Für Berlin üblich nach Ältst. vom 1. Juli 96 i. S. Holdt/Rosenbach O. 196. 95. C. K. 9 LG. Berlin I, auch abgedruckt bei Dove und Apt I S. 6. Anders Ältst. vom 5. Januar 97 i. S. Kranast/Jaffe 29 C 1006. 96 AG. Berlin I, wo nur die Verpflichtung, mehrere Male in der Woche im Geschäft zu erscheinen, begutachtet wird, auch abgedruckt bei Dove und Apt I S. 6. — Nach Ältst vom 7. Oktober 96 i. S. Mewis/Delin 11 C 428. 96 AG. Berlin I besteht für Berlin eine bezügliche Usance überhaupt nicht.

[5]) Ältst. i. S. Holdt/Rosenbach (s. vor. Anm.) und vom 14. März 00 i. S. Union/Orbach 49 C 109. 00 AG. Berlin I.

[6]) Ältst. vom 4. Februar 96 i. S. Danz/Guilletmot 22 C 1567. 95 AG. Berlin I.

Handlungsgehilfe engagiert worden ist, nicht für ein Handelsgewerbe, welches der Prinzipal nebenbei und rechtlich gesondert führt oder unter derselben Firma sich nebenbei nachträglich zulegt (vgl. unten S. 57 und oben I unter 1).

Die Dienste sind im Geschäftslokal zu leisten. Hat der Prinzipal mehrere Filialen am Orte, so muß der Handlungsgehilfe in jeder derselben tätig sein. Nach einer auswärtigen Filiale aber braucht er nicht zu gehen.[1])

2. Besonders wichtig ist die Frage nach dem **zeitlichen Umfang** der zu leistenden Dienste. Letztere können an Sonntagen und allgemeinen Feiertagen nur insoweit verlangt werden, als die Bestimmungen der Reichsgewerbe-Ordnung über die Sonntagsruhe dies zulassen. Weitergehende Verpflichtungen des Gehilfen sind nichtig (§ 105 a Abs. 1 GewO.). Die diesbezüglichen Bestimmungen der Gewerbe-Ordnung werden anhangsweise unten sub. Nr. 3 dargestellt werden. — Auch der Reisende kann über den Sonntag frei verfügen, insbesondere an demselben private Reisen machen.[2]) Eine Verpflichtung, den Sonntag zu Geschäftsreisen zu benutzen, was vielfach üblich ist (vgl. Ältst. bei Dove und Apt I S. 12/13), hat der Reisende keineswegs.

Außerdem ist der Handlungsgehilfe nicht verpflichtet, an den Hauptfeiertagen seiner Konfession zu arbeiten, z. B. der jüdische Handlungsgehilfe nicht während der jüdischen Neujahrsfeiertage und während des jüdischen Versöhnungsfestes. Für Berlin wird dies betreffs der jüdischen Neujahrsfeiertage als allgemeiner Handelsgebrauch bezeugt in einem Gutachten der Ältesten der Berliner Kaufmannschaft.[3]) Dieses Recht des Handlungsgehilfen fällt natürlich fort, wenn aus seinem Verhalten hervorgeht, daß ihm seine Konfession nur als Vorwand dient, um sich einen freien Tag zu machen; nicht jedoch fällt es schon dann fort, wenn er im übrigen die Vorschriften seiner Konfession unbeachtet läßt, ja nicht einmal dann, wenn er an dem betreffenden Tage den Gottesdienst nicht besucht.[4])

An den Werktagen wird, wenn nicht ein besonderer Ortsgebrauch oder besondere örtliche Verhältnisse dagegen sprechen, eine

---

[1]) Ältst. vom 29. Mai i. S. Altmann/Wohlgemuth 5 C 252. 00 AG. Berlin I.

[2]) Anders Ältst. vom 5. November 96 bei Dove und Apt I S. 12.

[3]) Vom 30. Januar 88 i. S. Bütow/Offenbacher 23 C 1283. 87 AG. Berlin I, auch abgedruckt bei Dove und Apt I S. 6.

[4]) Ähnlicher Ansicht bis scheinbar auf letzten Punkt Staub Anm. 5 zu § 72 HGB., dagegen das LG. Berlin I 90 in Bl. f. R. 90 S. 36.

zehnstündige Arbeitszeit mit einer zweistündigen Mittagspause angemessen sein. Auch ist es allgemein üblich, daß die Handlungsgehilfen das Geschäftslokal nicht vor Beendigung ihrer dringenden Arbeiten verlassen dürfen, selbst wenn auf diese Weise eine geringe Verlängerung der bestimmten Bureaustunden eintritt.[1])

Außerdem ist es wohl allgemein handelsgebräuchlich, jedenfalls aber angemessen, daß zuzeiten eines üblicherweise besonders lebhaften Geschäftsganges die gewöhnlichen Geschäftsstunden erheblich, selbst bis in die Nacht hinein, überschritten werden, und zwar ohne daß der Handlungsgehilfe eine Mehrvergütung beanspruchen kann; so z. B. während der Hochsaison, während der letzten Wochen vor Weihnachten, während der Ultimo-Tage im Bankgeschäft (vgl. S. 72/73).

Die Geschäftszeit hat der Handlungsgehilfe innezuhalten, wenn er nicht durch erhebliche Umstände entschuldigt wird. Zu letzteren gehören z. B. eigene Krankheit des Handlungsgehilfen, schwere Erkrankungen oder gar Todesfälle naher Familienangehöriger, aber auch letztere und ihn selber betreffende Familienfeste, wie Hochzeit des Gehilfen oder eines seiner Geschwister, ferner die Ausübung öffentlich rechtlicher Pflichten, wie Abhaltung einer militärischen Übung, Vornahme der Wahl zu öffentlich rechtlichen Körperschaften (Parlamenten, Stadtverordneten-Versammlungen u. dgl.), Erfüllung der Schöffen-, Geschworenen- oder Zeugenpflicht.

Der Gehilfe darf selbstverständlich diese Umstände nicht ausbeuten, z. B. eine Krankheit durch unzweckmäßiges Verhalten nicht verlängern.[2]) Sonst braucht er sich in seinen Lebensgewohnheiten nicht stören zu lassen. Er kann z. B. bei einem nervösen Leiden, welches Unterlassung der Arbeitstätigkeit erfordert, abends öffentliche Lokale besuchen, falls ihm dies ärztlich gestattet ist.[3])

Zu den Entschuldigungsgründen gedachter Art gehört es auch, wenn der Handlungsgehilfe aus dem Geschäft fortbleibt, um sich eine neue Stellung zu suchen. Allgemein bestimmt ein Recht hierzu betreffs der Dienstverträge jeder Art der § 629 BGB., und mit Rücksicht hierauf ist eine diesbezügliche ausdrückliche Vorschrift in das jetzige Handelsgesetzbuch nicht aufgenommen worden (Denkschrift S. 62). Keinen Unterschied macht es, ob dem Handlungsgehilfen gekündigt worden ist oder ob letzterer gekündigt hat; denn

[1]) Für das Berliner Speditionsgeschäft bezeugt von Ältst. vom 13. Januar 97 i. S. Danniger/Spediteurverein 65 C 448. 96.

[2]) AG. Berlin I 89 Bl. f. R. 90 S. 6.

[3]) KG. vom 20. Januar 94 Bl. f. R. 94 S. 26.

mit der Kündigung übt der Gehilfe nur sein Recht aus. Selbstverständlich entsteht das Recht des § 629 BGB. nicht mit dem Zeitpunkt der Kündigung schlechthin, sondern nur von dem Anfangstage der gesetzlichen Kündigung und bei fester Vertragszeit von dem entsprechenden Tage ab. Sonst könnte der Handlungsgehilfe durch vorzeitige Kündigung die Zeit seiner Untätigkeit willkürlich erweitern. Die Zeit, welche dem Handlungsgehilfen zum Stellensuchen zu gewähren ist, muß unter Berücksichtigung aller Umstände, insbesondere seiner Tischzeit, der Entfernungen des Ortes und der üblichen Vorstellungszeit, eine angemessene sein. Ein Antrag, täglich zwei Stunden zum Stellensuchen zu gewähren, ist in der Reichstagskommission (Kom. S. 36/38) abgelehnt worden. Ist der Handlungsgehilfe zur persönlichen Vorstellung für eine neue Stelle auf eine bestimmte Zeit bestellt, so ist er berechtigt, diese Zeit innezuhalten. Es folgt dies aus dem Grundsatze der Billigkeit gemäß § 242 BGB.

Das Recht des § 629 BGB. steht dem Handlungsgehilfen nur zu bei einem dauernden Dienstverhältnisse, also nicht bei einem solchen nur zu vorübergehender Aushilfe.

Der Handlungsgehilfe ist auch nicht berechtigt, ohne weiteres fortzugehen. Er hat zunächst das Verlangen zu äußern, daß ihm angemessene Zeit zum Stellensuchen gewährt werde, und erst, wenn der Prinzipal diesem Verlangen nicht nachkommt, kann er eigenmächtig fortbleiben.

Das Recht des § 629 BGB. ist nur gewährt zum Aufsuchen eines anderen Dienstverhältnisses. Als Ausnahme-Vorschrift darf diese Gesetzesvorschrift nicht ausdehnend ausgelegt werden. Zwecks Vorbereitung einer selbständigen Erwerbstätigkeit, insbesondere zur Errichtung eines eigenen Geschäfts, darf der Handlungsgehilfe auch nach erfolgter Kündigung die Arbeitszeit nicht unterbrechen. Es folgt dies auch aus der Tendenz des Gesetzes, welches lediglich die wirtschaftlich Schwachen schützen will, zu welchen diejenigen in der Regel nicht mehr zählen, die in der Lage sind, aus dem Kreise der abhängigen Angestellten in den der selbständigen Prinzipale überzutreten.

3. Anhang.

Die Bestimmungen der Reichs-Gewerbeordnung (§§ 105 a—i) über die **Sonntagsruhe** finden nach § 154 Abs. 1 GewO. auf Handlungsgehilfen und Handlungslehrlinge, mit Ausnahme der in Apotheken beschäftigten, Anwendung.

a) Nur soweit nach diesen Bestimmungen eine Tätigkeit an Sonntagen und Festtagen erlaubt ist, können sich Gehilfen und

Lehrlinge zur Dienstleistung an diesen Tagen rechtsgültig verpflichten (§ 105 a Abs. 1 GewO.). Nur soweit sind auch diesbezügliche Ortsgebräuche rechtsgültig. Nach Berliner Ortsgebrauch hat der Prinzipal das Recht, von dem Handlungsgehilfen das Erscheinen am Sonntag auf zwei Stunden zu verlangen,[1]) natürlich nur innerhalb der Polizeistunden.

b) Welche Tage als Festtage gelten, bestimmen unter Berücksichtigung der örtlichen und konfessionellen Verhältnisse die Landesregierungen (§ 105 a Abs. 2 GewO.), also nicht die Landesgesetzgebungen.[2])

c) § 105 b Abs. 2 GewO. bestimmt folgendes:

„Im Handelsgewerbe dürfen Gehilfen und Lehrlinge am ersten Weihnachts-, Oster- und Pfingsttage überhaupt nicht, im übrigen an Sonn- und Festtagen nicht länger als fünf Stunden beschäftigt werden. Durch statutarische Bestimmung einer Gemeinde oder eines weiteren Kommunalverbandes kann diese Beschäftigung für alle oder einzelne Zweige des Handelsgewerbes auf kürzere Zeit eingeschränkt oder ganz untersagt werden. Für die letzten vier Wochen vor Weihnachten, sowie für einzelne Sonn- und Festtage, an welchen örtliche Verhältnisse einen erweiterten Geschäftsverkehr erforderlich machen, kann die Polizeibehörde eine Vermehrung der Stunden, während welcher die Beschäftigung stattfinden darf, bis auf zehn Stunden zulassen. Die Stunden, während welcher die Beschäftigung stattfinden darf, werden unter Berücksichtigung der für den öffentlichen Gottesdienst bestimmten Zeit, sofern die Beschäftigungszeit durch statutarische Bestimmungen eingeschränkt worden ist, durch letztere, im übrigen von der Polizeibehörde festgestellt. Die Feststellung kann für verschiedene Zweige des Handelsgewerbes verschieden erfolgen."

Ist der Handlungsgehilfe oder Handlungslehrling verpflichtet, außer kaufmännischen Diensten noch technische zu verrichten, so unterliegt er betreffs der letzteren den für den betreffenden technischen Betrieb geltenden Bestimmungen über die Sonntagsruhe. Der Verkäufer in einem Hutgeschäft z. B., welcher sich verpflichtet hat, die zum Verkauf vorzulegenden Hüte auch aufzubügeln und zu glätten, darf diese letztere Tätigkeit an Sonn- und Festtagen überhaupt nicht ausüben, muß sich vielmehr an letzteren auf die bloße Verkaufstätigkeit beschränken.[3])

---

[1]) Altst. vom 9. Oktober 94 i. S. Diamant/Westmann 72 C 877. 94 AG. Berlin I.

[2]) Betreffs der „allgemeinen Feiertage" in Preußen s. unten S. 125.

[3]) § 105 b Abs. 1 GewO., vgl. KG. Berlin 95 in der DJZ. 96 S. 202.

d) Gesetzlich festgestellte Ausnahmen.

Die zitierten Bestimmungen über die Sonntagsruhe finden keine Anwendung

α) auf das Gast- und Schankwirtschafts-Gewerbe sowie auf Verkehrs-Gewerbe, z. B. das der Fuhrunternehmer. Die Prinzipale können jedoch ihre Angestellten in derartigen Geschäften nur zu solchen Arbeiten an Sonn- und Festtagen verpflichten, welche nach der Natur des Geschäftsbetriebes einen Aufschub oder eine Unterbrechung nicht gestatten (§ 105 i GewO.).

Ist ein Gewerbe gedachter Art mit einem anderen Gewerbe verbunden, so erfreut sich letzteres der gesetzlichen Ausnahme-Vergünstigung nicht, z. B. nicht ein Weingeschäft, mit dem eine Weinstube verbunden ist. Der für beide angestellte Korrespondent also darf an einem Sonntag außerhalb der gesetzlich erlaubten Zeit zwar mit den Lieferanten der Weinstube, z. B. Schlächtern und Bäckern, korrespondieren, dagegen nicht mit den Kunden des Weingeschäftes. Ob die Weinstube nur zur Reklame des Weingeschäftes dient, ist unerheblich, da ihr Betrieb dadurch nicht aufhört, Schankbetrieb zu sein.[1])

β) Ferner findet § 105 b Abs. 2 GewO. (s. oben zu c) gemäß § 105 c das. keine Anwendung

αα) auf Arbeiten, welche in Notfällen oder im öffentlichen Interesse unverzüglich vorgenommen werden müssen;

ββ) für einen Sonntag (nicht für einen Festtag) auf Arbeiten zur Durchführung einer gesetzlich vorgeschriebenen Inventur;

γγ) auf die Beaufsichtigung des Betriebes, soweit dieser an Sonn- und Festtagen zulässig ist.

e) Gesetzlich zulässige Ausnahmen von der Bestimmung des § 105 Abs. 2 GewO. (s. oben zu c) sind in folgenden Fällen gegeben:

α) Für Gewerbe, deren vollständige oder teilweise Ausübung an Sonn- und Festtagen zur Befriedigung täglicher oder an diesen Tagen besonders hervortretender Bedürfnisse der Bevölkerung erforderlich ist, sowie für Betriebe, welche ausschließlich oder vorwiegend mit durch Wind oder unregelmäßige Wasserkraft bewegten Triebwerken arbeiten, können durch Verfügung der höheren Verwaltungsbehörde Ausnahmen zugelassen werden (§ 105 e Abs. 1 GewO.).

---

[1]). Ebenso Strafsenat des RG. vom 26. April 97 i. S. c/a Nier S. 232. 97.

β) Wenn zur Verhütung eines unverhältnismäßigen Schadens ein nicht vorherzusehendes Bedürfnis der Beschäftigung von Arbeitern an Sonn- und Festtagen eintritt, so können durch die untere Verwaltungsbehörde Ausnahmen für bestimmte Zeit zugelassen werden (§ 105 f Abs. 1 GewO.).

f) Der Angestellte wird mit Geldstrafe bis zu sechshundert Mark, im Unvermögensfalle mit Haft bestraft, wenn er den auf Grund des § 105b Abs. 2 GewO. erlassenen statutarischen Bestimmungen (s. oben zu c) zuwiderhandelt. In anderen Fällen der Verfehlung wird nur der Prinzipal bestraft (§ 146 a GewO.).

g) Die Bestimmungen der Reichsgewerbeordnung über die Sonntagsruhe stehen weitergehenden landesgesetzlichen Beschränkungen der Diensttätigkeit an Sonn- und Festtagen nicht entgegen (§ 105 h Abs. 1 GewO.). Zuwiderhandlungen gegen derartige Landesgesetze machen auch den Angestellten strafbar, und zwar mit Geldstrafe bis zu sechzig Mark oder mit Haft bis zu vierzehn Tagen (§ 366 Nr. 1 StGB.).

III. **Bei Leistung** der Dienste ist diejenige **Sorgfalt** anzuwenden, die man von einem ordentlichen Handlungsgehilfen der betreffenden Art verlangen kann. Von einem Reisenden z. B. ist zu beanspruchen, daß er die Bonität der Kunden prüfe und auch nach erfolgtem Geschäftsabschluß das Interesse seines Prinzipals diesbezüglich möglichst wahre (vgl. E. 18 S. 112), und zwar auch wenn er Delkredere nicht übernommen hat.[1]) Ebenso muß er einen von ihm mit einem auswärtigen Kunden abgeschlossenen Lieferungshandel unverzögert, vollständig und richtig dem Prinzipal mitteilen (R. 11 S. 93). Für das ihm anvertraute Eigentum des Prinzipals haftet der Gehilfe schlechthin (vgl. Bolze 10 S. 426), wenn er nicht nachweist, daß dasselbe ohne sein Verschulden beschädigt worden oder abhanden gekommen ist. Dies gilt insbesondere von dem Kassierer und dem Verkäufer, dem ein Lager zur Verwaltung übergeben worden ist. Auch der Reisende ist für fehlende Stücke der Musterkollektion verantwortlich; ein gegenteiliger Handelsgebrauch hat sich nicht gebildet.[2]) Die Haftung fällt dann fort, wenn mit Erlaubnis des Prinzipals andere Personen, darunter der Prinzipal selber, zu dem übergebenen Be-

[1]) Anders Urtl. vom 13. Februar 99 i. S. Löwenstein/Riedel 54 C 1861. 98 AG. Berlin I, sogar für den Fall, daß der Reisende ohne die Sorgfalt eines ordentlichen Kaufmanns verfahren ist.

[2]) Urtl. vom 27. März 95 i. S. Simson/Löb 41 C 1426. 94 AG. Berlin I.

stand ungehinderten Zugang haben oder der Gehilfe von solchen zeitweise, z. B. während der Mittagspause, vertreten wird.

Ordentliche und pünktliche Dienstleistung durch **einseitig angedrohte Ordnungsstrafen** zu erzwingen, ist der Prinzipal nicht berechtigt. Auch ein diesbezüglicher Handelsgebrauch besteht nicht.[1]) Die in der Praxis häufigen Geschäftsordnungen, in welchen, namentlich für den Fall des unentschuldigten Ausbleibens oder Zuspätkommens, Ordnungsstrafen angedroht werden, haben diesbezüglich nur dann Rechtsgültigkeit, wenn sie ausdrücklich vom Handlungsgehilfen genehmigt worden sind; denn alsdann, aber nur alsdann sind sie ein Teil des Dienstvertrages geworden. Die Genehmigung kann allerdings auch mündlich erfolgen, jedoch ist sie nur schriftlich gültig, wenn die Geschäftsordnung besagt, daß der Gehilfe durch seine Unterschrift sie anerkenne.[2])

Hat der Handlungsgehilfe für die ordentliche Erfüllung seiner Dienstpflichten **Kaution** gestellt, so kann er letztere nicht sofort am Tage des Austrittes aus dem Geschäft verlangen, sondern erst nach Ablauf einer Frist, innerhalb deren sich beurteilen läßt, ob Fälle der Haftbarkeit des Gehilfen vorliegen oder nicht.[3])

Der Handlungsgehilfe, welcher in Ausübung seiner Dienste eine gesetzlich unerlaubte Handlung begeht, haftet für den daraus entstehenden Schaden nicht nur dem Prinzipal, sondern auch direkt einem geschädigten Dritten, z. B. der Kommis eines Bankiers dem Kunden, dessen Effekten er unterschlägt, der Expedient eines Exporthauses dem Empfänger, welcher wegen falscher Angaben des Expedienten Zollstrafe zahlen muß. Es kommen nicht nur dolose, sondern auch fahrlässige Handlungen in Betracht, sofern sie nur unerlaubt sind, z. B. fahrlässig falsche Zollangaben (vgl. E. 30 S. 44 ff.). Natürlich haftet in solchen Fällen der Prinzipal neben dem Gehilfen solidarisch (§ 278 BGB.); letzterer muß den Prinzipal schadlos halten, falls dieser von dem Dritten in Anspruch genommen wird.

IV. Das Ergebnis der Dienstleistungen gebührt selbstverständlich dem Prinzipal, insbesondere auch das Ergebnis einer Erfindertätigkeit des Angestellten. Etwaige Patente und Gebrauchsmuster sind auf den Namen des Prinzipals anzumelden, sie werden sein Eigentum. Vorausgesetzt ist bei alledem, daß das Machen der Erfindung in den Rahmen der

[1]) Urtl. vom 3. September 89 i. S. Berg/Kupfer 18 C 1069. 89 AG. Berlin I, auch abgedruckt bei Dove und Apt I S. 5.
[2]) Vgl. LG. Berlin I, Bl. f. R. 97 S. 83.
[3]) Ebenso KG. Berlin Bl. f. R. 94 S. 48, 49.

Dienstobliegenheiten des Angestellten fällt, sei es der ausdrücklich vereinbarten, sei es der aus den Umständen sich ergebenden. Dagegen ist es gleichgültig, ob die Erfindung während der Dienststunden oder in den Diensträumen oder mit den Mitteln, insbesondere Werkzeugen des Prinzipals gemacht worden ist, ja sogar nur gemacht werden konnte.[1]) Voraussetzung für die Rechte des Prinzipals ist ferner, daß die Erfindung während der Dauer des Anstellungsverhältnisses gemacht wird.[2]) Wie es daher jenen Rechten unschädlich ist, wenn die theoretischen Grundlagen der Erfindung schon vorher geschaffen waren,[3]) so genügt es andererseits nicht, daß dieses theoretische Schaffen während des Anstellungsverhältnisses vor sich geht, aber erst nachher praktisch erprobt wird.

Keinesfalls darf der Handlungsgehilfe mit seiner Erfindung während der Vertragsdauer seinem Prinzipale ohne dessen Einwilligung Konkurrenz machen (§ 60 Abs. 1 HGB., s. unten S. 54ff.).

V. Nach Beendigung des Dienstauftrages ist der Handlungsgehilfe verpflichtet, dem Prinzipal alle Gegenstände zurückzugeben, welche für ihn oder von ihm zur Ausführung der Dienste auf Kosten des Prinzipals angeschafft worden sind (§§ 675, 667 BGB.), der Reisende insbesondere die ihm übergebenen Kommissionsbücher,[4]) ebenso auch die von ihm selber ohne Auftrag des Prinzipals geführten Kundenbücher, falls dieselben mit dem Gelde des Prinzipals angeschafft worden sind.[5]) Ferner ist der Handlungsgehilfe allgemein verpflichtet, alle erforderlichen Nachrichten, z. B. über Tatsachen für die Beurteilung der Aussichten des zukünftigen Geschäfts, zu geben sowie über den Stand der von ihm eingeleiteten oder gemachten Geschäfte jede Auskunft zu erteilen, auch nach der Ausführung seines Auftrags Rechenschaft abzulegen (§§ 675, 666 BGB.) und, falls es sich um eine Rechenschaft über Einnahmen und Ausgaben handelt und Grund zu der Annahme besteht, daß seine Angaben nicht mit der erforderlichen Sorgfalt gemacht worden sind, sogar den Offenbarungseid des § 259 BGB. zu leisten.

---

[1]) Der Standpunkt des Textes ist zugleich der der einstimmigen oberen Rechtsprechung, s. z. B. E. in JW. 98 S. 365 [53] und 00 S. 738 [8], ferner OL. Bd. 6 S. 2—4 und Bd. 7 S. 383.

[2]) Ebenso RG. in JW. 02 S. 368 [29].

[3]) Ebenso OLG. Hamm 03 OL. 7 S. 383.

[4]) Ältst. vom 28. Mai 95 i. S. Naucke/Heiligenstädt 26 C 442. 95 AG. Berlin I.

[5]) Anders AG. und LG. Metz 88 in G. Z. 37 S. 535.

C. Folgen der Nichterfüllung der Pflicht zur Dienstleistung.

Unter Nicht-Erfüllung verstehen wir auch die nicht gehörige Erfüllung. Über den Fall, wenn der Handlungsgehilfe die Erfüllung des ganzen Vertrages verweigert, indem er von letzterem zurücktritt, wird unten gehandelt werden. Macht sich der Gehilfe außer diesem Falle einer Nicht-Erfüllung der ihm obliegenden Dienste schuldig, so kann der Prinzipal ihn schadensersatzpflichtig machen, ihn auf Leistung der Dienste verklagen und letztere nach erstrittenem Urteil gemäß § 887 CPO. exekutieren, d. h. das von dem Gehilfen Verabsäumte auf dessen Kosten durch einen anderen nachholen lassen. Sollte letzteres unmöglich sein, so kann gemäß § 888 Abs. 2 CPO. der Gehilfe durch Geldstrafen oder Haft zur Nachholung des Verabsäumten nicht angehalten, sondern nur auf Schadensersatz verklagt werden. Ist die Nicht-Erfüllung eine erhebliche, so kann der Prinzipal außerdem den Handlungsgehilfen sofort entlassen.

§ 13. Verpflichtung, nur für den Prinzipal kaufmännisch tätig zu sein. Pflicht der Konkurrenz-Enthaltung.

Der Handlungsgehilfe ist Glied des Geschäftsorganismus. Daraus folgt, daß er einerseits im wesentlichen seine ganze kaufmännische Tätigkeit dem Prinzipal zur Verfügung halten muß und daß er andererseits auch eine unwesentliche kaufmännische Nebentätigkeit nicht gegen das Interesse des Prinzipals ausüben, insbesondere demselben keine Konkurrenz machen darf. Dieser Gedanke hat zu dem § 60 Abs. 1 HGB. geführt, welcher erheblich abweichend von dem die gleiche Frage regelnden Art. 59 Abs. 1 des alten HGB., verordnet:

> „Der Handlungsgehilfe darf ohne Einwilligung des Prinzipals weder ein Handelsgewerbe betreiben, noch in dem Handelszweige des Prinzipals für eigene oder fremde Rechnung Geschäfte machen."

Die Bestimmung gilt für die Dauer des Dienstverhältnisses, also über den einseitigen unbegründeten Rücktritt von letzterem hinaus.[1]) Entsprechende Verpflichtung des Handlungsgehilfen nach Beendigung des Dienstverhältnisses erfordert besondere Vereinbarung (s. unten § 32).

---

[1]) Ebenso Goldmann S. 294. Anderer Ansicht Dernburg Bürg. R. § 310 sub III (s. unten S. 128).

I. **Der Inhalt des Verbots.** Dasjenige des Art. 59 des alten Handelsgesetzbuches betraf alle Handelsgeschäfte schlechthin, jetzt ist nur noch verboten:

1. Der Betrieb eines Handelsgewerbes, also nicht eines sonstigen Gewerbes (s. oben S. 19), wohl aber der Betrieb sowohl eines eigenen als eines fremden Handelsgewerbes. Ein Handelsgewerbe im Sinne dieser Vorschrift betreibt derjenige, der als Inhaber oder Gesellschafter im Handelsregister einzutragen ist oder als gesetzlicher Vertreter, z. B. Vormund, eines solchen Inhabers oder Gesellschafters den Betrieb leitet. Zu derartigen Vertretern gehören auch der Vorstand einer Aktiengesellschaft und der Liquidator einer offenen Handelsgesellschaft. Es ist ferner z. B. der Handlungsgehilfe berechtigt, seiner ein Handelsgewerbe betreibenden Ehefrau die Bücher zu führen, nicht dagegen das ganze Geschäft für sie zu leiten. Der Zweck des Gesetzes ist es zu verhindern, daß das Interesse, welches der Prinzipal für sein Geschäft von dem Handlungsgehilfen verlangen kann, durch dessen persönliche Interessierung an einem anderen Handelsgewerbe abgelenkt oder abgeschwächt werde. Der Betrieb eines Handelsgewerbes umfaßt auch die Beteiligung an einer offenen Handelsgesellschaft, selbst als von der Geschäftsführung ausgeschlossener Gesellschafter, an einer Gesellschaft mit beschränkter Haftung als Gesellschafter, an einer Kommandit-Gesellschaft und einer Kommandit-Gesellschaft auf Aktien als persönlich haftender Gesellschafter oder Kommanditist (anders Staub Anm. 8 zu § 1 HGB.), dagegen nicht die Beteiligung als stiller Gesellschafter oder Aktionär.

Als verbotener Betrieb ist es sogar schon anzusehen, wenn der Handlungsgehilfe gestattet, daß sein Name in eine fremde Firma aufgenommen wird und unter dieser Firma Geschäfte gemacht werden, selbst wenn der Gehilfe weder an letzteren noch an der Firma beteiligt ist (s. Bolze 11 Nr. 337). Dagegen fällt nach dem Sinne des § 60 Abs. 1 HGB. nicht unter dessen Verbot die bloße Vorbereitung eines nach Ablauf des Dienstverhältnisses zu errichtenden Handelsgewerbes, z. B. Mieten eines Ladens, Einkäufe von Waren, Engagement von Gehilfen.[1])

2. Verboten ist dem Handlungsgehilfen ferner, in dem Handelszweige des Prinzipals für eigene oder fremde Rechnung Geschäfte zu machen. Die Worte „in dem Handelszweige des Prinzipals“ fehlen in Art. 59 des alten HGB. und bedeuten eine wesentliche Neuerung zugunsten der wirtschaftlichen Freiheit der Handlungsgehilfen.

---

[1]) OL. 3 S. 80, Staub Anm. 3a zu § 60 HGB., Lehmann und Ring Note 3 zu § 60 HGB.

Der Disponent eines Modebazars z. B. darf hiernach nunmehr an der Börse spekulieren, der Börsenvertreter eines Bankhauses freilich jetzt ebensowenig wie früher.

Natürlich ist es zulässig zu vereinbaren, daß der Handlungsgehilfe überhaupt keine Geschäfte für eigene oder fremde Rechnung machen dürfe, auch nicht außerhalb des Handelszweiges des Prinzipals (Entsch. des RG. i. JW. 1900 S. 663[16]).

Die Beteiligung an einem Handelsgewerbe, welche sich nicht als Betrieb desselben darstellt (s. oben ad 1) ist ein Geschäft im Sinne des § 60 HGB. Der Buchhalter eines Hoteliers z. B. darf sich an einem Warengeschäft, nicht aber an einem Hotelgeschäft als stiller Gesellschafter beteiligen. Der Art. 56 Abs. 1 des alten HGB. verbot nur den Abschluß von Handelsgeschäften. Diese Beschränkung kennt das jetzige HGB. nicht.

Unter die verbotenen Geschäfte fallen auch solche, welche der Handlungsgehilfe unter fingiertem Namen mit dem Prinzipal selber macht, falls letzterer guten Glaubens ist (E. 45 S. 31 ff. und JW. 1899 S. 832[16]).

Verboten sind nur solche Geschäfte, die ausschließlich zu Gewinnzwecken gemacht werden. Sonst wäre es beispielsweise dem Verkäufer in einem Herren-Garderobengeschäft verboten, in einem anderen Geschäfte als dem seines Prinzipals seine Anzüge zu kaufen. Die Handlungsgehilfen eines Bankiers sind demnach berechtigt, im Wege der Vermögens-Anlage sich Börsen-Papiere zu kaufen und solche zu verkaufen. Und demjenigen Handlungsgehilfen, der sich aus Liebhaberei eine Sammlung angelegt hat, z. B. eine Marken- oder Münzsammlung, ist der Verkauf derselben gestattet. Anders liegt die Sache natürlich, wenn die Liebhaberei zum Nebengewerbe ausartet. Wenn das Gesetz „Geschäfte“ gedachter Art verbietet, so verbietet es damit auch ein einzelnes Geschäft der verbotenen Gattung (vgl. R. 16 S. 290).

Handelszweig des Prinzipals ist im Sinne des § 60 Abs. 1 HGB. nicht dasjenige Handelsgewerbe, welches der letztere tatsächlich betreibt, sondern dasjenige, für welches der Handlungsgehilfe engagiert worden ist.[1]) Zwar bleibt der Organismus des Geschäfts ein einheitlicher, wieweit und auf welche verschiedenen Gebiete sich letzteres auch ausdehnen mag. Aber der Dienstvertrag ist nur für das bei Abschluß des letzteren bestehende Geschäft geschlossen. Nur mit den bei diesem Abschluß vorhandenen Verhältnissen wollten und konnten die Kontrahenten rechnen.

[1]) Anders unsere erste Auflage S. 44.

Der Handlungsgehilfe z. B., welcher durch gelegentliche Vermittelung von Versicherungsabschlüssen sich einen Nebenverdienst verschafft, wird diese Tätigkeit weiter ausüben können, auch wenn der Prinzipal in sein Geschäft eine dieselbe Versicherungsbranche angehende Agentur hineinnimmt.

Erweitert der Prinzipal sein Geschäft der Art nach und verlängert der Handlungsgehilfe trotzdem das Dienstverhältnis über sein vertragliches oder gesetzlich kündbares Ende hinaus, sei es auch nur stillschweigend, z. B. durch Nicht-Kündigung, so muß nach Treu und Glauben angenommen werden, daß er in dem erweiterten Geschäft angestellt sein will, und das Verbot erstreckt sich dann vom Tage der möglich gewesenen Beendigung des Dienstverhältnisses auch auf die gedachten Erweiterungen. Selbst in diesem Falle aber ergreift das Verbot nicht ein Geschäft, welches der Prinzipal rechtlich gesondert neben seinem bisherigen Geschäft zu betreiben anfängt. Z. B. Herr Wilhelm Müller, Inhaber eines Herrengarderobengeschäftes gleicher Firma, erwirbt das Weißwarengeschäft in Firma Lehmann & Co. und führt dasselbe unter letzterer Firma neben gedachtem ersteren Geschäft fort. Denn der Handlungsgehilfe ist nicht Angestellter des Prinzipals, sondern Angestellter des Prinzipals eines rechtlich bestimmten Handelsgewerbes.

Das Verbot bezieht sich nur auf den Handelszweig des Prinzipals, nicht also auf ein Nichthandels-Gewerbe desselben. Dem Gehilfen eines Prinzipals z. B., der Bankier und Grundstücksmakler, aber nur als erster eingetragen ist, sind Vermittelungen von Grundstücken auch für andere als des Prinzipals Rechnung erlaubt. Über einzelne Fälle von Identität verschiedener Handelszweige s. unten S. 149 ff.

II. **Die Aufhebung des Verbots** ist gegeben im Falle der Einwilligung des Prinzipals, und zwar sowohl derjenigen in eine bestimmte bereits erfolgte Verbots-Übertretung (Genehmigung, vgl. § 184 BGB.) als auch derjenigen für zukünftige Verbotsübertretungen (Einwilligung, vgl. § 183 BGB.). Beide Arten der Zustimmung sind nicht an eine Form, insbesondere nicht an Ausdrücklichkeit gebunden, können also auch aus konkludenten, d. h. schlüssigen, eine Erklärung ersetzenden Umständen geschlossen werden. Das bloße Stillschweigen des Prinzipals, welcher die Verbots-Übertretung erfahren hat, wird nur dann als Einwilligung anzusehen sein, wenn eine spätere Erklärung der Nicht-Einwilligung dolos sein würde, z. B. regelmäßig in dem Falle, wenn der Prinzipal längere Zeit dazu schweigt, daß der Handlungsgehilfe ein verbotenes Handelsgewerbe betreibt. Andererseits reicht es zur Verhütung einer derartigen stillschweigenden Einwilligung hin, wenn der Prinzipal in irgendeiner Weise, wenn auch nur durch konkludente Umstände, zu erkennen gibt, daß er mit der Verbotsübertretung nicht einverstanden sei. Nur in einem Falle stellt das jetzige Handelsgesetzbuch, entsprechend den Art. 59 Abs. 2, 56 Abs. 2 des alten, eine Ausnahme fest. Nach § 60 cit. Abs. 2 soll nämlich, falls dem Prinzipal bei der Anstellung des Gehilfen bekannt ist, daß dieser ein ihm verbotenes Gewerbe betreibt, die Einwilligung zum Betriebe des letzteren als erteilt gelten, wenn der Prinzipal die Aufgabe des Betriebes nicht ausdrücklich vereinbart. Wenn also z. B. X, der Eigentümer eines Hotels, als Leiter eines großen Aktien-Hotels an demselben Platze engagiert und ihm während der Verhandlungen seitens der Gesellschaft etwa erklärt wird: „Natürlich können wir es nicht dulden, daß unser Hotel-Leiter nebenbei ein Konkurrenzhotel führt," so würde dies den X nicht verpflichten, die Weiterführung seines Hotels aufzugeben, es würde vielmehr eine Einwilligung der Gesellschaft mit dieser Weiterführung trotz jener Erklärung anzunehmen sein. Denn es würde zwar eine diesbezügliche ausdrückliche Vertragsofferte, aber keine ausdrückliche Akzeptation erfolgt sein.

Die einmal erteilte Zustimmung kann selbstverständlich mit rückwirkender Kraft nicht zurückgenommen werden, also nicht, wenn das bewilligte Geschäft abgeschlossen und der bewilligte Betrieb eröffnet worden ist (§ 157 BGB., vgl. § 183 S. 1 BGB.). Aber selbst abgesehen hiervon wird eine Zurücknahme dann unzulässig sein, wenn sie dem Handlungsgehilfen einen nicht zu ersetzenden Schaden verursachen würde.[1] So z. B. wenn der Handlungsgehilfe vor der Eröffnung des Geschäftsbetriebes zum Zweck desselben zahlreiche Geschäftsbeziehungen angeknüpft hat, deren plötzlicher Abbruch seinem geschäftlichen Ansehen für die Zukunft unberechenbare, wenn auch nicht zahlenmäßig abschätzbare Einbuße einzutragen vermag. Keinesfalls braucht der Handlungsgehilfe die Zurücknahme der Zustimmung eher zu respektieren, als bis der Prinzipal ihm den gesamten durch die Zurücknahme entstehenden Schaden, z. B. Kosten für Annoncen, sonstige Reklame, Mieten des Geschäftsladens, Gehilfen-Salär, Auslagen an Vermittler usw., ersetzt hat.

[1] Noch weiter geht Staub Anm. 9 zu § 60 HGB., der schlechthin die Rücknahme der einmal erteilten Einwilligung ausschließt, weil das Gegenteil nirgends verordnet sei. Dem steht entgegen, daß derartige Zustimmungen prekaristischer Natur sind. Wie Staub auch Lehmann und Ring Note 6 zu § 60 HGB.

III. **Die Folgen der Verbotsverletzung** sind:

1. Der Prinzipal kann, außer wenn das Verbot nur unbedeutend überschritten ist, den Handlungsgehilfen ohne Kündigung entlassen (§ 72 Nr. 1 HGB.).

2. Außerdem kann der Prinzipal Schadensersatz verlangen (§ 61 Abs. 1 eod.), d. h. Erstattung des wirklichen Schadens und des entgangenen Gewinnes. Letzterer kann, aber muß nicht identisch sein mit dem dem Handlungsgehilfen aus dem verbotenen Geschäft zugeflossenen Gewinne. Bei Nicht-Identität kann dieser Gewinn nur im Wege des Eintrittsrechts (s. unten zu 3) erlangt werden.[1])

3. Statt des Schadensersatzes (nach dem früheren Recht — Art. 59, 56 Abs. 3 HGB. — neben dem Schadensersatz) kann der Prinzipal verlangen (§ 61 Abs. 1 HGB.), daß der Handlungsgehilfe

a) die für eigene Rechnung gemachten Geschäfte als für Rechnung des Prinzipals eingegangen gelten lasse und

b) die aus Geschäften für fremde Rechnung bezogene Vergütung herausgebe oder seinen Anspruch auf die Vergütung abtrete.

Die verbotswidrigen Geschäfte sind also nicht rechtsungültig.

Zu a. Der Prinzipal darf sich nur die von dem Handlungsgehilfen für eigene Rechnung gemachten Geschäfte aneignen. Zu denselben gehört auch ein von dem Handlungsgehilfen gemachtes Vermittelungsgeschäft, welches nicht zu verwechseln ist mit dem vermittelten Geschäft.[2]) Eignet sich der Prinzipal ein Geschäft des Handlungsgehilfen an, so bleibt dem dritten Kontrahenten gegenüber der Handlungsgehilfe nach wie vor allein berechtigt und verpflichtet. Der Prinzipal hat jedoch ein Recht auf Abtretung der Rechte aus dem Geschäft, soweit dieselben abtretbar, d. h. nicht persönlicher Natur sind.

In diesem Falle muß er aber den Handlungsgehilfen gegen die Ansprüche des dritten Kontrahenten vertreten. Denn die dem Prinzipal zustehende Aneignung des Geschäfts ist nur als eine Aneignung des gesamten Inhaltes desselben, einschließlich der daraus sich ergebenden Verpflichtungen, zulässig. Deshalb hat, soweit letztere nur von dem Handlungsgehilfen persönlich erfüllt werden können, dieser zwar die noch nicht vollendete Erfüllung zu vollenden, der Prinzipal ihm aber entsprechenden Schadensersatz zu leisten;

---

[1]) Ebenso AppG. Jena bei Busch 22 S. 457, Lehmann und Ring Note 3 zu § 61 HGB.

[2]) Ebenso Hahn § 5 Anm. 9 gegen E. 8 S. 49, 50.

deshalb muß ferner der Prinzipal auch aus dem Gewinn des Geschäftes dem Handlungsgehilfen dasjenige erstatten, was derselbe an Spesen aufgewendet hat, sei es zwecks Abschlusses des Geschäftes (z. B. an Trinkgeldern, Fahrtgeldern, Zechauslagen, Honorar für Auskunftsinstitute u. dgl.), sei es zwecks vorteilhafter Verwertung des Geschäfts (z. B. für Annoncen, Prospekte, sonstige Reklamen u. dgl.).

Der Prinzipal hat ein Recht, von dem Handlungsgehilfen Rechnungslegung über das verbotene Geschäft zu fordern,[1]) und zwar insbesondere deshalb, weil er sich sonst darüber nicht schlüssig machen kann, ob er von seinem Aneignungsrecht Gebrauch machen soll oder nicht.

Zu b. Daß der Handlungsgehilfe auch die bereits bezogene Vergütung wieder herausgeben muß, ist eine neue Bestimmung, die dem früheren Recht (Art. 56 HGB.) fremd war (s. E. 8 S. 48 ff.).

Auch hier hat der Prinzipal ein Recht auf Rechnungslegung, und auch hier wird der Prinzipal aus der erhaltenen Vergütung dem Handlungsgehilfen die von demselben gemachten Aufwendungen (cf. zu a) ersetzen müssen.

Gemeinsam zu a und b gilt ferner, daß die Ausübung des Wahlrechts das letztere vernichtet, so daß der Prinzipal auf das nicht gewählte Recht nicht mehr zurückkommen kann (OL. 7, S. 149/50). Der Handlungsgehilfe hat nicht das Recht, den Prinzipal gemäß § 264 Abs. 2 BGB. mit Setzung einer Frist zur Vornahme der Wahl aufzufordern, weil ein alternatives Schuldverhältnis im Sinne der §§ 262 ff. BGB. nicht vorliegt.[2])

Die Ansprüche zu a und b verjähren nach der dem früheren HGB. fremden Vorschrift des § 61 Abs. 2 HGB. in drei Monaten von dem Zeitpunkte an, in welchem der Prinzipal Kenntnis von dem Abschlusse des Geschäfts erlangt, sie verjähren ohne Rücksicht auf diese Kenntnis in fünf Jahren von dem Abschlusse des Geschäftes an (§ 61 Abs. 2 des neuen HGB.). Für den Beginn der Verjährung ist Kenntnis des Prinzipals nötig. Kenntnis des Prokuristen oder des generellen Handlungsbevollmächtigten genügt nicht.

Das Recht des Prinzipals, sich seine Erklärung drei Monate lang vorzubehalten, kann dazu führen, daß derselbe auf Gefahr

---

[1]) Ebenso Laband in G. Z. 10 S. 201 ff., Behrend § 45 Anm. 50, Staub Anm. 6 zu § 61 HGB., Lehmann und Ring Note 4a zu § 61 HGB.

[2]) So mit Recht Staub Anm. 1 zu § 61 HGB. Anders offenbar OL. Hamburg 03 in DJZ. 04 S. 1000.

des Handlungsgehilfen spekuliert. Z. B. letzterer kauft Waren für eigene Rechnung, um dieselben später wieder zu verkaufen. Der Prinzipal erfährt davon, äußert sich aber zunächst nicht; nach zwei Monaten steigen die Preise und nun erklärt er, das Geschäft sich aneignen zu wollen.

Die Verjährung kann durch Rechtsgeschäft weder ausgeschlossen noch erschwert werden. Erleichterung der Verjährung, insbesondere Abkürzung der Verjährungsfrist, ist zulässig (§ 225 BGB.).

4. Der Prinzipal hat das Recht, gegen den Handlungsgehilfen auf zukünftige Unterlassung verbotener Geschäfte, sowie auf Schließung des verbotswidrig eröffneten Handelsgewerbes zu klagen (R. 19 S. 136/38).

5. Der Prinzipal kann die für eine Verbotsübertretung vertragsmäßig stipulierte Konventionalstrafe fordern. Zwar schließt noch nicht die Vereinbarung, wohl aber das Verlangen einer solchen Strafe die gesetzlichen Ansprüche aus § 61 HGB. aus (§ 340 Abs. 1 BGB.). Beansprucht der Prinzipal Schadensersatz (s. oben zu III, 2), so kann er die verwirkte Strafe als Mindestbetrag des Schadens verlangen, ohne daß die Geltendmachung eines weiteren Schadens für ihn ausgeschlossen ist (§ 340 Abs. 2 BGB.).

IV. Gestrichen ist die Vorschrift des Art. 56 des alten HGB., wonach der zum Betriebe eines ganzen Handelsgewerbes bestellte Handlungsbevollmächtigte keinerlei Handelsgeschäfte machen durfte, auch nicht solche außerhalb des Handelszweiges des Prinzipals, und der letztere Schadensersatz und Aneignung des verbotenen Geschäfts nicht alternativ, sondern kumulativ verlangen konnte. Der generelle Handlungsbevollmächtigte ist jetzt im Eingehen selbständiger Geschäfte nur beschränkt, falls er zugleich Handlungsgehilfe ist, und dann wie ein solcher.

§ 14. Verpflichtungen des persönlichen Verhaltens.

In seiner Eigenschaft als Angestellter ist der Handlungsgehilfe Untergebener des Prinzipals und Glied des Geschäftsorganismus. Daraus ergibt sich seine Verpflichtung zum Gehorsam, zur Diensttreue und zu einem achtungsvollen Benehmen gegenüber dem Prinzipal.

I. Die Pflicht des Gehorsams bezieht sich nur auf die vom Gehilfen zu leistenden Dienste.[1]) Denn ein weiterer Ge-

[1]) Über einzelne Fälle von Ungehorsam siehe unten S. 139, 143.

horsam ist für das ordnungsmäßige Funktionieren des Geschäftsorganismus nicht notwendig. Daher ist beispielsweise der Prinzipal zwar zu dem Anspruche befugt, daß der Handlungsgehilfe in angemessener Kleidung im Geschäft erscheint, die Art derselben kann er jedoch nicht vorschreiben. Diesbezügliche Vereinbarungen sind natürlich zulässig. Ebensowenig ist der Prinzipal berechtigt, dem Handlungsgehilfen Vorschriften betreffs seines Privatlebens zu machen.

Ist derselbe jedoch in die häusliche Gemeinschaft des Prinzipals aufgenommen (vgl. § 62 HGB.), so ist als beiderseitiger Parteiwille anzunehmen, daß er sich der Hausordnung zu fügen hat, soweit diese nicht die individuelle Freiheit des Handlungsgehilfen nach vernünftiger Lebensanschauung in unzulässiger Weise beschränkt. Letzteres wird z. B. nicht anzunehmen sein, wenn dem Handlungsgehilfen ein Hausschlüssel versagt wird, wohl aber, wenn ihm zugemutet wird, jeden Abend um 9 Uhr zu Bett zu gehen.

Hinsichtlich der gesetzmäßigen (s. oben § 12) Dienstleistungen ist der Handlungsgehilfe zu striktem Gehorsam verpflichtet, gleichgültig ob die Anweisungen des Prinzipals zweckmäßig oder unvernünftig sind. Nur offenbar chikanösen (§ 226 BGB.) kann, und offenbar unsittlichen oder gar strafbaren Anweisungen darf er keine Folge leisten, wie z. B. einem Befehle, patentierte Gegenstände unter Verletzung eines fremden Patentrechtes zu verkaufen, oder unerlaubte Nachbildungen herstellen zu lassen, oder die Handlungsbücher zu vernichten oder sie so zu führen oder zu verändern, daß sie keine Übersicht des Vermögensstandes gewähren.[1]) In solchen Fällen würde der Handlungsgehilfe sogar trotz des Befehles des Prinzipals bestraft werden, und zwar in ersterem als Täter, in letzterem bei Bankerott des Prinzipals wegen Beihilfe.[2]) Wohl aber ist der Handlungsgehilfe verpflichtet, Briefe, welche strafbare Beleidigungen enthalten, zu entwerfen, oder im Texte zu schreiben, wenn er sie nicht unterschreibt. Denn die strafbare Handlung ist hier erst mit der Unterschrift oder der Absendung gegeben. Stellen die Beleidigungen zugleich Verstöße gegen die gute Lebensart dar, bestehen sie z. B. in Schimpfworten, die im anständigen Verkehr ausgeschlossen sind, so ist der Handlungsgehilfe berechtigt, jede diesbezügliche Tätigkeit, also auch das bloße Schreiben des Brieftextes, zu ver-

---

[1]) Vgl. §§ 239 Nr. 4, 240 Nr. 3 KonkO.

[2]) § 49 Abs. 1 StGB.; Olshausen Anm. 20 dazu. Eine bloß fahrlässige gesetzwidrige Buchführung würde den Handlungsgehilfen im Falle Bankerotts des Prinzipals allerdings nicht strafbar machen, da es fahrlässige Beihilfe zu einer strafbaren Handlung nicht gibt.

weigern, da er zu einer Tätigkeit, welche gegen die guten Sitten verstößt, nicht mißbraucht werden darf (§ 138 Abs. 1 BGB.). Eine Chikane des Prinzipals ist auch dann anzunehmen, wenn derselbe den Handlungsgehilfen keine Dienste verrichten, sondern die ganze Geschäftszeit oder einen erheblichen Teil derselben untätig im Geschäft sitzen läßt. Der Handlungsgehilfe ist zwar in der Regel verpflichtet, die ganze Geschäftszeit im Geschäft anwesend zu sein, aber nur um die erforderlichen Dienste zu leisten. Das Verlangen seiner Anwesenheit lediglich oder im wesentlichen zu anderen Zwecken ist Mißbrauch seitens des Prinzipals. In Fällen gedachter Art darf daher der Handlungsgehilfe aus dem Geschäft fortbleiben. Er muß sich dann jedoch zur Verfügung seines Prinzipals halten. Ebenso ist der Gehilfe aus dem Geschäft wegzubleiben berechtigt, wenn ihm dort lediglich solche Dienste zugemutet werden, die er zu leisten nicht verpflichtet ist, z. B. der Prokurist, wenn er nur niedere Kontorarbeiten machen soll (HAG. Nürnberg bei Busch 21 S. 344/45). Betreffs der Frage ob der Handlungsgehilfe ein Recht auf Arbeit hat vgl. unten S. 100.

II. Die Pflicht zur Diensttreue. Das Nähere siehe unten S. 135/136. Betreffs derjenigen Dienstuntreue insbesondere, die sich als unlauterer Wettbewerb charakterisiert, siehe in diesem Paragraphen unten IV 2.

III. Die Pflicht zu achtungsvollem Verhalten gegen den Prinzipal. Dieselbe erstreckt sich auch über den Kreis des Geschäftes hinein in das Privatleben, weil das persönliche Verhalten in letzterem die Autorität des Prinzipals im Geschäfte berührt. Über Begriff und Fälle erheblicher Ehrverletzungen s. unten S. 141/2 sub IV.

IV. Folgen der Verletzungen der zu I bis III erörterten Verpflichtungen:

1. Ein gesetzwidriges persönliches Verhalten des Handlungsgehilfen berechtigt den Prinzipal zur Klage auf zukünftige Unterlassung oder, falls die Verletzung erheblich ist, zur Entlassung (s. unten § 30), in jedem Falle gleichzeitig zur Klage auf Ersatz des etwa durch das gesetzwidrige Verhalten entstandenen Schadens.

2. In einem besonderen Falle der Dienstuntreue[1]) treten nach dem Reichsgesetz zur Bekämpfung des unlauteren Wettbewerbs vom 27. Mai 1896 außer den zu 1 erörterten Folgen noch besondere ein:

---

[1]) Litteratur: Fließ, Die Verpflichtung des Handlungsgehilfen zur Wahrung von Geschäftsgeheimnissen, Berlin, Struppe & Winckler 1898.

a) Nach § 9 des genannten Gesetzes wird mit Geldstrafe bis zu 3000 Mk. oder mit Gefängnis bis zu einem Jahre bestraft, wer als Angestellter eines Geschäftsbetriebes Geschäfts- oder Betriebsgeheimnisse, die ihm vermöge des Dienstverhältnisses anvertraut oder sonst zugänglich geworden sind, während der Geltungsdauer des Dienstverhältnisses unbefugt an andere zu Zwecken des Wettbewerbes oder in der Absicht, dem Inhaber des Geschäftsbetriebes Schaden zuzufügen, mitteilt.

Neben der Strafe kann auf Verlangen des Verletzten auf eine an ihn zu erlegende Buße bis zum Betrage von 10 000 Mk. erkannt werden. Eine erkannte Buße schließt die Geltendmachung eines weiteren Entschädigungsanspruches aus (§ 14 cit. Ges.).

Die Strafverfolgung wird nur auf Antrag des Prinzipals bewirkt; der Antrag ist binnen dreier Monate seit Kenntnis des Prinzipals von der Geheimnisverletzung zulässig (§ 61 StGB.). Die Strafverfolgung wird durch die Staatsanwaltschaft bewirkt, falls ein öffentliches Interesse vorliegt, sonst durch Privatklage des Prinzipals (§ 12 cit. Ges.). Antrag und Privatklage sind bis zur Verkündung des erstinstanzlichen Urteils zurücknehmbar.[1]) Nach 5 Jahren ist die Strafverfolgung verjährt (§ 67 Abs. 2 StGB.).

Nach § 11 Abs. 1 des zitierten Gesetzes verjähren in dem Falle der von § 9 cit. betroffenen Geheimnisverletzung die Ansprüche des Prinzipals auf Unterlassung oder Schadensersatz in sechs Monaten von dem Zeitpunkte an, in welchem der Prinzipal von der Verletzung Kenntnis erlangt, ohne Rücksicht auf diese Kenntnis in drei Jahren von der Begehung der Verletzung an. Diese Bestimmung zeitigt das merkwürdige Ergebnis, daß das erwähnte Reichsgesetz in dem von ihm herausgegriffenen besonders schweren Falle der Dienstuntreue hinsichtlich der Verjährung der privatrechtlichen Ansprüche gegen den Untreuen den letzteren besser stellt als er hinsichtlich anderer minder schwerer Untreue-Fälle gestellt ist; denn die Ansprüche aus letzterem verjähren erst in 30 bzw. 3 Jahren (§§ 195, 852 Abs. 1 BGB.).

b) Im einzelnen ist hierzu folgendes zu bemerken:

α) Geheimnis ist alles dasjenige, was dem Dritten weder bekannt ist noch bekannt zu werden bestimmt ist, sei es laut ausdrücklichem Verbote des Prinzipals, sei es infolge seines nach den Umständen erkennbaren Interesses an der Geheimhaltung.[2]) Darunter fällt auch der Gegenstand vorzeitiger Mitteilungen. Einer

---

[1]) § 12 Abs. 2 Ges., § 64 Abs. 1 StGB., § 431 Abs. 1 StPO.
[2]) E. des RG. im Straff. Bd. 29 S. 430.

gesetzwidrigen Verletzung des Geschäftsgeheimnisses macht sich also z. B. der Verkäufer schuldig, welcher den Entschluß seines Prinzipals, die Preise gewisser Waren herabzusetzen, vor der öffentlichen Bekanntmachung der Herabsetzung an die Konkurrenz mitteilt und dadurch letztere in die Lage setzt, ihrerseits gleichzeitig oder womöglich noch vorher eine ähnliche Herabsetzung anzukündigen.

Namentlich ist Gegenstand des zu bewahrenden Geschäftsgeheimnisses der Inhalt der Handelsbücher, z. B. Bilanzen, Inventuren, Einkaufs- und Verkaufspreise, Offerten, Bezugsquellen, Selbstkostenaufstellungen, Kundenlisten.

β) Das Geheimnis muß dem Gehilfen infolge des Dienstverhältnisses anvertraut oder zugänglich geworden sein. Ein Reisender also, welcher der Konkurrenz Kunden namhaft macht, die er bereits vor Antritt des Dienstverhältnisses kannte oder die er selber erst für den Prinzipal angeworben hat, treibt damit nicht unerlaubten Wettbewerb, ist daher nicht strafbar, sondern begeht nur gewöhnliche Untreue (s. unten S. 135). Dagegen ist es gleichgültig, ob die geheime Tatsache lediglich das Spezialfach des Handlungsgehilfen angeht oder ob er sie außerhalb desselben gelegentlich im Geschäftsbetriebe des Prinzipals kennen gelernt hat. Denn auch dann ist sie ihm infolge des Dienstverhältnisses zugänglich geworden. Es hat also z. B. der Buchhalter, welcher durch Zufall geheime Einkaufsquellen im Geschäft erfährt, dieselben geheim zu halten.[1])

γ) die Mitteilung muß zum Zweck des Wettbewerbes oder der Schadenszufügung gemacht sein. Der Tatbestand des § 9 cit. wird daher in der Regel nicht vorliegen, vielmehr nur gewöhnliche Untreue anzunehmen sein, wenn die verbotene Mitteilung zur Renommage oder aus Leichtsinn erfolgt ist, oder wenn z. B. der Prokurist einer Aktiengesellschaft das unerwartet günstige Ergebnis der Jahresbilanz vor deren Auslegung im Geschäftslokale einem Freunde aus Gefälligkeit mitteilt, damit dieser sich vor der Kurssteigerung noch schnell Aktien kaufe.

δ) Die Geheimnisverletzung muß während der Geltungsdauer des Dienstverhältnisses erfolgt sein. Da fristlose Kündigung das letztere nur beendet, wenn sie berechtigt war (s. unten S. 128), so endet sie auch nur in letzterem Falle die Schweigepflicht des Handlungsgehilfen.

Zulässig ist es, diese Pflicht auch für die Zeit nach Beendigung des Dienstverhältnisses zu vereinbaren

[1]) Fließ S. 27.

und eine solche Vereinbarung durch Stipulierung von Vertragsstrafen zu sichern (RG. in JW. 1900 S. 79[13]), aber gemäß § 74 Abs. 1 HGB. nur in den Grenzen dieser Gesetzesbestimmung.

Auch ohne solche Vereinbarung darf der Handlungsgehilfe nach Beendigung des Dienstverhältnisses diejenigen Geschäftsgeheimnisse weder selber verwerten noch anderen mitteilen, die er durch eine unsittliche oder ungesetzliche Handlung erlangt hat (§ 9 Abs. 2 des cit. Reichsges., vgl. § 826 BGB.), z. B. durch Bestechung eines Kollegen,[1]) durch heimliches Abschreiben,[2]) durch Entwendung von Kundenlisten, Notizen u. dgl., durch arglistige oder auch nur hinterlistige Auskundschaftung von anderen Angestellten, Lieferanten oder Kunden, ja selbst ohne alles das, wenn ihm das Geheimnis unter dem Gebot der Verschwiegenheit auf Grund besonderen Vertrauens seines früheren Prinzipals bekannt gemacht worden ist.[3])

Abschnitt 3. **Die Pflichten des Prinzipals.**

§§ 15—19. Die Pflicht zur Leistung einer Vergütung.

§ 15. Im allgemeinen. Höhe und Gegenstand der Vergütung. Gratifikationen.

Für die Dienstleistungen des Handlungsgehilfen hat der Prinzipal Vergütung zu gewähren. Zunächst die vereinbarte, mangels Vereinbarung die ortsgebräuchliche, mangels Ortsgebrauches eine angemessene[4]) (§ 59 HGB.). Über den Begriff „Ortsgebrauch" s. oben S. 13 und 41.

Teilzahlungen auf die Vergütung anzunehmen ist der Handlungsgehilfe nicht verpflichtet (§ 266 BGB.).

I. Die Vereinbarung unverhältnismäßig niedriger Vergütungen, sog. Hungerlöhne, macht den ganzen Dienstvertrag nichtig und den Prinzipal bzw. seinen Vertreter unter Umständen des **Wuchers** schuldig.

Wenn nämlich der Prinzipal unter Ausbeutung der Notlage, des Leichtsinns oder der Unerfahrenheit des Handlungsgehilfen mit diesem ein Gehalt vereinbart, welches auffallend gering im Ver-

---

1) Düringer und Hachenburg I S. 240.

2) Staub Anm. 30 zu § 59 HGB.

3) RG. vom 11. März 04 in DJZ. 04 S. 553.

4) Für Reisende der Shawl- und Tücherbranche z. B. haben die Ältst. unter dem 9. September 95 i. S. Ascher/Sauer S. 76, 95 CK. 18 LG. Berlin I eine Jahresvergütung von 1800 Mark außer den Spesen als angemessen begutachtet.

hältnis zu den beanspruchten Diensten ist, so ist der Dienstvertrag nach § 138 Abs. 2 BGB. nichtig und gemäß § 302 e StGB. macht sich der Prinzipal wegen Wuchers strafbar. Der Handlungsgehilfe kann Schadensersatz beanspruchen (§§ 823, 826 BGB.), insbesondere Nachzahlung des an dem normalen Arbeitslohn fehlenden Betrages nebst Zinsen.[1]) Da diejenigen, die sich des Wuchers schuldig machen, als Gesamtschuldner haften (§ 840 Abs. 1 BGB.) und auch derjenige sich des Wuchers schuldig macht, der die wucherlichen Vorteile zugunsten eines anderen stipuliert (§ 302 e cit.), so haftet neben dem Prinzipal solidarisch der Prokurist, oder Handlungsbevollmächtigte, welcher den Anstellungsvertrag für den Prinzipal geschlossen hat, wegen der Forderungen des Gehilfen, welche sich lediglich als Schadensersatzforderungen charakterisieren, sogar der Prokurist oder Handlungsbevollmächtigte allein, falls der Prinzipal den Vertrag nicht kennt und er den Abschluß eines solchen nach der Persönlichkeit seines Vertreters diesem nicht zutrauen konnte (§ 831 Abs. 1 BGB.).

Das Vorstehende gilt auch dann (s. § 138 Abs. 2 BGB.), wenn dem Prinzipal gewerbs- oder gewohnheitsmäßige Vereinbarung von Hungerlöhnen nicht vorgeworfen werden kann. Es genügt vielmehr schon ein einzelner Fall.

Die vorstehenden Grundsätze werden übrigens auch auf die sog. Konkurrenzklauseln (s. unten S. 147) anwendbar sein.

Die diesbezüglichen Schadensersatzansprüche der Handlungsgehilfen verjähren in drei Jahren (§ 852 Abs. 1 BGB.).

II. **Der Gegenstand der Vergütung** ist gewöhnlich, aber nicht notwendig bares Geld. Die Vergütung in letzterem heißt „Gehalt" oder „Salär". Die Vergütung kann in der Gewährung jedes beliebigen Vermögensvorteils bestehen, z. B. in der Gewährung freien Unterhalts, allein oder in Verbindung mit Gehalt, ferner ganz oder teilweise in der Gewährung von Waren — sog. Trucksystem; dasselbe ist für den sonstigen gewerblichen Verkehr durch § 115 GewO. verboten.

Der Gegenstand der Vergütung kann sowohl in einer bestimmten Geldsumme bestehen als auch in einer Gewinnbeteiligung, welche regelmäßig neben ersterer, zuweilen ohne erstere allein vereinbart wird. Eine bestimmte Geldsumme wird gewöhnlich nach einem bestimmten Jahres- oder Monatssatze verabredet. Das ist jedoch nur eine übliche Berechnungsweise, aus der weder für die Dauer des Vertrages noch für die Fälligkeit des Gehalts etwas folgt (s. unten S. 114). Die Gewinnbeteiligung ist

[1]) Dieses auch auf Grund des § 612 BGB.

entweder eine solche an einzelnen Geschäften (Provision) oder an dem nach der Jahresbilanz sich ergebenden Reingewinn des Gesamtgeschäftes oder eines Teiles desselben (Tantieme).

Den Charakter der Vergütung tragen alle, aber auch nur solche Vermögensvorteile, welche der Handlungsgehilfe als Gegenwert seiner Dienstleistungen zu beanspruchen hat. Unter diesen Begriff fallen also nicht Geschenke, welche der Prinzipal dem Handlungsgehilfen macht, wie **Weihnachsgeschenke, Gratifikationen** nach erfolgter Inventuraufnahme, und zwar auch dann nicht, wenn derartige Vergünstigungen als Geschenke allgemein üblich oder ortsgebräuchlich sind oder von dem Prinzipal regelmäßig gemacht zu werden pflegen.[1]) Denn auch alsdann hat der Gehilfe noch keinen Anspruch auf dieselben. Ist jedoch ein solcher Anspruch vereinbart, d. h. nicht bloß in Aussicht gestellt, sondern vertragsgemäß zugestanden, z. B. betreffs der Weihnachtsgratifikation, so hat das Versprochene die Natur der Vergütung.

Ist die Gratifikation fest versprochen, jedoch ihre Höhe nicht vereinbart, so ist das Versprechen nicht etwa klaglos, sondern es ist die Gratifikation in ortsüblicher, evtl. angemessener Höhe zu leisten[2]) (§ 59 HGB., § 612 BGB.). In solchem Falle ist es ferner üblich, die Höhe der einmal gewährten Gratifikation in späteren Jahren nicht zu vermindern, falls nicht die Führung des Angestellten oder ungünstige Geschäftslage eine Ausnahme begründen.[3])

Auch durch Ortsgebrauch kann natürlich ein Anspruch auf Gratifikation gegeben sein. Was allerdings die Weihnachtsgeschenke anlangt, so sind dieselben keineswegs derart üblich, daß sie auch ohne besondere Abrede regelmäßig gegeben werden und als gehaltsähnlicher Anspruch gelten.[4])

Die fest versprochene Weihnachtsgratifikation ist, weil vereinbarte Vergütung, auch dann zu zahlen, wenn der Prinzipal während des Jahres mit dem Handlungsgehilfen mit Recht nicht zufrieden war.[5]) Sie ist in dem Falle, daß der Handlungsgehilfe

---

[1]) Ebenso LG. Berlin I in Bl. f. R. 00 S. 107.

[2]) Ültst. vom 27. Juni 93 i. S. Gudde/Sixtus 66 C 1058. 93 AG. I Berlin und vom 14. November 93 i. S. Zeitler/Maas 8 C 1357. 93 AG. I Berlin und vom 20. März 00 i. S. Schulze/Schmidt 7 C 89. 00 AG. Frankfurt a. O.

[3]) Ültst. i. S. Zeitler/Maas (s. Anm. 2).

[4]) Ültst. vom 28. Mai 94 i. S. Wonneberg/Schlier 56 C 332. 94 AG. I Berlin.

[5]) Anders Ültst. bei Dove und Apt S. 35 Nr. 49 und LG. Berlin I Bl. f. R. 00 S. 107.

während des Geschäftsjahres austritt, bis zum Tage seines Austrittes anteilig zu zahlen,[1]) aber selbstverständlich erst Weihnachten fällig.[2])

Haben **Weihnachtsgratifikationen** die Natur der Schenkung, so sind sie **gewöhnliche Schenkungen, nicht belohnende Schenkungen**, d. h. solche, durch die einer sittlichen Pflicht oder einer Anstandsrücksicht entsprochen wird[3]) siehe § 534 BGB.). Unter derartige Begriffe fällt das bloß Übliche nicht, und Weihnachtsgratifikationen sind nur üblich. Belohnende Schenkungen können nicht widerrufen werden. Bei Weihnachtsgratifikationen ist der Widerruf dagegen zulässig, wie bei der gewöhnlichen Schenkung, insbesondere also wegen groben Undanks des Handlungsgehilfen (§ 530 BGB.). Ein grober Undank ist es übrigens nicht, wenn der Gehilfe nach empfangener Gratifikation gesetzmäßig austritt, sei es mit sei es ohne Bewilligung des Prinzipals. — Ausnahmsweise können natürlich auch Weihnachtsgratifikationen einer Pflicht der Sittlichkeit und des Anstandes entsprechen, nämlich dann, wenn dem Beschenkten besondere Leistungen oder Verdienste zuzurechnen sind. Für ersteren Fall ist dies von den Ältesten der Berliner Kaufmannschaft als Berliner Platzusance bezeugt.[4])

Wenn die Weihnachtsgratifikation die Natur einer Schenkung hat, bedarf die sie versprechende Erklärung zu ihrer Gültigkeit der gerichtlichen und notariellen Form, ebenso die nachträgliche Anerkennung eines solchen Versprechens (§ 518 BGB.).

---

[1]) Ältst. vom 11. Juli 93 i. S. Fühling/Wolf & Co. S. 66 93 LG. Glogau. Zustimmend Goldmann S. 287. Anders für Berlin Ältst. vom 20. März 00 in S. Schulze/Schmidt 7 C 89. 00 AG. Frankfurt a. O. Die Weihnachtsgratifikation ist wegen ihrer Gehaltsnatur auch dann anteilig zu zahlen, wenn der Handlungsgehilfe mit Recht entlassen worden ist. Anders Staub Anm. 24 zu § 59 HGB.

[2]) Ebenso AG. Berlin I i. S. Reetz/Daniel vom 15. Februar 99 — 11 C 1503. 99.

[3]) So unrichtig Ältst. bei Dove und Apt Bd. I S. 24 und 26; Düringer und Hachenburg Bd. I S. 203, s. dagegen die E. des AG. Berlin I in Anm. 4.

[4]) Bei Busch 7 S. 181, ferner schlechthin als Usance bezeugt von den Ältst. i. S. Lehrer/Rockstein 34 C 722. 94 AG. Berlin I vom 2. Juni 94, i. S. Jahn/Lehmann VII S. 294. 95 LG. Berlin II vom 20. Mai 96, i. S. Krüger/Warnecke 71 C 942. 95 AG. Berlin I vom 12. Oktober 95 und i. S. Hauth/Kupsch 37 C 288. 00 AG. Berlin I vom 19. März 00, sogar für den Fall, daß der Beschenkte später absichtlich zum Nachteil des Prinzipals handelt. Nach Ältst. vom 13. Januar 90 i. S. Braun/Lehder S. 109. 89. LG. Berlin II hat sich dagegen diesbezüglich ein Handelsgebrauch nicht gebildet.

§ 16. Die Pflicht zur Leistung einer Vergütung. Fortsetzung. Wodurch, für welche Zeit, wann und wo ist die Vergütung zu leisten?

A. **Wodurch?** Durch alle Arten gesetzlich zulässiger Erfüllung. Also auch durch Kompensation mit einer Forderung des Prinzipals gegen den Gehilfen und, falls letzterer damit einverstanden ist, durch Hingabe von Sachen, z. B. von Waren, an Zahlungs Statt.

B. **Für welche Zeit** ist die Vergütung zu leisten?

I. Regel.

1. In jedem Falle ist die Vergütung für die tatsächlich abgearbeitete Zeit zu leisten.

2. Darüber hinaus für die ganze Vertragsdauer, falls das Dienstverhältnis vorzeitig aufgehoben wird, ohne daß der Handlungsgehilfe die Aufhebung zu verantworten hat (§ 615 BGB.).

Er muß sich jedoch den Wert desjenigen anrechnen lassen, was er während des Restes der Vertragszeit infolge des Unterbleibens der Dienstleistung erspart oder was er durch seine Arbeit anderweit erwirbt oder zu erwerben böswillig unterläßt (§ 615 BGB.). Von letzterem Gesichtspunkte aus sind Fälle, freilich nur Ausnahmefälle (vgl. Bolze 17 Nr. 416), denkbar, in denen der Gehilfe seinen Anspruch verwirkt, wenn er das Anerbieten des Prinzipals, wieder bei ihm einzutreten, ablehnt, z. B. in der Regel dann, wenn die ungerechtfertigte Entlassung im Zorn ausgesprochen war und schon am nächsten Tage zurückgenommen wird. Nach Vorstehendem braucht sich der Gehilfe diejenigen Beträge nicht anrechnen zu lassen, welche ihm anderweit als Entschädigung für seine infolge der Dienstvertragsaufhebung eingetretene Erwerbslosigkeit zufließen, ohne daß er eine Tätigkeit ausübt, z. B. Unterstützungen, Versicherungssummen aus einer Versicherung gegen Stellenlosigkeit. Denn derartige Beträge stellen weder Ersparnisse noch einen Erwerb gemäß § 615 BGB. dar.

3. Auch für diejenige Zeit hat der Handlungsgehilfe Vergütung zu beanspruchen, während welcher der Prinzipal, ohne das Dienstverhältnis aufzuheben, von seinen Diensten keinen Gebrauch macht. Zwar hat der Gehilfe dem Prinzipal gegenüber nur ein natürliches, kein klagbares Recht auf Arbeit (s. unt. § 22). Der Prinzipal kann seine Dienste ablehnen, ja wir halten dieses Ablehnungsrecht sogar für unverzichtbar. Er hat lediglich die Vergütung fortzuzahlen und den

infolge seines vertragswidrigen Verhaltens entstandenen Schaden zu ersetzen. Diese Sätze klingen selbstverständlich. Und doch stieß ihre Verwirklichung in der Praxis, gerade in dem praktisch häufigsten Falle auf einen Widerstand, der erst seit den Ausführungen unserer ersten Auflage (S. 57/58) in den letzten Jahren langsam in der Rechtsprechung abgeschwächt worden, aber leider auch heute noch nicht beseitigt ist (vgl. Anm. 2). Wir meinen den Fall, daß der **Prinzipal den Reisenden** entgegen der Vertragsabrede **nicht auf die Tour gehen läßt.** Gewiß hat der Reisende keinen klagbaren Anspruch darauf, auf die Reise geschickt zu werden. Aber folgt daraus, daß der Prinzipal, wenn er eine diesbezügliche Zusicherung macht, nicht für die Folgen ihrer Verletzung einzustehen braucht, und liegt eine derartige Zusicherung nicht schon in dem bloßen Engagement eines Reisenden? Denn nach der Auffassung des Lebens wird der letztere angestellt, nicht um dem Prinzipal nach dessen Gutdünken für etwaige Reisen bloß zur Verfügung zu sein,[1]) sondern um während der ganzen Reisezeit auf die Reise geschickt zu werden und während derselben seinen Unterhalt auf Kosten des Prinzipals zu bestreiten. Nach seiner Pflicht bemißt der Reisende sein Recht. Worte brauchen darüber nicht gewechselt zu werden. Es entspricht daher dem Recht, daß der Reisende Entschädigung dafür beanspruchen kann, daß er vertragswidrig nicht auf die Reise geschickt wird.[2]) Die Gegenansicht würde u. a. in den nicht seltenen Fällen, in welchen der Reisende ohne festes Gehalt nur gegen Provision angestellt ist, dahin führen, daß er für die Zeit ihm aufgezwungener Untätigkeit gar nichts verlangen könnte. Gleichgültig muß es ferner sein, ob beim Engagement eine bestimmte Reisezeit genannt worden ist[3]) oder nicht; denn in letzterem Falle haben beide Kontrahenten die in der Branche übliche Reisezeit, ev. eine angemessene, beim Vertragsschluß im Auge gehabt. — Vertragswidrig ist das Verhalten des Prinzipals auch dann, wenn der Reisende sich nicht als geeignet erweist. Ist er in erheblichem Grade ungeeignet, so kann der Prinzipal den Vertrag wegen Irrtums in einer wesentlichen

---

[1]) So irrtümlich LG. Berlin I i. S. Noecker/Martin S. 122 96, CK. 17 (Aktenz. I Inst. 50 C 1614. 95).

[2]) Ebenso Bolze 2 Nr. 944 und 11 Nr. 321, RG. in JW. 99 S. 230[23], Kammergericht in DJZ. 99 S. 466, OL. 2 S. 311, 312; 6 S. 464, 465 und 7 S. 148, 149, Goldmann S. 288, Staub Anm. 27 zu § 59 HGB. Dagegen Kammergericht in Bl. f. R. 99 S. 6, HAG. Nürnberg in G. Z. 14 S. 537; zweifelhaft HG. Lübeck bei Busch 23 S. 4.

[3]) Nur für diesen Fall gleicher Ansicht das Gutachten der Ältst. vom 15. Juni 90 i. S. Kähren/Hill & Deter C 153. 90, AG. Luckenwalde und vom 13. Dezember 01 i. S. Frevert/Wulf 75 C 541. 01 AG. Berlin I.

Eigenschaft aufheben (s. unten S. 115/116). Sonst muß der Prinzipal den Vertrag halten, wie bei jedem anderen Handlungsgehilfen, dessen Fähigkeiten zu wünschen übrig lassen.

Unter die zu leistende Entschädigung fällt namentlich die entgangene Provision, wobei der Durchschnitt früherer Verdienste zugrunde zu legen ist. Mit Unrecht wird oft der Entschädigungsanspruch auf die Ausgaben beschränkt, welche der Reisende für seinen Unterhalt, den er sonst von den Reisespesen bestreitet, verauslagt,[1]) und mit noch größerem Unrecht wird häufig selbst der Anspruch auf diese Auslagen verneint, und zwar nicht nur mit der falschen Begründung, daß ein Anspruch auf Reisetätigkeit überhaupt nicht bestehe (s. oben S. 71), sondern auch mit der ebenso falschen Begründung, daß die Spesen ihrer Natur nach nur zur Bestreitung der besonderen Auslagen während der Abwesenheit von Hause dienen sollen. Letzteres widerspricht den Tatsachen. Die Reisespesen decken nicht nur den Mehrverbrauch auf der Reise, sondern den gesamten Verbrauch während derselben. Ein Handelsgebrauch, wonach die gedachten Auslagen zu ersetzen sind, besteht nicht.[2])

4. Für die Urlaubszeit wird dem Gehilfen im Zweifel die Vergütung zuzubilligen sein, für die beim Engagement ausdrücklich ausbedungene Urlaubszeit jedenfalls.[3]) Denn in der bedingungslosen Gewährung des Urlaubs liegt im Zweifel ein Verzicht des Prinzipals auf die Vertragsleistung des Handlungsgehilfen während der Urlaubszeit.

Der ohne gesetzliche Verpflichtung gegebene Urlaub kann jederzeit vom Prinzipal zurückgezogen werden, jedoch mit der Einschränkung des § 226 BGB., wonach die Ausübung eines Rechts unzulässig ist, wenn sie nur den Zweck haben kann, einem anderen Schaden zuzufügen.

5. Für Überstunden hat der Handlungsgehilfe keine besondere Vergütung zu beanspruchen, weder während der üblichen-

---

[1]) So Ältst. vom 12. Februar 94 i. S. Mayer/Bein & Eckstein 4 C 1042. 93 AG. Berlin I.

[2]) Ältst. i. S. Mayer/Bein, vor Anm.; ferner vom 5. November 90 i. S. Völcker/Prätorius 25 C 1319. 90 AG. Berlin I, und vom 26. Mai 97 i. S. Mühlemayer/Meteor O. 426. 96 HK. 10 LG. Berlin I. Betreffs des Anspruchs auf Ersatz der Auslagen sind der diesseitigen Ansicht: Bolze 2 Nr. 944 und 11 Nr. 321, Staub § 5 zu Art. 49 HGB., Ansch. und Völd. S. 292, das bei Staub zit. OLG. Dresden; gegen dieselbe sind Behrend § 45 Anm. 29 und HAG. Nürnberg 68 in G. Z. 14 S. 537. Zweifelhaft HG. Lübeck 1870 bei Busch 23 S. 4.

[3]) Ältst. vom 12. September 95 an den Vorstand des kaufm. Hilfsvereins für weibliche Angestellte in Berlin.

weise besonders lebhaften Geschäftszeit (s. oben S. 47) noch auch sonst während des Jahres.[1]) Beim Mangel eines wirklichen Geschäftsbedürfnisses kann der Handlungsgehilfe jedoch die Arbeit in Überstunden verweigern.

II. Ausnahme.

Von den zu I entwickelten Grundsätzen statuiert der § 63 Abs. 1 HGB. folgende Ausnahme:

„Wird der Handlungsgehilfe durch unverschuldetes Unglück an der Leistung der Dienste verhindert, so behält er seinen Anspruch auf Gehalt und Unterhalt, jedoch nicht über die Dauer von sechs Wochen hinaus."

1. Die sechs Wochen bedeuten 42 Tage. Der erste Tag wird nicht mitgerechnet. Die Frist beginnt mit der Dienstunterlassung, nicht etwa erst mit der auf Grund derselben nach § 72 Nr. 2 HGB. erfolgten Entlassung (OL. 3 S. 77).

Aus den Worten „nicht über . . . sechs Wochen hinaus" ergibt sich, daß diese Frist eine Maximalfrist bedeutet für den Fall der noch längeren Vertragsdauer, daß aber, falls letztere gesetzmäßig, z. B. durch rechtmäßige Kündigung oder Zeitablauf, früher endigt, mit ihr dann auch die Pflicht zur Gehaltszahlung endet.[2]) Bei ungerechtfertigter fristloser Kündigung läuft diese Verpflichtung also weiter. Dagegen ist die in der Praxis aufgetauchte Ansicht,[3]) daß die sechswöchige Maximalfrist nur dann zugunsten des Prinzipals ende, falls derselbe vorher den Handlungsgehilfen entlasse, weder im Gesetze noch in der Absicht des Gesetzgebers begründet. Abs. 2 des § 72 HGB. spricht außerdem direkt gegen die gedachte Ansicht.

Der § 63 Abs. 1 HGB. ist anwendbar, falls das Unglück nach Abschluß des Anstellungsvertrages erfolgt ist, also auch dann, wenn es sich in diesem Falle noch vor Beginn der Vertragszeit ereignet.

Unter Gehalt ist hier jede Art der Vergütung zu verstehen. Selbstverständlich fällt auch die Tantieme darunter, ferner aber auch die Provision, soweit sie dem Handlungsgehilfen

[1]) Vgl. Ältst. vom 13. März 93 i. S. Hinkeldein/Pietschmann und Söhne 52 C 316. 93 AG. I Berlin, vom 10. Oktober 01 i. S. Nitzke/Deutsche Bel.= und Heizindustrie 12 C 1182. 01 AG. Berlin I, vom 22. Oktober 02 i. S. Kather/Columbia 10 C 616. 02 AG. Berlin I und vom 27. Dezember 93 i. S. Frister/Weininger 72 C 1845 93 AG. I Berlin, wonach für Berlin kein entgegengesetzter Ortsgebrauch besteht, letzteres auch bei Dove und Apt I S. 3.

[2]) Ebenso Denkschr. S. 57 und RG. in JW. 01 S. 460⁹.

[3]) LG. Berlin I in Bl. f. R. 00 S. 32; s. dagegen Staub eod. S. 37.

sowieso oder im Falle seiner Tätigkeit für das provisionspflichtige Geschäft zugefallen wäre.[1])

Nach der ausdrücklichen Vorschrift des § 63 Abs. 2 HGB. ist der Handlungsgehilfe nicht verpflichtet, sich den Betrag anrechnen zu lassen, der ihm für die Zeit der Verhinderung aus einer Kranken- oder Unfallversicherung zukommt, derart, daß eine entgegenstehende Vereinbarung nichtig ist. Dadurch entsteht der merkwürdige Rechtszustand, daß es zwar zulässig ist, den Anspruch auf Gehalt und Unterhalt für die sechs Wochen durch Vereinbarung ganz auszuschließen, nicht aber zu beschränken. Der größere Nachteil ist erlaubt, der kleinere verboten! Der nach mannigfacher Richtung unzulässige Versuch einiger Gerichte, die völlig zweifelsfreie Wortfassung des Gesetzes auf Grund seiner vermeintlichen Tendenzen zu korrigieren, kann nicht scharf genug zurückgewiesen werden.[2]) Nach ihrer zweifelsfreien Wortfassung ist die Vorschrift des Abs. 1 des § 63 HGB. dispositiv, die des Abs. 2 zwingend. Danach würde, selbst wenn eine Unüberlegtheit des Gesetzgebers anzunehmen wäre, dieselbe zu respektieren sein. Abgesehen hiervon aber kann die gedachte Verschiedenheit sehr wohl eine beabsichtigte sein; denn sie läßt sich vom sozialpolitischen Standpunkt, welcher auch die große Kategorie der wirtschaftlich schwachen Prinzipale zu berücksichtigen hat, durchaus rechtfertigen.[3])

Unter Abs. 2 des § 63 HGB. fallen die Beträge nicht nur aus gesetzlicher, sondern auch aus privater Kranken- oder Unfallversicherung, insbesondere die Kranken-Unterstützungen der Handlungsgehilfen-Vereine.

Eine zeitweise Verhinderung wie nach Art. 60 des alten HGB., welcher im übrigen dem § 60 Abs. 1 des jetzigen HGB. entspricht, ist nicht mehr Voraussetzung des Anspruches. Letzterer ist vielmehr auch dann gegeben, wenn sich von Anfang an übersehen läßt, daß die Verhinderung eine dauernde sein wird (Denkschr. S. 57). Ja nach § 72 Abs. 2 des neuen HGB. wird der Anspruch selbst dadurch nicht berührt, daß der Prinzipal in solchem Falle den Gehilfen mit Recht entläßt. Dann hat der

[1]) Ebenso Staub Anm. 5 zu § 63 HGB., anders Behrend S. 323 Anm. 37 § 45.

[2]) S. hierüber ausführlich Horrwitz in DJZ. 04 S. 593, 594. Uns zustimmend Düringer und Hachenburg Bd. I S. 213 sub. V, ebenso Cosack S. 108, Goldmann S. 314. Dagegen Weißler in DJZ. 01 S. 405 und die E. des LG. Berlin I in Bl. f. R. 02 S. 86 und 04 S. 36 und S. 50, welche sämtlich auch den Abs. 2 des § 63 HGB. als zwingendes Recht auslegen.

[3]) S. hierüber des näheren Horrwitz in DJZ. 04 S. 593, 594.

letztere also auch für die Zeit nach der gerechtfertigten Aufhebung des Dienstverhältnisses Anspruch auf Gehalt und Unterhalt und zwar bis zum Ablauf von 6 Wochen seit dem Beginn der Dienstverhinderung. Meldet sich der Gehilfe vor Ablauf der 6 Wochen wieder als gesund und ist er wiederum vollkommen arbeitsfähig, erkrankt er jedoch später von neuem, so beginnt, falls er nicht inzwischen entlassen worden, eine neue sechswöchentliche Frist zu laufen; dies gilt also nicht, wenn er trotz nicht wiedererlangter voller Arbeitsfähigkeit die erste Frist nur unterbrochen hat, um eine zweite laufen zu lassen.

Ein weiteres Recht als der gedachte sechs Wochen ergreifende Anspruch steht dem Gehilfen gegen den Prinzipal nicht zu, auch dann nicht, wenn ihn ein Unglücksfall bei der Ausübung des Dienstes, z. B. Sturz beim Herablangen von Waren, trifft.[1]) Liegt Verschulden des Prinzipals vor, so ist derselbe schadensersatzpflichtig, gegebenenfalls auch für das entgangene Gehalt von mehr als sechs Wochen.

Auch ein Anspruch auf Grund des Reichs-Haftpflichtgesetzes vom 7. Juni 1871 wird nur ausnahmsweise gegeben sein. Es könnte höchstens der Fall in Frage kommen, daß ein Vertreter des Prinzipals durch ein Verschulden in Ausübung seiner Dienstverrichtungen die Verletzung des in einer Fabrik angestellten Handlungsgehilfen dort verursacht hat (§ 2 cit. Ges.). In diesem Falle würde der Prinzipal auch die Heilungskosten und diejenigen Vermögensnachteile ersetzen müssen, welche der Gehilfe infolge vernichteter oder verminderter Erwerbsfähigkeit erleidet (§ 3 Nr. 2 cit. Ges.), im Falle der Tötung sogar Kur- und Beerdigungskosten sowie Unterhalt für die Hinterbliebenen (§ 3 Nr. 1 cit. Ges.). Betreffs der Frage des Anspruches aus der staatlichen Unfallversicherung siehe unten § 38.

2. Nur bei unverschuldetem **Unglück** ist der Anspruch aus § 63 HGB. gegeben, also dann nicht, wenn das Dienstverhältnis aus irgendwelchem anderen Grunde vor Ablauf der sechs Wochen endet (Denkschr. S. 57), z. B. infolge unverschuldeter Verhinderung (vgl. § 616 BGB.), wie Wahrnehmung eines Termines als Zeuge, Schöffe, Geschworener oder Einziehung zu einer militärischen Dienstleistung.[2]) Anträge, letztere bei dem § 63 HGB. zu berücksichtigen, sind in der Reichstagskommission (Kom. S. 25—27) abgelehnt worden. Was Unglück ist, beurteilt sich nach den jeweiligen Lebensanschauungen. Nicht

[1]) HAG. Nürnberg 68 in G. Z. 14 S. 537, 538, vgl. E. 21 S. 170 ff.
[2]) Denkschr. S. 58.

notwendig ist, daß dasselbe sich in der Person des Gehilfen ereignet. Unglück im Sinne des Gesetzes sind daher auch Erkrankung nächster Angehöriger,[1]) Einziehung zum Kriege, ungerechtfertigte Verhaftung, ferner Natur-Ereignisse, welche den Handlungsgehilfen abhalten, seine Dienste zu verrichten, z. B. Überschwemmungen, Schneeverwehungen, ebenso Unglücksfälle, welche die Sache oder die Person des Prinzipals betreffen, z. B. Abbrennen der Geschäftsräume.[2]) In solchen Fällen wird sich der Handlungsgehilfe allerdings anderweiten Verdienst anrechnen lassen müssen,[3]) weil er sich sonst auf Kosten des Prinzipals ungerechtfertigt bereichern würde und ferner in Gemäßheit der Vorschrift des § 615 BGB.

Liegt kein unverschuldetes Unglück vor, wohl aber eine unverschuldete Verhinderung (s. ob. S. 75 sub Nr. 2), so ist das Gehalt, falls die Verhinderung eine verhältnismäßig nicht erhebliche Zeit dauert, für eine solche fortzuzahlen (§ 616 BGB.). Z. B. im Falle einer kurzen militärischen Übung.[4]) Natürlich darf dieselbe keine freiwillige sein. Denn in diesem Falle ist die Dienstverhinderung von dem Handlungsgehilfen verschuldet. — Im Falle der unverschuldeten Verhinderung muß sich der Handlungsgehilfe gemäß der ausdrücklichen Vorschrift des § 616 S. 2 BGB. (im Gegensatz zu dem Falle des § 63 Abs. 2 HGB., s. oben S. 73) den Betrag anrechnen lassen, welcher ihm für die Zeit der Verhinderung aus einer auf Grund gesetzlicher Verpflichtung bestehenden Kranken- oder Unfallversicherung zukommt (vgl. Denkschr. S. 58), also auch hier nicht Beträge aus einer Privat-Versicherung.

Unverschuldet ist das Unglück dann, wenn der Handlungsgehilfe bei Anwendung gewöhnlicher Sorgfalt es nicht abwenden konnte. Den Hauptfall des unverschuldeten Unglücks bildet Erkrankung des Handlungsgehilfen. Ist dieselbe absichtlich oder durch grobes Versehen herbeigeführt worden, so ist sie nicht unverschuldet. Das Betreiben eines Sports, z. B. des Radfahrens, Automobilfahrens, oder Reitens, bei dem erfahrungsgemäß die Gefahr der Verletzung eine größere ist als bei

[1]) Ebenso Goldmann S. 312, Düringer und Hachenburg Bd. I S. 211.

[2]) Zustimmend Lehmann und Ring Note 2 zu § 63 HGB., ebenso Goldmann S. 316. Anders Staub Anm. 8 zu § 63 HGB.

[3]) Ebenso Ansch. und Völd. S. 344 zu Art. 60 HGB.

[4]) Eine 6 1/2 wöchige militärische Übung bei dreimonatlicher Vertragsdauer ist eine erhebliche Dienstbehinderung im Sinne des § 616 BGB. (KG. in Bl. f. R. 04 S. 31), nach Ältst. vom 16. August 01 (Gutachten an die Handelskammer in Cassel) sogar unter allen Umständen schon eine mehr als 14tägige Übung.

durchschnittlichen Lebensgewohnheiten, ist noch kein Verschulden. Der Gehilfe, welcher sich beim Radfahren verletzt hat, wird also nicht schon deswegen allein des fraglichen Anspruches verlustig gehen, sondern nur, wenn ihm nachgewiesen wird, daß er durch eigenes Verschulden sich die Verletzung zugezogen hat.

Geschlechtliche Erkrankung schlechthin als auf Verschuldung beruhend anzusehen und deshalb von der Wohltat des § 63 HGB. auszuschließen, wie in der Praxis zumeist geschieht,[1]) ist nicht gerechtfertigt. Ist der außereheliche Geschlechtsverkehr weder gesetzlich noch nach heutiger Lebensanschauung ein Verschulden, so können es auch seine Folgen nicht sein. Aus diesem Grunde ist sogar außereheliche Schwangerschaft des weiblichen Handlungsgehilfen unverschuldetes Unglück.[2])

Betreffs der weiteren Verpflichtungen des Prinzipals im Falle der Erkrankung des in die häusliche Gemeinschaft aufgenommenen Gehilfen s. unten S. 103.

C. **Wann ist die Vergütung zu leisten?** Nach § 64 HGB. hat die Zahlung des Gehalts am Schlusse jedes Monats zu erfolgen. Eine Vereinbarung, nach der die Zahlung später erfolgen soll, ist nichtig (§ 64 cit.), selbstverständlich auch ein solcher Ortsgebrauch. Vereinbarung früherer Fälligkeit ist dagegen zulässig. In der Vereinbarung eines Wochenlohnes liegt im Zweifel die Vereinbarung wöchentlicher Gehaltszahlung. Bei Anstellungen, die auf einen kürzeren Zeitraum als einen Monat erfolgt sind (s. unten S. 121), ist die Vergütung, falls sie pro Tag oder Woche bemessen ist, täglich oder wöchentlich postnumerando, sonst nach Ablauf des Dienstverhältnisses zu entrichten (§ 614 BGB.).

Unter Gehalt ist hier jede Art der Vergütung zu verstehen, jedoch nur eine feste Vergütung. Es fallen also nicht darunter Tantiemen und Provisionen. Ferner gehören Gratifikationen nicht hierher, selbst wenn dieselben Gehaltsnatur haben; denn dieselben sind nicht als Gehalt im regelmäßigen Sinne, sondern als Extra-Vergütung vereinbart. Diesbezügliche Scheinvereinbarungen, z. B. dahin, daß der Gehilfe 300 Mk. Gehalt und 2000 Mk. am Jahresschluß zahlbare Neujahrsgratifikation erhält, würden nach § 64 HGB. nichtig sein.

Die Vorschrift des § 64 cit. bezieht sich nur auf den Fall des noch fortlaufenden Dienstverhält-

[1]) So z. B. HG. Lübeck vom 24. Mai 70 bei Busch 23 S. 213, Düringer und Hachenburg Bd. I S. 212, Staub Anm. 2 zu § 63 HGB.
[2]) Vgl. KG. in Bl. f. R. 94 S. 26; unten S. 141.

nisses. Wird dasselbe vor Schluß des Monats durch Vereinbarung beendet, so wird das Gehalt sofort fällig. Wird es dagegen durch ungerechtfertigt und nicht acceptierte fristlose Kündigung eines Teils beendet, so läuft das Dienstverhältnis weiter, und es ist demgemäß das Gehalt auch weiterhin immer erst am Monatsschluß zu zahlen.

Im Falle Verzuges des Prinzipals hat derselbe vom Tage der Fälligkeit an die Vergütung bzw. deren Wert mit vier Prozent Zinsen zu verzinsen und einen etwaigen höheren Schaden zu ersetzen (§ 288 BGB.), z. B. den Schaden, welcher dem Handlungsgehilfen daraus entsteht, daß er infolge Ausbleibens des Gehalts seine Miete nicht zahlen kann und exmittiert wird.

D. **Wo ist die Vergütung zu leisten?** In dem Geschäftslokal des Prinzipals. Auch der rechtswidrig entlassene Gehilfe muß sich dort seine Gehalts- bzw. Entschädigungsbezüge bei jedesmaliger Fälligkeit abholen oder gegen ordnungsmäßige Quittung abholen lassen. Der Prinzipal ist nicht verpflichtet, die Vergütung zu übersenden, selbst nicht gegen Vorauserstattung der Übersendungskosten. Wohl aber ist er zur Übersendung verpflichtet, wenn es infolge seines Verhaltens dem Handlungsgehilfen nicht möglich oder nicht zuzumuten ist, in das Geschäftslokal zu kommen, z. B. wenn der letztere für den Prinzipal auf der Reise ist oder wenn der Prinzipal den Gehilfen gemißhandelt oder ihm das Betreten des Geschäftslokals verboten hat. In solchen Fällen muß der Prinzipal dem Handlungsgehilfen auch zweckmäßige Kosten der Abholung der Vergütung ersetzen, z. B. die Kosten des die Gehaltsquittung präsentierenden Dienstmannes.

Der Ort der Leistung der Vergütung kann durch Vertrag oder jede Art von Handelsgebrauch abweichend geregelt werden. Eine dem § 115a GewO., wonach gewerbliche Lohn- und Abschlagszahlungen in Gast- und Schankwirtschaften oder Verkaufsstellen nicht ohne Genehmigung der unteren Verwaltungsbehörde erfolgen dürfen, entsprechende Vorschrift fehlt.

§ 17. Die Pflicht zur Leistung der Vergütung. Fortsetzung. Quittung. Zurückbehaltungsrecht des Handlungsgehilfen.

I. Der Handlungsgehilfe hat auf Verlangen des Prinzipals gegen den Empfang der Vergütung eine schriftliche Quittung zu erteilen (§ 368 BGB.). Eine Generalquittung dagegen des Inhalts, daß er nach Empfang des quittierten Betrages weitere Ansprüche nicht mehr habe, ist der Gehilfe zu geben nicht verpflichtet. Hat er aber eine solche Quittung gegeben, so kann er trotzdem irrtümlich übersehen oder zu gering bemessene Forderungen nach Erkennung seines Irrtums gemäß §§ 119 ff. BGB. nachfordern.

Durch eine einfache Quittung über die ihm vom Prinzipal zugebilligten Beträge verliert der Gehilfe nicht den Anspruch auf weitere von ihm beanspruchte Beträge; er hat nicht nötig, diesbezüglich in der Quittung oder bei Empfangnahme der Teilzahlung einen V o r b e h a l t zu erklären.

II. Wegen seiner Forderungen gegen den Prinzipal steht dem Handlungsgehilfen ein **Zurückbehaltungsrecht** zu. Zwar nicht das dingliche der §§ 369 ff. HGB., weil der Gehilfe kein Kaufmann ist, zwischen ihm und dem Prinzipal kein beiderseitiges Handelsgeschäft vorliegt und die Sachen des Prinzipals überhaupt nur auf Grund einer Anordnung des letzteren[1]) und nicht auf Grund eines Geschäftes in seinen Besitz gelangen. Wohl aber steht dem Handlungsgehilfen das Zurückbehaltungsrecht des § 273 BGB.[2]) zu, und zwar nicht nur das des Abs. 2, sondern auch das des Abs. 1 dieses Paragraphen, also wegen aller fälligen Ansprüche aus dem Dienstverhältnis (Abs. 1), nicht nur betreffs einer herauszugebenden Sache wegen Verwendungen auf dieselbe oder Schadensverursachung durch dieselbe (Abs. 2). Mit Unrecht wird dies von Staub (Anm. 32 zu § 59 HGB.) verneint, welcher annimmt, daß der in der Ausübung des Zurückbehaltungsrechts liegende Druck nicht der Stellung des Handlungsgehilfen zum Prinzipal entspreche und deswegen sich aus dem Schuldverhältnisse der Ausschluß des Zurückbehaltungsrechtes ergebe. Hiergegen ist zu bemerken, daß dieses Recht rein vermögensrechtlicher Natur ist, daher von der Stellung des Gehilfen zum Prinzipal nicht beeinflußt werden kann. Auch verdient ein Prinzipal, der dem Handlungsgehilfen dessen Gehalt nicht bezahlt, keine besondere Schonung. Sonst müßte in solchem Falle der gewiß stärkere Druck der Klage-Androhung erst recht unzulässig und Entlassungsgrund sein, was niemand annimmt. Außerdem steht es dem Prinzipal frei, die Ausübung des Zurückbehaltungsrechtes durch Sicherheitsleistung abzuwenden (Abs. 3 § 273 BGB.). Anderseits würde es höchst un-

[1]) R. 16 S. 82.

[2]) Das Zurückbehaltungsrecht aus § 320 BGB. ist nicht gegeben, weil die im Sinne dieses Paragraphen sich gegenüberstehenden Rechte lediglich das auf Dienstleistung und das auf Vergütung sind (Düringer und Hachenburg Bd. I S. 200, 201).

gerecht sein, von dem Gehilfen, dem das abverdiente Gehalt vorenthalten wird, zu verlangen, daß er die in seinem Besitze befindlichen Sachen des Prinzipals ohne weiteres diesem herausgeben muß, ihn wegen seines Gehaltes aber gleichzeitig auf eine verzögernde und mit Kosten verbundene Klage zu verweisen, während deren der Prinzipal womöglich sein Vermögen beiseite bringt oder in Konkurs gerät.

Nach unserer Ansicht können also z. B. der Reisende die Musterkoffer und Kundenlisten des Prinzipals, der Verkäufer die ihm übergebenen Notizbücher des Geschäfts, jeder Handlungsgehilfe die rechtmäßig in seinen Besitz gelangten Geschäftspapiere bis zur Befriedigung ihrer Forderungen gegen den Prinzipal zurückbehalten, und zwar nicht nur wegen der auf die zurückbehaltenen Sachen gemachten Aufwendungen, wie z. B. Frachtgelder und Reparaturkosten für die Musterkoffer, sondern wegen aller Forderungen gegen den Prinzipal aus dem Dienstverhältnis, also insbesondere wegen des Gehalts, der Provisionen, Tantiemen und Spesen.

§ 18. Die Pflicht zur Leistung einer Vergütung. Fortsetzung. Verjährung des Vergütungs-Anspruches. Seine Geltendmachung im Konkurse des Prinzipals. Zulässigkeit seiner Beschlagnahme und sonstiger Verfügung über ihn, insbesondere der Aufrechnung.

I. **Verjährung** des Anspruchs auf die Vergütung, und zwar einschließlich des Rechts auf Tantieme und Provision, sowie des Anspruches auf Ersatz von Auslagen, z. B. Spesen, tritt nach zwei Jahren ein, welch letztere mit dem auf den festgesetzten Zahlungstag folgenden letzten Dezember beginnen, und wenn ein Zahlungstag nicht besonders festgesetzt ist, wie bei Provisionsansprüchen, mit dem letzten Dezember desjenigen Jahres, in welchem die Forderung entstanden ist (§§ 196 Nr. 8, 201 BGB.), also z. B. das provisionspflichtige Geschäft nicht nur abgeschlossen, sondern auch realisiert worden ist. Diese kurze Verjährung ergreift auch diejenigen Bezüge, z. B. Provisionen und Tantiemen, welche für die Zeit nach Beendigung des Dienstverhältnisses zu zahlen sind,[1]) dagegen nicht die Schadensersatzansprüche des Gehilfen, welche der gewöhnlichen Verjährung von 30 Jahren und, soweit sie aus einer unerlaubten

[1]) Vgl. RG. vom 10. November 88 bei Gruchot 35 S. 120.

Handlung des Prinzipals erwachsen, der Verjährung von 3 Jahren unterliegen (§§ 195, 852 Abs. 1 BGB.).

Die Ansprüche des Prinzipals wegen gewährter Vorschüsse werden ebenfalls von der gedachten besonderen zweijährigen Verjährung ergriffen, andere Ansprüche von der dreißig- bzw. dreijährigen (s. vorstehend; §§ 196 Nr. 8, 195 BGB.).

II. Im **Konkurse des Prinzipals** genießt der Anspruch auf Vergütung, einschließlich desjenigen auf Kostgeld, gemäß § 61 Nr. 1 KonkO. ein erststelliges Vorzugsrecht, soweit die Vergütung für das letzte Jahr vor der Eröffnung des Konkursverfahrens oder dem vorher erfolgten Ableben des Prinzipals rückständig ist. Die nach Art. 54 Nr. 1 der alten KonkO. erforderlich gewesene Verdingung zu „dauerndem Dienst" ist jetzt nicht mehr Voraussetzung des Vorzugsrechtes.

Der Anspruch auf die Vergütung ist Masseschuld, also vor den Konkursforderungen zu berichtigen (§ 57 KonkO.), soweit die Vergütung für die Zeit nach Eröffnung des Konkursverfahrens geschuldet wird (§ 59 Nr. 2 das.).

Hinsichtlich einer dem Prinzipal gestellten Kaution hat der Gehilfe ein Aussonderungsrecht, soweit die Kaution als sein Eigentum äußerlich erkennbar aufbewahrt worden ist, sonst nur eine gewöhnliche, nicht bevorzugte Konkursforderung.

III. Die **Beschlagnahme** des Anspruchs auf die Vergütung im Wege der Pfändung sowie die **freiwillige Verfügung** über diesen Anspruch sind gesetzlich nur unter gewissen Voraussetzungen gestattet, deren Vorhandensein eine zu vermutende Gewähr dafür bietet, daß durch Akte gedachter Art die wirtschaftliche Lage des Handlungsgehilfen nicht gefährdet wird.

Die maßgebenden Gesetze sind das Bundesgesetz vom 21. Juni 1869 (Lohnbeschlagnahmegesetz) in der Fassung des Reichsgesetzes vom 29. März 1897 (Reichsgesetzbl. S. 159) und § 850 CPO.

Nach § 4 Nr. 1 und 3 des cit. Gesetzes ist die Beschlagnahme des Vergütungsanspruches unbeschränkt zulässig, soweit es sich handelt

1. um die Beitreibung der direkten persönlichen Staatssteuern und Kommunalabgaben, sofern dieselben nicht vor länger als drei Monaten fällig geworden sind,
2. um die Beitreibung der den Verwandten, dem Ehegatten und dem früheren Ehegatten für die Zeit nach Erhebung der Klage und für das diesem Zeitpunkte voraus-

gehende Vierteljahr kraft Gesetzes zu entrichtenden Unterhaltsbeiträge,

3. um die Beitreibung der zugunsten eines unehelichen Kindes von dem Vater für den vorstehend unter 2 bezeichneten Zeitraum kraft Gesetzes zu entrichtenden Unterhaltsbeiträge, jedoch mit der Maßgabe, daß der notdürftige Unterhalt des Schuldners und seine Alimentationsverpflichtung gegenüber Verwandten, seiner jetzigen und früheren Ehefrau vorher gesichert sein müssen.

Wegen aller anderen Forderungen ist eine Beschlagnahme des Vergütungsanspruches unbeschränkt nur und schlechthin insoweit zulässig, als der Gesamtbetrag der Vergütung die Summe von 1500 Mk. für das Jahr übersteigt. Dies wird verordnet in Art. III des EG. z. d. Ges. betr. Änd. der CPO. v. 17. Mai 1898 (Reichsgesetzbl. S. 332), welcher die Nr. 4 des § 4 des Lohnbeschlagnahmegesetzes entsprechend abgeändert hat. Insbesondere ist dadurch die Bestimmung des letzteren Gesetzes, daß überhaupt nur das Gehalt der „dauernd" angestellten Personen gepfändet werden darf, aufgehoben worden. Auch das Gehalt der aushilfsweise, ja nur auf einen Tag angestellten Handlungsgehilfen kann jetzt gepfändet werden, soweit es, für das Jahr gerechnet, 1500 Mk. übersteigt.

Liegt eine der obigen Voraussetzungen nicht vor, so ist die Beschlagnahme erst dann zulässig, nachdem die Leistung der Dienste, für welche die zu pfändende Vergütung geschuldet wird, erfolgt, und nachdem der Tag, an welchem die Vergütung gesetzlich, vertrags- oder gewohnheitsmäßig zu entrichten war, abgelaufen ist, ohne daß der Handlungsgehilfe dieselbe eingefordert hat (§ 1 cit. Ges.). Danach darf das bereits an den Handlungsgehilfen gezahlte Gehalt am Tage der Auszahlung voll gepfändet werden, nicht erst am Tage darauf.[1]) Diese Bestimmungen des § 1 cit. können nicht mit rechtlicher Wirkung durch Vertrag ausgeschlossen oder beschränkt werden (§ 2 Abs. 1 das.). Sie sind daher auch nicht verzichtbar. Ein ihnen entgegen erlassener gerichtlicher Pfändungs-Beschluß, welcher das gepfändete Gehalt zugleich dem Gläubiger zur Einziehung überweist, braucht vom Prinzipal nicht beachtet zu werden,[2]) ja darf von demselben nicht beachtet werden, widrigenfalls er nochmals, und zwar an den Gehilfen, zahlen muß.

---

[1]) Anders OLG. Stuttgart vom 14. Juli 92 in Seuff. Arch. 49 Nr. 224 und unsere erste Auflage.

[2]) Vgl. E. d. LG. I Berlin und des KG. in Bl. f. R. 97 S. 72—74.

Soweit eine Beschlagnahme des Vergütungsanspruches unzulässig ist, ist auch jede Verfügung durch Zession, Anweisung, freiwillige Verpfändung oder durch ein anderes Rechtsgeschäft ohne rechtliche Wirkung (§ 2 Abs. 2 daselbst). Wenn also z. B. der mit 100 Mk. Monatsgehalt angestellte Gehilfe im Laufe des Monats sein am Ende desselben fälliges Gehalt zediert, so braucht der Prinzipal diese Zession nicht zu beachten, außer wenn der Handlungsgehilfe sie nach Ablauf des letzten Monatstages wiederholt. Ja, er darf sie sogar nicht beachten, wenn er sich nicht der Gefahr aussetzen will, an etwaige rechtmäßige (s. S. 81/82 unter 1—3) Pfändungsgläubiger nochmals zu zahlen. Der Handlungsgehilfe selber freilich kann die Wirkungslosigkeit der Zahlung an den Zessionar nicht geltend machen und nicht nochmalige Zahlung des Gehaltes, und zwar an sich, fordern. Denn es würden ihm die Einwendungen des Dolus, der ungerechtfertigten Bereicherung und aus § 826 BGB. entgegenstehen.

Ebenso wie der Vergütungsanspruch ist eine betreffs seiner vereinbarte Vergleichsforderung zu behandeln.[1])

IV. § 394 S. 1 BGB. bestimmt:

„Soweit eine Forderung der Pfändung nicht unterworfen ist, findet die **Aufrechnung** gegen die Forderung nicht statt."

Danach muß der Prinzipal den nicht pfändbaren Gehaltsteil, also pro Monat bis 125 Mk., dem Handlungsgehilfen unverkürzt zahlen, auch wenn er gegen den letzteren Gegenforderungen hat, z. B. wenn er dem Gehilfen Waren verkauft hat, wenn derselbe unerlaubte Spesen verbraucht hat, wenn der Gehilfe schuldhafterweise Geschäfts-Sachen beschädigt oder zerbrochen hat, ja wenn der Gehilfe Geschäftsgelder unterschlagen oder den Prinzipal bestohlen hat, und letzterer in allen diesen Fällen noch nicht gedeckt ist. Dieses Ergebnis, welches vom Reichsgericht ohne Zugeständnis vertreten wird,[2]) ist unbefriedigend, es widerspricht dem Rechtsgefühl, im Falle strafbarer Handlungen des Gehilfen sogar dem Sittlichkeitsgefühl, aber es entspricht allein der klaren Norm des Gesetzes. Es mag sein, daß der Gesetzgeber an manche der erwähnten Fälle nicht gedacht hat. Die Existenz des § 393 BGB. macht dies sogar wahrscheinlich, ebenso die Konsequenz, daß der Vergütungsanspruch besser behandelt wird als der gesetzliche Alimentationsanspruch

[1]) Anders OLG. Hamburg vom 22. Januar 87 in Seuff. Arch. 42 Nr. 173.

[2]) E. 55 S. 1 (für den Fall des Diebstahls) und ebenso offenbar E. 41 S. 54.

(s. § 1611 Abs. 1 BGB.). Aber dieser Umstand berechtigt nicht, das Gesetz so zu biegen, wie der Gesetzgeber bei Würdigung aller Folgen nach Ansicht der Ausleger es wahrscheinlich selber gebogen haben würde. — Sämtliche in der Literatur gemachten Versuche, jenes Ergebnis einzuschränken oder gar zu beseitigen, müssen als verfehlt betrachtet werden. So vor allem der auch in der Gerichtspraxis häufig unternommene Versuch, dem Prinzipal durch Gewährung des Zurückbehaltungsrechtes gemäß § 273 Abs. 1 BGB. gerecht zu werden.[1]) Hierbei wird übersehen, daß dort das Zurückbehaltungsrecht ausdrücklich versagt wird, sofern sich aus dem Schuldverhältnisse ein anderes ergibt, und daß dieses andere sich vorliegend gerade aus § 394 S. 1 BGB. ausdrücklich ergibt. Sonst könnte letztere Vorschrift fast immer durch Anwendung des § 273 Abs. 1 BGB. außer Kraft gesetzt werden. — Ebenso unbefriedigend erscheint die Ansicht, daß der Gehilfe gemäß § 276 Abs. 1 BGB. Vorsatz und Fahrlässigkeit zu vertreten habe, und deshalb in denjenigen Fällen, wo er durch diesbezügliche Außerachtlassung den Prinzipal geschädigt hat, in entsprechender Höhe sein Anspruch auf Vergütung gar nicht entstanden sei.[2]) Denn der Vergütungsanspruch entsteht mit der gesetzmäßigen Dienstleistung ohne weiteres (vgl. §§ 614 S. 1, 320 Abs. 1 BGB.). Beschädigende Handlungen des Gehilfen, wie selbst Diebstahl und Unterschlagung im Geschäft, heben die Vertragsmäßigkeit der Dienstleistung an sich nicht auf, ja brauchen mit ihr überhaupt nicht im Zusammenhang zu stehen. Ein Verkäufer z. B., der durch Unvorsichtigkeit eine kostbare Vase zerbricht, hat für die bis dahin abgearbeitete Zeit seine Dienste gesetzmäßig geleistet. Ebenso der Kassierer, der eine unerlaubte Verbindung zwischen der Geschäftskasse und seiner Tasche herstellt, jedenfalls bis zu dieser Herstellung. In allen solchen Fällen hat der Prinzipal nur einen Anspruch auf Schadensersatz.

Auch hier ist ein **Vergleichsanspruch** über die Vergütung wie der Anspruch auf letztere selber zu behandeln.[3])

Eine in den Dienstvertrag aufgenommene **Vereinbarung**, daß der Prinzipal seine zukünftigen Forderungen an den Gehilfen gegen die Forderungen des letzteren an ihn solle aufrechnen dürfen, ist nichtig.[4]) Die Vorschrift des § 394 S. 1 BGB. ist zwingenden Rechtes.

---

[1]) So z. B. Burchard in DJZ. 00 S. 264. — Vgl. Dernburg Bürgerl. Recht Bd. II § 57 und Pappenheim in DJZ. 02 S. 86 ff.

[2]) So Baum in Bl. f. R. 02 S. 45—47.

[3]) Siehe oben S. 83 sub III a. E.

[4]) Anders Baum l. c. (s. Anm. 2), weil der Vergütungsanspruch zur Zeit solcher Vereinbarung noch nicht entstanden sei. Aber abgesehen

§ 19. Die Pflicht zur Leistung einer Vergütung. Fortsetzung. Der Anspruch des Handlungsgehilfen auf Provision.

I. Unter Provision versteht man die Gewinnbeteiligung des Handlungsgehilfen an bestimmten Geschäften (s. oben S. 67).

II. **Gegenstand** der Provision. Die letztere besteht zuweilen in einem fest bestimmten Betrage, so z. B. wenn einem Reisenden der Beleuchtungsbranche 5 Pfg. Provision pro Brenner zugebilligt werden, meistens jedoch in Prozenten des Umsatzes des einzelnen Geschäfts. Ist ein Provisionssatz nicht vereinbart, so ist die übliche Provision zu zahlen (§ 88 Abs. 3 HGB.).[1])

III. **Welche Geschäfte sind provisionspflichtig?**

a) Mangels anderweiter Vereinbarung versteht sich die Provision für jedes zur Ausführung gelangte Geschäft, welches durch die Tätigkeit des Handlungsgehilfen zustande gekommen ist (§§ 65, 88 Abs. 1 HGB.), also auch für diejenigen Geschäfte, auf welche der Handlungsgehilfe den Prinzipal nur hingewiesen oder welche er nur eingeleitet, aber nicht persönlich abgeschlossen hat.[2]) Provision ist daher zu zahlen für alle Nachbestellungen von Kunden, welche der Handlungsgehilfe zugeführt hat, selbst wenn er betreffs der Nachbestellungen eine Tätigkeit nicht entfaltet hat.[3]) Dies ist übrigens auch, wenn zwar nicht allgemeiner Handelsgebrauch,[4]) so doch Usance für einzelne Branchen[5]) und für viele Plätze allgemeiner Geschäftsgebrauch, z. B. für Berlin.[6]) Eine

---

davon, daß er bedingt und befristet schon entstanden ist, ergreift § 394 S. 1 BGB. seinem Wortlaut wie seinem Sinne nach jede Aufrechnung, gleichgültig ob sie vorher vereinbart worden ist oder nicht.

[1]) Vgl. RG. in JW. 97 S. 112[26].

[2]) Auch als handelsüblich bezeugt von Ältst. vom 1. Mai 01 i. S. Thomas Wwe/Registrator Company 4 C 1083. 00 AG. Berlin I. Denkschr. S. 59. Das Gegenteil wird für die Zeitungsbranche begutachtet bei Nachbestellung von Inseraten, wenn der Gehilfe zur Zeit der Nachbestellung aus dem Dienst ausgeschieden ist, von Ältst. vom 7. Februar 01 i. S. Rosalowsky/Kannengießer 55. 0. 366. 00 LG. I. — Auch für Warenbezug zum Selbstgebrauch ist Provision zu beanspruchen, wenn der Provisionsreisende die sonstigen Kunden-Preise zahlt (Dove und Apt I S. 19, oben S. 87 sub d und Anm. 2).

[3]) Vgl. R. 16 S. 36—38, vgl. Bolze 3 Nr. 633.

[4]) So Ältst. vom 6. September 92 i. S. Schultz & Co./Mendelsohn 37 C 537, 92 AG. Berlin I, anders jedoch Ältst. vom 18. Oktober 93 i. S. Gebr. Richter/Lorey 19 C 1430, 91 AG. I betreffs der Provisionsagenten und Provisionsreisenden.

[5]) Ältst. i. S. Schultz & Co./Mendelsohn s. vor. Anm.

[6]) Ältst. vom 20. Juni 94 i. S. Schlosser/Grünwald 21 C 382, 94 AG. Berlin I, vgl. vom 11. September 94 i. S. Tramer/Cohn 10 C 831, 94 AG. Berlin I.

Auskunft der Berliner Ältesten[1]) bezeugt einen diesbezüglichen Handelsgebrauch für die Agenten der Tuchbranche sogar für den Fall, daß sich die nachbestellenden Kunden den Besuch des Agenten verbeten hatten. Dasselbe wird regelmäßig und allgemein auch recht erwächst aus dem bloßen Verdienst der Zuführung der Kunden.

Aus demselben Grunde wird der Handlungsgehilfe andererseits zwar Provision beanspruchen dürfen für Geschäfte mit alten, von ihm bereits vorgefundenen Kunden,[2]) aber nur insofern seine Tätigkeit dabei erheblich war, nicht also für Nachbestellungen dieser Kunden ohne jede Mitwirkung seinerseits, es müßte denn aus der Sachlage hervorgehen, daß auch derartige Nachbestellungen ohne seine Tätigkeit nicht erfolgt wären.

b) Die Provision ist zu zahlen für alle Geschäfte, welche der Handlungsgehilfe zugeführt, eingeleitet oder abgeschlossen hat, auch wenn sie erst nach Beendigung des Dienstverhältnisses endgültig akzeptiert oder erfüllt sind.[3]) Nachbestellungen, bei denen der Handlungsgehilfe nicht mitgewirkt hat, werden dann noch provisionspflichtig sein, wenn sie bei ordnungsmäßigem Geschäftsgang noch während der Dauer des Dienstverhältnisses hätten akzeptiert werden können. Denn das Recht des Handlungsgehilfen kann nicht von Launen oder Zufälligkeiten des Geschäftsganges abhängen. Eine weitere Zeitgrenze dagegen steht dem Handlungsgehilfen nicht zu. So verneinen z. B. die Ältesten in einem zwar nur für den selbständigen Provisionsreisenden abgegebenen, aber auf den angestellten Reisenden nicht minder anwendbaren Gutachten[4]) einen festen Handelsgebrauch dahin, daß einem Provisionsreisenden, der Saisonartikel verkauft, die Provisionen auch über die Zeit seines Engagements so lange zustehen als die Saison, in der er tätig war, dauert.

c) Im Zweifel sind alle Arten der betreffenden Geschäftsgattung provisionspflichtig. So hat z. B.

---

[1]) Vom 22. April 90 i. S. Wünsch/Heß O. 199, 89 HK. 7 LG. Berlin I.

[2]) Gutachten d. Ältst. vom 24. Januar 1896 i. S. Lewin/Naumann S. 11 95 CK. 15 LG. Berlin I, auch abgedruckt bei Dove und Apt I S. 20.

[3]) So betreffs einer Provision vom gesamten Geschäftsumsatz d. Ältst. vom 24. Mai 1890 i. S. Steinthal/Hamel 12 C 477. 90 AG. Berlin I, auch abgedruckt bei Dove und Apt I S. 19, 20, ferner vom 29. Mai 02 i. S. Pasta/Rovatti & Co. LG. Berlin I 52. O. 141. 01. Bolze 6 Nr. 495, vgl. auch 1 Nr. 1000; s. Dove und Apt I S. 21 Nr. 41, vgl. S. 22 Nr. 43.

[4]) V. 29. März 93 i. S. Abraham/Rosenbaum 46 C 37. 92 AG. Berlin I, auch abgedruckt bei Dove und Apt I S. 20.

der Provisionsverkäufer in einem Konfektionsgeschäft en gros Anspruch auf Provision für die Partiewarenverkäufe.[1])

d) Die Person des Kunden ist gleichgültig. So ist z. B. Provision zu zahlen betreffs der für den Handlungsgehilfen selber bezogenen Waren, falls ihm dieselben zu dem üblichen Kundenpreise berechnet werden.[2])

e) Ob eine provisionspflichtige Order zu effektuieren ist, unterliegt allein dem Entschlusse des Prinzipals. Derselbe ist jedoch dem Gehilfen wegen der entgangenen Provision ersatzpflichtig, wenn infolge seines Verhaltens die Ausführung des Geschäfts ganz oder teilweise unterblieben ist, ohne daß hierfür wichtige Gründe in der Person desjenigen vorliegen, mit welchem das Geschäft abgeschlossen ist (§§ 65, 88 Abs. 2 HGB.), d. h. ohne daß ein Grund gegeben ist, der selbst einen vorsichtigen Kaufmann zur Abstandnahme zu bestimmen geeignet ist, gewiß also dann, wenn die Ausführung chikanös unterbleibt, d. h. lediglich zu dem Zwecke, den Gehilfen um die Provision zu bringen. Ein Hauptfall, in welchem der Prinzipal ersatzpflichtig wird, ist Rücktritt des Kunden vom Geschäft wegen Mangelhaftigkeit oder Verzuges der Lieferung. Hier wie anderswo ist Verschulden des Prinzipals vorausgesetzt, da sonst die Ausführung nicht infolge seines „Verhaltens" (§ 88 Abs. 2 HGB.) unterblieben ist. Deshalb wird die Provision entzogen bei einer nicht chikanösen Änderung des Geschäftsbetriebes (Bolze 2 Nr. 944), z. B. wenn der Prinzipal in einer der Provinzen, welche zum Rayon eines Reisenden gehören, wegen Mangels an Absatz nicht mehr reisen läßt. Ist das Unterbleiben der Geschäftsausführung auf eine vom Prinzipal nicht zu vertretende Unmöglichkeit der Erfüllung zurückzuführen, so wird derselbe nicht provisionspflichtig (vgl. §§ 275, 323 BGB.). So z. B. bei Abbrennen des Geschäftshauses, bei Strikes, bei Nichtlieferung seitens seines Fabrikanten. Die Beweislast dafür, daß ein wichtiger Grund zur Abstandnahme der Ausführung vorliegt, hat der Prinzipal.[3]) Selbstverständlich dann, wenn erst durch seine Genehmigung das Geschäft perfekt geworden ist und zur Zeit der Genehmigung schon der

---

[1]) Attst. vom 18. Januar 93 i. S. Joelsohn/Benedict U. 2817. 92 VIII. KG. Berlin.

[2]) Betreffs der Agenten und Provisionsreisenden als geschäftsüblich bezeugt v. Attst. vom 23. Dezember 92. i. S. Gebr. Richter/Lorey 20 C 1430. 91 AG. Berlin I; s. oben S. 85 Anm. 2.

[3]) Anders Staub Anm. 7 zu § 88 HGB. und OL. 7 S. 150, wo nur im Ausnahmefall der „Retouren" dem Prinzipal die Beweislast aufgebürdet wird.

angebliche wichtige Grund vorhanden war. Aber darüber hinaus allgemein deshalb, weil der Grund, aus welchem der Prinzipal die Geschäftsführung unterläßt, oft nur ihm allein, stets aber ihm besser bekannt sein wird, als dem Handlungsgehilfen. Die Berechtigung eines Entschlusses hat der Entschließende zu beweisen.

f) Die Provision ist für den Prinzipal ein Teil der Geschäftsspesen. Er berücksichtigt sie bei der Preisbemessung. Aus diesem Grunde muß die Provision dann fortfallen, wenn der Handlungsgehilfe unter der von dem Prinzipal vorgeschriebenen Preisgrenze abgeschlossen hat. In diesem Falle billigt ein Gutachten der Ältesten[1]) die Provision dem Reisenden dann zu, wenn der Prinzipal vor Genehmigung des Geschäfts nicht erklärt, daß die Provision fortfallen solle. Meist wird jedoch der Prinzipal gar nicht in die Lage kommen, das Geschäft noch zu genehmigen, da er in der Regel schon durch den Reisenden dem Kunden gegenüber verbunden wird. Eine unwesentliche Minderung des Preislimits ist natürlich unerheblich.

Ist kein Preislimit vorgeschrieben, so ist das übliche, eventuell angemessene innezuhalten. Verkauf zum Selbstkostenpreise berechtigt in diesem Falle nur bei Genehmigung des Prinzipals oder Handelsüblichkeit[2]) zur Provision.

Der Handelsstand betrachtet die Provision als einen Anteil am Gewinn. Demgemäß hatten sich allgemeine Handelsgebräuche gebildet, wonach der Provisionsanspruch fortfiel, wenn auch nur ein Teil des Kaufpreises nicht einzutreiben war, ja wenn der Kunde nicht innerhalb der ihm bewilligten Frist zahlte.[3]) Das jetzige HGB. betrachtet dagegen die Provision lediglich als ein Entgelt für die Vermittelungs- oder Abschlußtätigkeit, und bestimmt daher in §§ 88 Abs. 1 S. 2 u. 65, daß im Zweifel der Anspruch auf die Provision nach dem Verhältnis des eingegangenen Betrages erworben wird (vgl. Denkschr. S. 71). Jene allgemeinen Handelsgebräuche haben danach für das jetzige Recht

[1]) Vom 23. September 95 i. S. Goldschmidt/Altertum und Joski 11. 2855. 93 VIII KG. Berlin.

[2]) Solche ist bezeugt für Partiewarenverkäufe und Verkäufe aus der Musterkollektion in der Weißwarenbranche von Ältst. i. S. Wischer/Kwiletzki 48. O. 140. 02. LG. Berlin I (28. April 04).

[3]) So bei nur teilweisem Eingange des Preises Ältst. vom 28. Februar 93 i. S. Pehlow/Schmeißer & Schulz 22. Februar 93 AG. Wusterhausen betreffs der Agenten, ferner vom 24. Februar 02 i. S. Mündheim/Haake 32 S. 67. 00, LG. Berlin I betreffs der Handlungsgehilfen, ferner betreffs verspäteter Zahlung der Kunden Ältst. vom 2. März 92 i. S. Behmack/Kron & Behmack 18 C 2935. 91 AG. Berlin I.

ihre Gültigkeit verloren, sie sind jedoch auch jetzt noch insoweit wirksam, als sie sich ausdrücklich als Verkehrssitten für einen bestimmten Ort nachweisen lassen (s. oben S. 13, 14).

IV. Von welchen Beträgen ist Provision zu zahlen?

Nur von den eingegangenen, nicht von den abgesetzten Beträgen (§ 88 Abs. 1 S. 2 HGB.), also auch nicht von den auf Retourwaren entfallenden. Ferner, da die Provision Gewinnanteil ist, nur von den nach Abzug des dem Kunden zu gewährenden Rabatts oder Waren-Skontos sich ergebenden Beträgen. Dies wird auch von den Berliner Ältesten als allgemeiner Handelsbrauch bezeugt.[1] Ein Abzug des Kassa-Skontos findet dagegen bei Berechnung der Provision nicht statt,[2] da dasselbe durch den besonderen Vorteil der sofortigen oder baldigen Baarzahlung für den Prinzipal ausgeglichen wird. Endlich, was ebenfalls aus der Natur der Provision als eines Gewinnanteils folgt, ist für letztere nur der sich nach Abzug der besonderen Spesen, z. B. der Kosten für Zuwägung und Fracht, ergebende Nettobetrag heranzuziehen. Dies bezieht sich jedoch nur auf die besonderen Spesen, d. h. diejenigen, welche nach kaufmännischer Anschauung bei der Preisfestsetzung in Rechnung gezogen werden, also z. B. nicht auf Porti und Depeschenkosten.[3])

Eine Umsatzprovision ist, wie der Name besagt, vom Bruttobetrage zu berechnen. Retourwaren kommen also dabei nicht in Abzug.

Als eingegangener Betrag gilt auch ein vom Prinzipal angenommenes oder gewähltes Surrogat der Erfüllung, in welchem Falle natürlich die Provision in barem Gelde zu zahlen ist (Bolze 8 Nr. 428). Hierher gehört auch der Fall, daß das Geschäft aufgehoben wird und der Prinzipal Schadensersatz wegen Nichterfüllung erhält; dann ist aber natürlich die Provision nicht von dem Betrag dieses Schadensersatzes, sondern von dem des Verkaufspreises zu zahlen.

---

[1]) Gutachten i. S. Meineber/Trister S. 377. 93 CK. 5 LG. Berlin I (18 C 617. 93 AG. Berlin I), und i. S. Wischer/Kwiletzki s. Anm. 3; insbesondere als Berliner Usance bekundet in einem Gutachten von 1889 bei Perl und Wreschner 90 S. 14; speziell als Berliner Usance für die Jupon- und Schürzenbranche bezeugt von den Ältst. vom 19. September 95 i. S. Schimonski/Kaiser 30 C 687 AG. Berlin I; betreffs der Agenten und Provisionsreisenden begutachtet für die Textilbranche von den Ältst. vom 16. Dezember 92 i. S. Ascher/Lindenberg & Ascher U. 2327. 92 X. KG. Berlin.

[2]) Ebenso Ältst. i. S. Wischer/Kwiletzki s. Anm. 3.

[3]) Ebenso Ältest. i. S. Ascher/Lindenberg & Ascher s. Anm. 1.

Einem eingezogenen Betrag steht ein solcher gleich, dessen Nichteinziehung vom Prinzipal verschuldet ist, z. B. infolge unnötiger Stundung, säumiger Betreibung, fahrlässiger Prozeßführung (vgl. § 88 Abs. 2 HGB.).

V. Wann ist der Provisionsanspruch entstanden und fällig?

Entstanden ist der Anspruch mit dem Abschluß des provisionspflichtigen Geschäftes. Allerdings nur unter der Bedingung, daß Zahlung eingeht und nur nach dem Verhältnis der letzteren. So ist § 88 Abs. 1 S. 2 zu verstehen. Die gleiche Ansicht entwickelt Staub Anm. 1a zu § 88 HGB., welcher mit Recht darauf hinweist, daß sonst die Provision bei denjenigen Geschäften fortfallen würde, welche während des Vertragsverhältnisses abgeschlossen, aber erst nach Beendigung desselben ausgeführt werden. Auch betreffs der Möglichkeit von Pfändungen und Abtretungen sowie für den Konkurs (vgl. § 54 KonkO.) und Arrest (§ 916 Abs. 2 CPO.) ist es erheblich, daß ein bedingter Provisionsanspruch bereits mit dem Geschäftsabschluß existiert.

Fällig dagegen wird der Provisionsanspruch:

a) Nicht vor Eingang des Fakturen-Betrages (§§ 65, 88 Abs. 1 S. 2 HGB.), des teilweisen oder vollen, also nicht schon nach erfolgter Vermittelung oder Abschließung des Geschäfts. Nach früherem Recht nicht vor Eingang des vollen Fakturen-Betrages. Letzterer Grundsatz war von den Berliner Ältesten als Berliner Usance bezeugt worden für die Jupon- und Schürzenbranche[1]) sowie für die Bonbon-Branche,[2]) ferner als allgemeiner Handelsgebrauch für Stadtreisende und zwar auch für den Fall, wenn quartalsweise Abzahlung vereinbart ist und die den Käufern eingeräumten Kreditfristen sich über den Ablauf des Quartals hinaus erstrecken,[3]) endlich als allgemeine geschäftliche Usance für Reisende in bezug auf den speziellen Fall, daß der Kunde sich Abzüge macht.[4]) Diese Handelsgebräuche sind jetzt nur

---

[1]) J. S. Schimonski/Kaiser s. oben S. 89 Anm. 1.

[2]) V. 3. Juni 96. i. S. 47 C 439 96 AG. Berlin I, ferner begutachtet von Ältst. vom 22. Mai 90 i. S. Reutner/Krieger & Co. 17 C 67. 90. AG. Berlin I.

[3]) J. S. Westendorf/Friedländer VIII. U. 776. 94 KG. Berlin vom 8. November 95.

[4]) Vom 2. November 92 i. S. Grünwald/Erfurth O. 263. 92 HK. 4 LG. Berlin I; dieser Usance liege, so führen die Ältst. aus, die Anschauung zugrunde, daß der Reisende auch über die Bonität der Kundschaft zu wachen

noch insoweit maßgebend, als sie örtliche Verkehrssitten sind (siehe oben S. 13, 14).

Es ist nicht erforderlich, daß sich der Eingang der Fakturenbeträge in den Zahlungsmitteln der gesetzlichen Währung, d. i. in barem Gelde, oder in den im allgemeinen Verkehr ihnen gleichstehenden Zahlungsmitteln, wie z. B. Reichsbanknoten, vollzieht, sondern es genügt Eingang in geschäftlichen Zahlungsmitteln, wie z. B. in Checks oder nach einem allgemeinen Handelsgebrauch der Textilbranche in geschäftsüblichen Wechseln.[1]) Auch hier gilt entsprechend, was oben zu IV allgemein betreffs der Surrogate der Erfüllung und des Verschuldens des Prinzipals ausgeführt ist.

b) Zur Fälligkeit der Provision muß außer dem Eingang des Fakturenbetrages noch der übliche Zeitpunkt der Provisionsabrechnung hinzukommen. Dieselbe erfolgt geschäftsüblich halb- oder vierteljährlich,[2]) bei Reisenden der Textilbranche halbjährlich oder jährlich,[3]) im Zweifel laut der ausdrücklichen Vorschrift der §§ 65, 88 Abs. 4 HGB. am Schlusse eines jeden Kalenderhalbjahres.

Solange muß der Handlungsgehilfe auch bei früherer Beendigung des Dienstverhältnisses warten. Bei Auflösung des Geschäfts ist die Provision alsbald innerhalb angemessener Zeit zu berechnen.

VI. Wie wird die Provision festgestellt?

Laut ausdrücklicher Vorschrift der §§ 65, 91 S. 1 HGB. durch die Mitteilung eines Buchauszuges über die durch die Tätigkeit des Handlungsgehilfen zustande gekommenen Geschäfte. Der Auszug hat die Retourwaren und sonstigen Abzüge zu enthalten. Bei einzelnen Beanstandungen ist der Prinzipal verpflichtet, den Handlungsgehilfen durch Vorlegung der betreffenden Konten zu informieren. Zu einer weiteren Vorlegung der Handlungsbücher, insbesondere zur Vorweisung der Bilanz, ist er nicht verpflichtet.[4]) Auch die Pflicht zur Erteilung eines Buchauszuges

habe. Auch ohne diese Anschauung gelangt man infolge der Natur der Provision als Anteils an Gewinn und den Geschäftsspesen zu dem gleichen Ergebnis.

[1]) Urtl. i. S. Fischer/Gottlob 20 C 685. 96 AG. Berlin I vom 19. November 96.

[2]) Urtl. vom 2. März 92 i. S. Behmack/Krone & Behmack 18 C 2935. 91 AG. Berlin I.

[3]) Urtl. vom 10. Juni 96. i. S. Reisner/Dienstag & Wolff 12 C 1693. 95 AG. Berlin I.

[4]) Ebenso Urtl. i. S. Reisner/Dienstag & Wolff, s. vorige Anm.

und zur entsprechenden Informierung kann durch Vereinbarung ausgeschlossen werden. Eine Verpflichtung, den erteilten Buchauszug zu beschwören, besteht nicht. § 259 BGB. ist, weil es sich hier um keine Verwaltung handelt, nicht anwendbar.

Mit dem Anspruch auf Provision ist derjenige auf Mitteilung eines Buchauszuges abtretbar, dagegen nicht der Anspruch auf Informierung, weil letzterer rein persönlicher Natur ist.[1])

VII. **Ausnahmen von den Grundsätzen** ad I bis VI treten bei besonderen Arten der Handlungsgehilfen ein. So z. B. bei dem Konfektionär, dessen Tätigkeit mit der Herstellung der konfektionierten Arbeit beendet ist, und der mit dem Verkaufe derselben nichts zu tun hat. Dieser Umstand rechtfertigt folgende Grundsätze, welche die Berliner Ältesten[2]) als allgemein üblich hinstellen: Die Provision eines Konfektionärs, welche bestimmte Prozente (in casu ½ %) vom Umsatze der von ihm konfektionierten Mäntel beträgt, wird am Schlusse des Geschäftsjahres festgestellt. Bei Aufhebung des Vertragsverhältnisses oder Auflösung des Geschäftes ist aber die Provision sofort fällig und deshalb alsbald festzustellen. Die Provision hat der Konfektionär von den Brutto-Verkäufen zu fordern und zwar ohne Abzug der Beträge, welche nicht eingehen, sondern durch Konkurs, fruchtlose Exekution oder sonst fortfallen.

Ferner sind dem Gesetz entgegenstehende Vereinbarungen für das Provisionsrechtsverhältnis zulässig, da das Gesetz diesbezüglich dispositiver Natur ist.

§ 20. Die Pflicht zur Leistung einer Vergütung. Schluß. Der Anspruch des Handlungsgehilfen auf Tantieme.

I. Tantieme sind die Prozente, welche der Handlungsgehilfe von dem nach der Jahresbilanz sich ergebenden Reingewinn des Gesamtgeschäftes oder eines Teiles desselben erhält. Der tantiemeberechtigte Handlungsgehilfe wird auch commis intéressé genannt. Ist Tantieme vereinbart, aber nicht ihre Höhe, so ist der ortsübliche, eventuell der angemessene Satz zu zahlen (§ 59 HGB.)[3])

II. Die Tantieme ist Teil des durch den Geschäftsbetrieb erzielten Reingewinnes, daher nicht zu beanspruchen von dem durch Veräußerung des Geschäftes selber erzielten Gewinn (Bolze 10 Nr. 428). Sie ist Anteil am Jahresreingewinn, daher nicht zu mindern durch Berücksichtigung von Verlusten früherer Geschäfts-

[1]) Vgl. RG. in JW. 97 S. 57.
[2]) Vom 10. Juli 90 i. S. Wolf/Marbach U. 714, 90 VIII. KG. Berlin.
[3]) Vgl. RG. in JW. 97 S. 112[26].

jahre und nicht zurückzuzahlen bei Verlusten späterer Geschäftsjahre (R. 6 S. 28), daher ferner bei Vertragslösung während des Geschäftsjahres anteilig nach Maßgabe der gewöhnlichen Jahresbilanz zu berechnen, nicht etwa nach Maßgabe einer für den Tag der Vertragslösung aufzunehmenden besonderen Bilanz (OL. Köln 1895 in GZ. 47 S. 486). Die Tantieme ist Anteil am bilanzmäßigen Reingewinn, fällt demnach z. B. fort, wenn der nach Abzug aller Geschäftsunkosten sich ergebende Reingewinn durch den Betrag von uneinbringlichen Außenständen des betreffenden Geschäftsjahres überschritten wird (vgl. § 40 Abs. 2 HGB.). Die Tantieme ist endlich Dienstvergütung, daher im Falle, daß das Dienstverhältnis während des Geschäftsjahres gelöst wird, auch und nur für die abgearbeitete Zeit anteilig zu zahlen, und zwar gleichgültig, von welcher Seite die Lösung ausgegangen, und ob sie mit Recht oder Unrecht erfolgt ist.

III. Das Recht auf Tantieme, selbst wenn letztere einen erheblichen Prozentsatz beträgt, macht den Angestellten in keiner Hinsicht zum Sozius, auch nicht zum stillen Sozius des Prinzipals, und zwar nicht einmal partiell betreffs des Gewinn-Beteiligungsverhältnisses. Die letzteres behauptende Entscheidung des Reichsoberhandelsgerichts (R. 17 S. 276) ist unrichtig. Der commis intéressé ist hinsichtlich seiner Gewinnbeteiligung nur Gläubiger des Prinzipals. Deshalb hat er auch die gesetzlichen Rücksichten eines Sozius nicht zu nehmen. Er kann z. B., was er als Sozius nicht könnte (§ 122 Abs. 1 HGB.), die Auszahlung seiner vollen Tantieme auch dann verlangen, wenn diese Auszahlung zum offenbaren Schaden des Geschäfts gereicht. Dagegen folgt aus seinem Beteiligungsverhältnis, daß er die Bilanz des Prinzipals nicht nur dann anfechten kann, wenn Arglist, offenbare Unbilligkeit oder schrankenlose Willkür bei der Wertansetzung vorliegt, sondern auch bei objektiver Unrichtigkeit der letzteren.[1]) Denn es ist nicht einzusehen, weshalb er Irrtümer des Prinzipals unter Schädigung seiner Ansprüche akzeptieren müßte.

Die Gewinnberechnung erfolgt dagegen naturgemäß nach den Grundsätzen der Sozietät.[2]) Insbesondere ist § 120 Abs. 1 HGB. entsprechend anwendbar, wonach am Schlusse jedes Geschäftsjahres auf Grund der Bilanz der Gewinn zu berechnen ist. Nicht

---

[1]) Dies verneint zu Unrecht das KG. in Bl. f. R. 03 S. 6, 7.

[2]) In diesem Sinne wird die angefochtene Entscheidung des R. 17 S. 176 aufgefaßt von Gareis & Fuchsberger S. 171 Anm. 115b zu Art. 59 HGB. und anscheinend von Staub Anm. 4 zu § 65 HGB. — Gegen die qu. Entscheidung Behrend § 45 Anm. 19, Wendt bei Endemann S. 253; für dieselbe Hahn, 4. Aufl. S. 308 Anm. 9.

entsprechend anwendbar dagegen ist § 121 Abs. 1 HGB.,[1]) wonach vom Jahresgewinn jedem Gesellschafter zunächst vier Prozent Zinsen seines Kapitalsanteils gebühren. Denn diese Vorschrift verordnet über die Beteiligung, nicht aber über die bloße Berechnung und paßt außerdem nur für das Verhältnis zwischen Gesellschaftern.

In der Regel kommt die Tantieme neben festem Gehalt vor. Jedoch wird der commis intéressé, welcher kein festes Gehalt, sondern nur Tantieme bezieht, selbst hierdurch nicht zu einem stillen Gesellschafter, der nämlich als Einlagekapital seine Dienste einwirft. Denn auch in diesem Falle bleibt das Anstellungsverhältnis, welches ihn zum bloßen Handlungsgehilfen stempelt, unberührt. Im Zweifel ist ein solches Verhältnis zu vermuten (s. oben S. 24).

Nach alledem bleibt der Prinzipal dem commis intéressé gegenüber stets der alleinige Herr und Leiter des Geschäftes. Über die Führung desselben ist er dem Gehilfen weder Rechenschaft noch Auskunft schuldig (R. 17. S. 276). Er ist berechtigt, neue Sozien aufzunehmen oder anderen Personen, z. B. Darlehnsgebern, Vorwegentnahme ihrer Zinsen aus dem Geschäfts-Gewinn einzuräumen[2]) und dadurch die Tantiemen des commis intéressé zu mindern, ja er ist sogar berechtigt, das Geschäft zu veräußern (Bolze 10 Nr. 430).

Wie der Gehilfe kein Recht hat, Ausstellungen gegen die Geschäftsführung zu erheben (R. 1 S. 197), so hat er auch kein Recht, wegen der von dem Prinzipal verschuldeten Geschäftsverluste Schadensersatz in Höhe der ihm dadurch entgangenen Tantieme zu fordern. Nur dolus des Prinzipals gewährt ihm einen solchen Anspruch. Außerdem wird er bei dolus sowie auch in erheblichen Fällen grober Verschuldung des Prinzipals, namentlich bei öfterer Wiederholung, unter Umständen befugt sein, sofort aus dem Dienst zu scheiden, besonders wenn die Tantieme einen beträchtlichen Teil seiner gesamten Vergütung ausmacht.

Da der Gehilfe durch die Tantieme nicht Sozius wird, so ist er nicht berechtigt, sich jederzeit von den Angelegenheiten des Geschäfts zu unterrichten und jederzeit die Bücher und Papiere des Geschäfts einzusehen (vgl. § 716 Abs. 1 BGB.). Er ist nur berechtigt, zur Zeit der Fälligkeit die Feststellung seines Tantieme-Anspruches

---

[1]) Ebenso RG. in JW 00 S. 18[27].

[2]) Diese Vorwegnahme versteht sich dem commis intéressé gegenüber sogar ohne besondere Vereinbarung zwischen Prinzipal und Darleiher von selber (Staub Anm. 4 zu § 65 HGB).

und die Gestattung buchmäßiger Nachprüfung derselben zu verlangen. Auch dieses Recht kann durch Vereinbarung ausgeschlossen werden. Zum Zwecke der Nachprüfung hat der Prinzipal dem Gehilfen die Einsicht der Bilanz und der Geschäftsbücher, einschließlich der Inventuren und Papiere, zu gestatten und über Unklarheiten oder Widersprüche Auskunft zu erteilen, alles dies natürlich nur betreffs derjenigen Zeit und desjenigen Geschäftsteiles, rücksichtlich deren die Tantieme zu beanspruchen ist. — Dagegen ist der Gehilfe nicht berechtigt, die Vorweisung der Beläge über die einzelnen Posten der Bücher und der Bilanz zu verlangen, ebensowenig die Vorlegung der Bücher zwecks eigener Berechnung der Tantieme (R. 17 S. 276 und Bolze 4 Nr. 677; vgl. dagegen E. 53 S. 254). Er kann deshalb auch nicht gemäß § 259 BGB. die eidliche Bekräftigung der Bilanz verlangen. Nicht einmal Abschriften der Bilanz oder der Geschäftsbücher braucht ihm der Prinzipal zu erteilen, ja selbst nicht die eigene Anfertigung solcher oder auch nur einzelner Notizen zu gestatten;[1]) denn derartige Rechte hat allein der Gesellschafter (vgl. § 716 BGB.). Nur ausnahmsweise, z. B. bei vorgefundenen Unordnungen oder besonderem Umfange des Geschäfts, müssen dem commis intéressé aus Billigkeit Notizen in angemessener Ausdehnung erlaubt werden (R. 1 S. 195 ff.).

Da ihm Ausstellungen wider die Geschäftsführung selber versagt sind, so erstreckt sich sein Recht auf Prüfung und Auskunft lediglich auf die Übereinstimmung der Bilanz mit den Geschäftsbüchern, wobei er aber nicht auf die Fälle der Unredlichkeit oder des groben Verschuldens des Prinzipals beschränkt bleibt, wie das Reichsoberhandelsgericht (R. 1 S. 195) irrtümlich annimmt.

Alle diese Ansprüche des tantiemeberechtigten Gehilfen gehen durch vertragswidriges Verhalten desselben, z. B. unberechtigten Austritt aus dem Geschäft, ebensowenig verloren, wie der Vergütungs-Anspruch überhaupt dadurch verloren geht (R. 17 S. 276). Der Anspruch auf Vorlegung der Bücher ist rein persönlicher Natur und deshalb nicht abtretbar;[2]) dasselbe gilt von den Ansprüchen auf Vorlegung der Bilanz.

IV. Der Anspruch auf die Tantieme als eines Anteils am Jahresreingewinn wird erst fällig nach Aufstellung der Bilanz. Letztere ist in angemessener Frist nach Ablauf des Geschäftsjahres aufzumachen. Hieran wird nichts dadurch geändert, daß der Gehilfe im Laufe des Geschäftsjahres entlassen wird. Er muß dann

[1]) R. 1 S. 195—198. Anderes betreffs der Entnahme von Notizen Gareis und Fuchsberger S. 171 Anm. 116.

[2]) RG. vom 7. Dezember 96 in JW. 97 S. 57.

mit seinen Ansprüchen, einschließlich desjenigen auf Vorlegung der Bilanz, bis zum Ablauf des Jahres warten.[1]) Denn vorher entscheidet es sich nicht, ob überhaupt ein Jahresreingewinn und welcher eventuell entstanden ist.

V. Da die Tantieme den Charakter des Gehalts hat, so unterliegt sie der für letzteres maßgebenden kurzen Verjährung (s. oben S. 80).

§ 21. **Verpflichtung zur Tragung der Dienstspesen, insbesondere der Reisespesen.**

Der Prinzipal nimmt die Dienste des Handlungsgehilfen in Entreprise, nicht dieser die Erreichung bestimmter geschäftlicher Zwecke, zu denen er seine Dienste anbietet. Daraus folgt, daß alle Auslagen, welche die Leistung der letzteren mit sich bringt, vom Prinzipal getragen werden müssen. Es ergibt sich dies jetzt auch ohne weiteres aus den Bestimmungen der §§ 669 und 670 BGB.

A. Von den gedachten Auslagen kommen für die Praxis in erster Linie die **Spesen des Reisenden** in Betracht.

I. Dieselben erscheinen hauptsächlich in zweifacher Art: als feste Spesen und als sog. Vertrauensspesen. Erstere werden auf einen bestimmten Satz normiert, z. B. auf 18 Mk. täglich, während die Bemessung der letzteren der Gewissenhaftigkeit des Reisenden anvertraut wird.

Bei festen Spesen trägt der Reisende das Risiko des Mehrverbrauchs. Was er erspart, ist sein Gewinn.[2]) Über die stattgehabte Verwendung braucht er weder Auskunft zu geben noch Rechnung zu legen. Bei außergewöhnlichen Umständen, die nicht vorherzusehen sind, haftet der Prinzipal auch über den fixierten Spesensatz (vgl. Bolze 13 Nr. 392), z. B. wenn der Reisende infolge eines Eisenbahnunglücks einen teuren Wagen nehmen muß.

Eine Pflicht zur Rechnungslegung, d. h. zur Vorweisung der Beläge, ist auch bei Vertrauensspesen nicht anzuerkennen; denn in dem Verzicht auf Rechnungslegung besteht ge-

---

[1]) LG. Berlin II vom 17. September in Bl. f. R. 90 S. 13.

[2]) Für Weinreisende begutachten das Gegenteil als gesetzlich und üblich die Ältst. vom 11. Juli 94 i. S. Prietzel/Gebr. Mannigel IV C 380. 94 AG. Grünberg (auch abgedruckt bei Dove und Apt I S. 18, 19), mit dem Bemerken, daß Weinreisende verpflichtet seien, die Reisespesen in ihrer ganzen Höhe zu verausgaben. Ebenso für die Wein- und Spirituosenbranche Ältst. vom 31. Mai 02 i. S. Lender/Kleemann LG. Berlin I 28. O. 649. 01. — Das wäre ein handelsgebräuchlicher Zechzwang! Gemeint ist wohl, daß der Reisende das nicht Verbrauchte zurückerstatten muß.

rade das gewährte Vertrauen. Wohl aber ist der Reisende verbunden zu einer wenn auch nicht detaillierten, so doch allgemeinen Angabe der verwendeten Beträge;[1]) denn dem Prinzipal muß es möglich gemacht werden, zu beurteilen, ob und inwieweit sein Vertrauen gerechtfertigt oder getäuscht worden ist. Kann er dartun, daß der Reisende übermäßig viel gebraucht hat oder nicht so viel als angegeben worden, so hat er einen Anspruch auf entsprechende Rückerstattung bzw. keine Verpflichtung zur Erstattung des Zuviel. Denn an den Vertrauensspesen soll der Reisende nichts verdienen.

Wenn gar nichts über die Spesen vereinbart worden, so müßte der Reisende eigentlich jede einzelne, auch die kleinste Auslage angeben und belegen. Das kann man ihm billigerweise nicht zumuten. Es ist nicht zu verlangen, daß sich der Reisende jedes Pferdebahn-Billet aufschreibt und aufbewahrt. Deshalb fordert die Praxis auch hier Spezifikation nicht der Kleinigkeiten, sondern nur im großen und ganzen und billigt betreffs geringfügiger Posten ohne weiteres einen angemessenen Pauschal-Betrag zu.[2])

II. Die Spesen sind vom Prinzipal vorauszubezahlen (§ 669 BGB.), wenn auch nicht vor Beginn der Reise für die ganze Zeit der letzteren, so doch mindestens jedesmal für einige Tage bzw. eine Woche. Letzteres ist auch allgemein üblich.[3]) Auch ist es ordnungsmäßig, daß der Reisende auf der Reise die Spesen, zu deren Ausgabe er berechtigt ist, aus den von ihm eingezogenen Geldern entnimmt, anstatt sich von seiner Firma den Betrag schicken zu lassen.[4])

III. Natürlich kann der Reisende, der nicht mit festen Spesen zu rechnen hat, nur ortsübliche, ev. angemessene Auslagen ersetzt verlangen (§ 59 HGB.). Champagner, den er auf Kosten seines Chefs zu trinken vermeint, würde er — bis auf glückliche Ausnahmefälle — selber bezahlen müssen. Erster Klasse in der Eisenbahn fahren darf er ebenfalls nur auf eigene Rechnung. Dagegen ist es allgemein üblich, daß Reisende größerer und selbst mittlerer Häuser zweiter Klasse

---

[1]) Urtl. vom 28. Mai 94 i. S. Huchedai/Hohenstein & Lange 27 C 332. 94 AG. I Berlin, OL. Dresden 1887 in G. Z. 34 S. 571 und vom 21. Dezember 99 i. S. Herz/Gottschalk Söhne 20 C 1219. 99 AG. Berlin I.

[2]) Siehe R. 19 S. 9; Bolze 11 Nr. 332, Urtl. vom 30. Oktober 88 i. S. Schulze & Co./Loewenstein VIII U. 591. 88 KG. Berlin für die Herrenkleiderstoffbranche.

[3]) Urtl. vom 26. März 95 i. S. Joergens/Hohmann 7 C 2589. 94 AG. Berlin I.

[4]) Urtl. vom 4. Februar 96 i. S. Danz/Guillemot 22 C 1567. 95 AG. Berlin I.

fahren, namentlich bei größeren Touren.[1]) Ob bei der Zumutung, dritter Klasse zu fahren, der Reisende die Reise überhaupt ablehnen kann, darüber hat sich ein Handelsgebrauch nicht gebildet.[2]) Reisende kleiner Häuser werden für kurze Tagesstrecken eine derartige Zumutung des Prinzipals jedenfalls nicht ablehnen dürfen.

IV. Der Prinzipal hat nur diejenigen Auslagen zu tragen, die geschäftsüblich sind. Im einzelnen lassen sich aus der Praxis folgende Fragen beantworten:

1. Ist in den festen Spesen die Gepäckfracht inbegriffen?

Diese Frage ist zu bejahen. Insbesondere sind die Musterkoffer dem Prinzipal franko mitzubringen oder zurückzuschicken.[3])

2. Für welche Reisen sind Spesen zu zahlen?

a) Auch für eine Probe-Tour.[4])

b) Nicht für eine Reise zur Vorstellung zwecks Engagements[5]) oder zwecks Umzuges, da diese Kosten nicht solche der Dienstleistung sind.

c) Nicht für diejenigen Reisen, welche der außerhalb des Geschäftsortes wohnende Reisende dienstlich nach dem Geschäftsort machen muß, z. B. für die Antrittsreise[6]) oder für eine Reise behufs Fertigstellung der Musterkollektion. In manchen Branchen, z. B. in der Textil-

---

[1]) Für die Textilbranche bezeugt von Ältst. vom 3. Dezember 91 i. S. Cronegk/Clemke V C 1229. 90 AG. Liegnitz, auch abgedruckt bei Dove und Apt I S. 16, 17. In fremden Ländern, wo die erste Klasse unserer zweiten entspricht, darf der Reisende die erste Klasse benutzen. So z. B. für Spanien bezeugt von Ältst. vom 6. Januar 02 i. S. Kaufman & Co./Feuer 26 O. 251 01. LG. Berlin I.

[2]) Ältst. i. S. Cronegk/Clemke s. Anm. 1.

[3]) Nach dem Gutachten des Ältst. vom 15. Juni 97 i. S. Levenstein & Heß/Berger O. 327. 96 HK. 8 LG. Berlin I besteht für Berlin ein derartiger Handelsgebrauch nicht.

[4]) Anders Ältst. vom 6. März 94 i. S. Höfle/Sachs O. 241. 93. HK. 5 LG. Berlin I.

[5]) Die Ältst. vom 17. Juni 02 i. S. Horn/Oppenheim 5 C 698. 02 AG. Charlottenburg billigen in diesem Falle die Vergütung eines Retourbillets 3. Klasse als verkehrsüblich zu, wenn der Prinzipal um den Besuch gebeten hat. Ähnlich Ältst. vom 5. Dezember 00 i. S. Ende/Buchner 93. RHH. 1171. 00 AG. Berlin I.

[6]) Anders Ältst. vom 23. Juni 02 i. S. Neumann/Goldmann AG. Hamburg Zivilabt. 4 Nr. 900/02. Für Berlin besteht eine diesbezügliche Usance nicht. Ältst. vom 10. April 89 i. S. Lefrane & Co./Bock O. 45 89 HK. 3 LG. Berlin I. Unserer Ansicht dagegen Ältst. vom 7. Dezember 01 i. S. Bernstein/Dienstag & Wolff 12 C 1098. 01 AG. Berlin I.

branche,[1]) ist das Gegenteil Usance für den Fall, daß der Reisende kontraktmäßig außerhalb wohnt.

In den Fällen, in welchen der Prinzipal die Reisespesen nicht zu tragen braucht, fallen ihm auch nicht die Mehrkosten zur Last, die der Reisende durch seinen Aufenthalt am Geschäftsort hat.

3. Für welche Reisetage sind Spesen zu zahlen?

a) Auch für diejenigen Tage, die ohne Verschulden des Reisenden nicht zu Reisediensten verwandt werden können, z. B. für Sonntage und Festtage, an denen die Kundschaft nicht besucht werden kann und auch die Weiterreise nicht angetreten zu werden braucht.[2]) Ferner für Krankheitstage.[3]) Die Spesen sind Teil des Gehalts. Daher greift § 63 Abs. 1 HGB. Platz.

b) Auch für die Tage des Antritts der Reise und der Rückkehr von derselben, selbst wenn Anfangstag und Endtag nur teilweise ausgenutzt sind, der Reisende z. B. erst 4 Uhr nachmittags abfährt oder schon vormittags zurückkommt.[4])

B. Dem **Stadtreisenden** werden in der Regel keine Reisespesen vergütet. Nur in dem Falle, daß er Restaurationskundschaft be-

---

[1]) Ältst. vom 29. November 92 i. S. Lothré/Ellering & Zach C 264 91. Sächs. AG. Caeswig.

[2]) Ältst. vom 6. August 04 i. S. Arnolt/Maschkowski 43 C 1118. 04 AG. Berlin I. Vgl. Ältst. vom 5. November 96 i. S. Schnur/Zeitner 29 C 936. 96 AG. Berlin I und vom 13. Mai 97 i. S. Samter/Hartung 24 C 1416. 96 AG. Berlin I, wonach sich auch ein entgegenstehender Handelsgebrauch selbst für verheiratete Reisende, die am Sonntag nach Hause fahren, nicht gebildet hat.

[3]) Anders zu Unrecht Ältst. vom 29. März 04 i. S. Marwitz/Labus 38 C 2317. 03 AG. Berlin I, falls der Reisende ein angemessenes festes Gehalt bezieht.

[4]) Für den Antrittstag: Ältst. vom 11. November 91 i. S. Krotoschin/Kohn 17 C 1658. 91 AG. Berlin I, vom 5. Juli 94 i. S. Stensch/Wolffenstein 74 C 347. 94 AG. Berlin I und vom 13. September 94 i. S. Walter/Körner 34 C 681. 94 AG. Berlin I (auch abgedruckt bei Dove und Apt. I S. 16 sub 28), nach welchen drei Gutachten sogar eine allgemeine diesbezügliche Usance besteht; ferner Gutachten vom 24. Oktober 96 an den Verband reisender Kaufleute Deutschlands, wonach ein diesbezüglicher Handelsgebrauch allerdings nicht bekannt ist, auch abgedruckt bei Dove und Apt. I S. 15, 16.

Für den Rückkehrtag: Das cit. Gutachten i. S. Stentsch/Wolffenstein und ein ferneres vom 20. Februar 94 i. S. Petermann/Müller 38 C 1551. 92 AG. Berlin I sogar für den Fall, daß der Reisende nach einer Nachtfahrt 5 Uhr morgens zurückkommt; ferner Ältst. vom 4. Dezember 01 i. S. Joachim/Natanson & Scaltiel 60 D. 297. 01 LG. Berlin I.

sucht, werden ihm Vertrauensspesen gewährt, und für Fahrten nach Vororten werden ihm die Fahrgelder vergütet.[1])

C. Wegen der Frage, ob der Prinzipal, welcher den Reisenden nicht reisen läßt, diesem einen Teil der Reisespesen ersetzen muß (s. oben S. 71/72).

§ 22. Verpflichtung zur Verschaffung ordnungsmäßiger Beschäftigung. Recht des Gehilfen auf Arbeit.

Der Handlungsgehilfe ist nur verpflichtet, nicht berechtigt zur Dienstleistung (§ 611 BGB.; vgl. Volze 11 Nr. 338; s. § 16 B I, 3, § 14 I; s. S. 137—139 dies. Buches). Auf Annahme derselben, auf Gewährung von Arbeit kann er nicht klagen. Er hat **kein klagbares Recht auf Arbeit.** Daraus folgt aber nicht, daß er überhaupt kein Recht auf Arbeit hat, d. h. daß ihm aus der Unterlassung von Arbeits-Übergabe seitens des Prinzipals keinerlei Rechtsansprüche erwachsen. Nach den Erfahrungen des Lebens ist zu unterstellen, daß dem Handlungsgehilfen nicht nur an der Vergütung, sondern auch an ordnungsmäßiger Beschäftigung liegt. Er hat ein berechtigtes Interesse daran, einerseits von den erschlaffenden Folgen des Nichtstuns verschont zu bleiben, andererseits seine Fähigkeiten zu erproben und weiter auszubilden, seine Fachkenntnisse nicht zu vergessen und neue zu erwerben. Die Wahrung dieses wichtigen berechtigten Interesses muß nach Treu und Glauben mit Rücksicht auf die Verkehrssitte bei jedem Vertrage über die Anstellung eines Handlungsgehilfen als stillschweigend vereinbart gelten (vgl. §§ 157, 242 BGB.). Dieser spezielle Dienstvertrag erweitert demgemäß den nach § 611 BGB. gegebenen Inhalt des allgemeinen Dienstvertrages und ist im Zweifel so auszulegen, daß dem Handlungsgehilfen ein nicht klagbares Recht auf ordnungsmäßige Arbeit zusteht.[2])

Die Verletzung dieses Rechtes hat nachstehende Folgen:

1. Vertrags- oder gesetzwidrige Dienstleistung kann der Handlungsgehilfe ablehnen (vgl. oben § 14 sub. I letzter Abs.).

2. Eine erhebliche Verletzung ist für den Handlungsgehilfen ein wichtiger Grund zur fristlosen Kündigung des Dienstverhältnisses (§ 70 Abs. 1 HGB.).

---

[1]) Urtl. vom 13. Dezember 93 i. S. Kulow/Hufnagel 29 C 643. 93 AG. Berlin I. Anders betreffs der Fahrgelder vom 26. Dezember 88 i. S. Frank/Baldenius Söhne 2 C 853. 88 AG. Berlin I.

[2]) Anders Planck Nr. 3b zu § 611 BGB.

3. Der Handlungsgehilfe kann den ihm infolge Unterbleibens ordnungsmäßiger Beschäftigung erwachsenen Schadenersatz verlangen. Zunächst den Schaden, der im Ausfall oder in der Minderung seiner Einkünfte besteht, z. B. der Reisende, der nicht auf die Reise geschickt wird, die ihm dadurch entgangene Provision. Ferner aber darüber hinaus jeden weiteren Schaden, insbesondere den ihm für sein weiteres Fortkommen entstehenden, z. B. wenn der Handlungsgehilfe in ein Spezialgeschäft eintritt, dort aber nicht beschäftigt wird, und wegen fehlender Kenntnis desselben auf ein anderweites vorteilhaftes Engagement später verzichten muß.[1]) Ja auch ohne daß ein solcher spezieller Fall schon eingetreten ist, wird der Handlungsgehilfe ganz allgemein mit Rücksicht auf die Minderung seiner Fachqualität und den dadurch entstehenden geringeren Wert seiner Dienstleistungen Schadensersatz vom Prinzipal beanspruchen können, wenn dieser ihm Gelegenheit zur ordnungsmäßigen Beschäftigung nicht gewährt. Nach § 287 CPO. hat das Gericht in diesem Falle das Recht freier Würdigung über Bestehen und Höhe des Schadens. Werden freilich unsere Kaufmannsgerichte von diesem Rechte, das für die ordentlichen deutschen Gerichte ein toter Buchstabe zu sein scheint, nach dem Vorgange der englischen Gerichtspraxis[2]) Gebrauch machen? Wir fürchten: nein.

§ 23. **Verpflichtungen gegen die Persönlichkeit des Handlungsgehilfen.**

I. Der Prinzipal hat gegen den Gehilfen ein anständiges Betragen zu beobachten. Nicht nur Tätlichkeiten, und seien sie noch so leicht, Ehrverletzungen und unsittliche Zumutungen sind dem Prinzipal verwehrt, sondern auch Unschicklichkeiten, ja bloße Unangemessenheiten. Die Rücksichtnahme auf den Gehilfen wird um so strenger geübt werden müssen, je älter derselbe oder je gewichtiger seine Stellung ist. Zur angemessenen Behandlung gehört es auch, daß der Prinzipal den Gehilfen gegen solche Handlungen seiner anderen Angestellten oder seiner Familienangehörigen schützt, die ihm selber nicht erlaubt sein würden (vgl. § 71 Nr. 4 HGB.). Die Verletzung dieser Pflichten berechtigt den Gehilfen zu angemessener Abwehr, wozu auch die Klage auf künftige Unterlassung gehört, zum Anspruch auf Ersatz eines etwa entstandenen Schadens, z. B. der Kosten für ein ärztliches Attest, unter erheblichen Umständen zum sofortigen Austritt und endlich im Falle von Beleidigungen oder

[1]) Vgl. Bolze 16 Nr. 381.
[2]) G. Z. 1902 Bd. 52 S. 289, 290.

Tätlichkeiten zur Strafverfolgung. Alle diese Rechte können nebeneinander ausgeübt werden, die Befugnis zum Rücktritt vom Vertrage natürlich nicht neben der Klage auf künftige Unterlassung.

II. Bei dem Geschäftsbetriebe hat der Prinzipal Fürsorge für die Gesundheit des Handlungsgehilfen und Rücksicht auf dessen Persönlichkeit zu nehmen. Die diesbezüglichen Vorschriften des HGB., welche im alten fehlen, sind zum größten Teil den §§ 120, 120a GewO. und dem § 618 BGB. nachgebildet. Es sind folgende:

1. a) Der Prinzipal ist nach § 62 Abs. 1 des neuen HGB. verpflichtet, die Geschäftsräume[1]) und die für den Geschäftsbetrieb bestimmten Vorrichtungen und Gerätschaften so einzurichten und zu unterhalten, auch den Geschäftsbetrieb und die Arbeitszeit so zu regeln, daß der Handlungsgehilfe gegen eine Gefährdung seiner Gesundheit, so weit die Natur des Betriebes es gestattet, geschützt und die Aufrechterhaltung der guten Sitten und des Anstandes gesichert ist. Diese Vorschrift ermöglicht es, auch ohne die noch fehlende gesetzliche Festlegung einer Maximal-Arbeitszeit, den Handlungsgehilfen gegen Überanstrengung zu schützen. Zu den gesundheitlichen Einrichtungen, für welche der Prinzipal zu sorgen hat, gehören u. a. die Gewährung der vielbesprochenen Sitzgelegenheit für den Gehilfen (Kom. S. 25), insbesondere für den Verkäufer während der Zeit, in der er nicht verkauft, ferner ordnungsmäßige Erwärmung und Beleuchtung der Geschäftsräume, Fernhaltung von Zug und Feuchtigkeit, Einrichtung genügender und ordnungsmäßiger Klosetts und bei ansteckender Krankheit einer Geschäftsperson hinreichende Sicherungsmaßregeln gegen Übertragung der Ansteckung. Die Verpflichtung zum gesundheitlichen Schutz findet eine Schranke an der Natur des Betriebes; man denke z. B. an Droguengeschäfte, Zigarrenläden und Trockenböden (Kom. S. 24).

b) Ist der Handlungsgehilfe in die häusliche Gemeinschaft aufgenommen, so hat der Prinzipal in Ansehung des Wohn- und Schlafraumes, der Verpflegung sowie der Arbeits- und Erholungszeit diejenigen Einrichtungen und Anordnungen zu treffen, welche mit Rücksicht auf die Gesundheit, die Sittlichkeit und die Religion des Handlungsgehilfen erforderlich sind (§ 62 Abs. 2 HGB.). Mit Recht bemerkt Staub (Anm. 6 zu § 62 HGB.), daß diese Vorschrift bezweckt, nicht die Religion der

---

[1]) Darunter versteht man auch den zum Geschäft gehörenden Hof, Speicher, Keller, Boden, sowie die Räume des technischen Betriebes. Fuld S. 59, 60.

Handlungsgegehilfen als solche, sondern nur dessen religiöses Empfinden zu schützen, daß also z. B., falls diese Religion besondere Speisegesetze hat, der Prinzipal sich an dieselben nur zu kehren braucht, wenn der Gehilfe im allgemeinen sich an sie kehrt.

c) Ist der Handlungsgehilfe in die häusliche Gemeinschaft des Prinzipals aufgenommen, so hat der letztere ihm im Falle der Erkrankung die erforderliche Verpflegung und ärztliche Behandlung bis zur Dauer von sechs Wochen, jedoch nicht über die Beendigung des Dienstverhältnisses, zu gewähren, sofern nicht die Erkrankung von dem Gehilfen vorsätzlich oder durch grobe Fahrlässigkeit herbeigeführt worden ist. Diese Kosten können auf das Gehalt angerechnet werden. Wird das Dienstverhältnis wegen der Erkrankung vom Prinzipal rechtmäßig fristlos gekündigt, so bleibt die dadurch herbeigeführte Beendigung des Dienstverhältnisses außer Betracht. — Die Verpflichtung des Prinzipals tritt nicht ein, wenn für die Verpflegung und ärztliche Behandlung durch eine Versicherung oder durch eine Einrichtung der öffentlichen Krankenpflege Vorsorge getroffen ist (§ 617 BGB.).

2. Nach §§ 120 Abs. 3, 154 Abs. 1 GewO. kann für Handlungsgehilfen und -lehrlinge unter 18 Jahren, auch für weibliche, durch statutarische Bestimmung einer Gemeinde oder eines weiteren Kommunalverbandes der Zwang zum Besuche einer Fortbildungsschule, soweit diese Verpflichtung nicht schon landesgesetzlich besteht, begründet werden, eventuell der Zwang zum Besuche einer vom Staate oder der Gemeindebehörde anerkannten Fachschule, wo eine solche besteht (§ 139 i Abs. 1 GewO.). Der Prinzipal hat die Handlungsgehilfen und -lehrlinge unter 18 Jahren zum Besuche der Fortbildungs- und Fachschulen anzuhalten und den Schulbesuch zu überwachen (§ 139 i Abs. 2 GewO.).

3. Die nach Nr. 1 und 2 dem Prinzipal obliegenden Verpflichtungen können, weil öffentlich-rechtlicher Art, nicht im voraus durch Vertrag aufgehoben oder beschränkt werden (§ 62 Abs. 4 HGB.). Nachträglicher Verzicht auf Schadensersatz oder auf ähnliche Ansprüche aus der Vergangenheit ist zulässig (Denkschr. S. 57).

4. Erfüllt der Prinzipal seine zu 1 a und b gedachten Verpflichtungen trotz Aufforderung seitens des Gehilfen nicht, so hat der letztere das Recht, den Dienstvertrag fristlos zu kündigen. Auch ohne diesbezügliche Aufforderung ist er befugt, den Prinzipal auf Erfüllung zu verklagen, in welchem Falle natürlich das Kündigungsrecht fortfällt, fernerhin auf

Schadensersatz. Strafbar macht sich der Prinzipal, falls sein Verhalten nicht unter sonstige Strafgesetze fällt, nicht.[1]) Dagegen macht er sich im Falle zu 2. strafbar, und zwar mit Geldstrafe bis zu 20 Mk. ev. Haft bis zu 3 Tagen (§ 150 Ziffer 4 GewO.). Auf die Verpflichtung des Prinzipals zum Schadensersatz finden die für unerlaubte Handlungen geltenden Vorschriften der §§ 842—46 BGB. entsprechende Anwendung. Hervorzuheben ist, daß im Falle der Aufhebung oder Verminderung der Erwerbstätigkeit des Gehilfen letzterer eine Rente oder eine Kapitalsabfindung beanspruchen kann, und daß dieser Anspruch nicht dadurch ausgeschlossen wird, daß ein anderer dem Gehilfen Unterhalt zu gewähren hat (§ 843 BGB.). Als Unterhalt in diesem Sinne wird auch alles dasjenige gelten müssen, was der Gehilfe aus gesetzlicher oder freiwilliger Unfallversicherung erhält. Im Falle der Tötung des Gehilfen muß der Prinzipal den alimentationsberechtigten Hinterbliebenen desselben eine entsprechende Geldrente zahlen (§ 844 BGB.). Hat der Handlungsgehilfe jedoch seinen Tod mitverschuldet, so hängt die Verpflichtung des Prinzipals zum Schadensersatz sowie der Umfang des zu leistenden Ersatzes von den Umständen, insbesondere davon ab, inwieweit der Schaden vorwiegend von dem einen oder dem anderen Teile verursacht worden ist (§§ 846, 254 Abs. 1 BGB.). Die betreffenden Schadensersatzansprüche verjähren in 3 Jahren (§ 852 BGB.).

§ 24. Verpflichtung zur Ausstellung eines Zeugnisses. Auskunfts-Erteilung.

Nach § 73 Abs. 1 HGB.[2]) kann der Handlungsgehilfe bei der Beendigung des Dienstverhältnisses ein **schriftliches Zeugnis** über die Art und Dauer der Beschäftigung fordern, und auf sein Verlangen ist das Zeugnis auch auf die Führung und die Leistungen auszudehnen. Nach Abs. 2 § 73 cit. hat auf Antrag des Handlungsgehilfen die Ortsbehörde das Zeugnis kosten- und stempelfrei zu beglaubigen.

1. Das Zeugnis ist von dem Prinzipal selber zu erteilen. An sich würden der Prokurist und der generelle Handlungsbevollmächtigte zweifellos zur Erteilung des Zeugnisses befugt sein. Die Verkehrssitte verlangt aber ein persönliches Zeugnis des Prinzipals. Nur ein solches findet im Verkehr die

---

[1]) Anders bei Lehrlingen nach § 82 Abs. 1 HGB.

[2]) Über die historische Entwickelung des Zeugnis-Rechtes s. unsere erste Auflage S. 82 § 22 sub I.

gehörige Beachtung. Gemäß §§ 157, 142 HGB. hat daher der Handlungsgehilfe auch auf ein solches Anspruch.[1])

2. Ein Antrag, daß das Zeugnis schon von der Kündigung an erteilt werden müsse, ist in der Reichstagskommission (S. 37) abgelehnt worden, weil sich dies nach den Bestimmungen des BGB. über Treu und Glauben von selber verstehe. Letzteres mag zweifelhaft sein, jedenfalls aber entspricht es dem Geiste des HGB. und widerspricht es nicht dem Wortlaut des § 73 cit., daß das Zeugnis schon angemessene Zeit vor Beendigung des Dienstverhältnisses verlangt werden kann, falls dieselbe nur gewiß ist, also „bei" (d. h. im Falle) der Beendigung durch Kündigung vom Tage der letzteren an,[2]) bei Beendigung durch vertraglichen Zeitablauf so lange Zeit vor dem Schlußtage, als zur Erlangung einer neuen Stelle angemessen erscheint. Als angemessene Zeit werden, falls nicht besondere Umstände vorliegen, sechs Wochen gelten können (vgl. § 66 HGB.). Ist der Dienstvertrag zu Unrecht seitens eines Teiles fristlos gekündigt worden, so wird das Dienstverhältnis nicht beendet (s. unten S. 128), und es kann deshalb in diesem Falle das Zeugnis nicht schon mit dem Austritt oder der Entlassung des Gehilfen gefordert werden,[3]) sondern erst von dem Zeitpunkt an, zu dem es gefordert werden könnte, wenn mit vertraglicher oder gesetzlicher Frist gekündigt worden wäre.

Aus dem obigen folgt, daß das Zeugnis auch noch nach erfolgter Dienstbeendigung gegeben werden muß. Ein Antrag, daß es nur innerhalb einer Zeit von 6 Monaten nach derselben erteilt zu werden brauche, ist von der Reichstagskommission abgelehnt worden (S. 37). Die Erteilung kann daher innerhalb der gewöhnlichen Verjährungsfrist von 30 Jahren beansprucht werden.[4]) Nur wird der Gehilfe, der erst nach Jahren das Zeugnis fordert, sich mit demjenigen Inhalt desselben begnügen müssen, den der Prinzipal nach seinem Gedächtnis und seinen Büchern dann zu attestieren noch in der Lage ist. Auf anderweitige Ermittelungen oder Beweise braucht sich der Prinzipal in solchem Falle nicht einzulassen.

---

[1]) Anders OL. Bd. 3 S. 410 sub g.

[2]) Ebenso OL. 5 S. 265, OL. Colmar in DJZ. 04 S. 415 und die herrschende Meinung in der Literatur. Anders OL. 3 S. 78 und entschieden Örtel im Sächs. Archiv f. Bürgerl. R. Bd. 12 S. 1 ff.

[3]) Ebenso Lehmann und Ring zu § 73 HGB. Anders Staub Anm. 1 zu § 73 HGB. und Fuld S. 53.

[4]) § 196 Nr. 8 BGB. ist nicht anwendbar. Wie wir die herrschende Meinung. Anders Örtel (s. Anm. 1) S. 5.

3. Das Zeugnis ist nur auf Erfordern des Handlungsgehilfen zu erteilen. Es kann demselben also nicht aufgezwungen werden. Wie auf jeden Anspruch selbst nach seiner Geltendmachung noch verzichtet werden kann, so kann der Handlungsgehilfe sein diesbezügliches Erfordern zurückziehen. Das erteilte Zeugnis zu behalten oder zu benutzen ist er nicht verpflichtet; andererseits braucht auch der Prinzipal es nicht zurückzunehmen.

Der Gehilfe kann ein Zeugnis fordern nicht nur über Art und Dauer der Beschäftigung, über Führung und Leistungen, sondern auch wahlweise über Art oder Dauer, über Führung oder Leistungen. Zu dieser Ansicht, welcher der Wortlaut des § 73 HGB. nicht widerspricht, führt die Entstehungsgeschichte sowie die nur zugunsten der Handlungsgehilfen wirkende Tendenz des § 73 cit.[1])

Der Gehilfe, welcher gemäß seinem Verlangen ein Zeugnis auch über Führung und Leistungen erhalten hat, kann nicht gegen Rückgabe desselben ein anderes beanspruchen, welches sich nur über die Art und Dauer der Beschäftigung verhalten soll. Wohl aber umgekehrt.[2]) Denn das Gesetz gestattet nachträgliche Ausdehnung, nicht aber nachträgliche Beschränkung.

4. Die Art der Beschäftigung muß derart spezialisiert werden, daß Tätigkeit und Stellung des Handlungsgehilfen genau erhellen. Danach sind die Angaben wie „Herr . . . war mit Kontorarbeiten beschäftigt" durchaus ungenügend, da es dem Werte wie dem Inhalte nach sehr verschiedenartige Kontorarbeiten gibt. Dagegen trifft das z. B. bei der Buchhalterei im allgemeinen nicht zu. Daher wird die Angabe „Herr . . . war als Buchhalter beschäftigt" in der Regel hinreichend sein. Bei der Korrespondenz-Tätigkeit wird hervorzuheben sein, in welcher Sprache die Korrespondenz geführt worden ist. — War der Handlungsgehilfe in seiner Abteilung Leiter oder Vorgesetzter, so ist das anzugeben. Er hat deshalb in solchen Fällen Anspruch darauf, im Zeugnis als „Ober-Buchhalter", „Haupt-Kassierer", „erster Verkäufer" und ähnlich bezeichnet zu werden. Auch eine solche Beschäftigung ist in dem Zeugnis zu erwähnen, welche der Gehilfe während seines Dienstverhältnisses nur vorübergehend oder vertretungsweise ausgeübt hat.

---

[1]) So mit Recht KG. in Bl. f. R. 1902 S. 28. Anders unsere erste Auflage S. 83 und Wittner in Holdheims Monatsschrift für Handelsrecht 1903 S. 176 ff.

[2]) Ebenso LG. Frankfurt a. M. vom 3. April 00 in S. Berke/Keller 7 O. 128. 00.

Was die Dauer der Beschäftigung anlangt, so ist hierunter die Dauer des Dienstvertrages zu verstehen. Das Zeugnis darf daher eine Unterbrechung der Beschäftigung während des Dienstvertrages, z. B. durch Krankheit, nicht vermerken; eine ungewöhnliche Unterbrechung, z. B. die eines vollen Jahres, wird jedoch nach dem Grundsatze des § 242 BGB. zu erwähnen sein.

Wird das Geschäft verkauft, so braucht der neue Prinzipal ein Zeugnis nur über die Zeit zu erteilen, in welcher der Gehilfe bei ihm tätig war, nicht auch über die Dienstzeit bei seinem Rechtsvorgänger, selbst wenn der mit letzterem geschlossene Anstellungsvertrag auf ihn rechtsgültig übergegangen ist. Denn die Pflicht zur Zeugnis-Erteilung ist rein persönlicher Natur und begrenzt durch die eigene Wahrnehmung.

Das Zeugnis über Führungen oder Leistungen hat sich lediglich auf die Zeit des Dienstverhältnisses zu beschränken. Unzulässig sind daher Angaben dahin, daß der Handlungsgehilfe nach seiner Entlassung seine Kollegen gegen den Prinzipal aufgehetzt, letzteren denunziert, unlautere Konkurrenz gemacht habe u. dgl. Zu der Angabe von Führungen und Leistungen gehört nicht die Erklärung, welcher Teil gekündigt hat, wohl aber des Entlassungsgrundes. Neben dem als Entlassungsgrund angegebenen, aus tatsächlichen Vorgängen gezogenen Urteilen müssen auf Verlangen des Gehilfen auch diese Vorgänge selber mitgeteilt werden.[1]) Jedoch nur ein solcher Entlassungsgrund ist zu erwähnen, welcher mit der Führung und den Leistungen des Gehilfen etwas zu tun hat, also nicht z. B. der Umstand, daß der Gehilfe wegen Krankheit entlassen worden ist oder daß er auf eigenen Wunsch die Stellung verlassen hat. — Aus dem gleichen Grunde dürfen auch eine Krankheit oder Kränklichkeiten während der Dauer des Dienstverhältnisses nicht erwähnt werden. Nur die gemachten, nicht die unterbliebenen Leistungen sind zu bezeugen. — Zulässig ist es, über den Erfolg der Leistungen zu attestieren, z. B. daß der Handlungsgehilfe „mit zweifelhaftem Erfolg gereist hat",[2]) wenn der Erfolg einen Maßstab für die Qualität der Leistungen abgibt. Ein Zeugnis über Ehrlichkeit des Gehilfen, und sei es auch nur ein negatives dahin, daß diesbezüglich nichts Nachteiliges bekannt geworden, kann stets verlangt werden.

5. § 113 Abs. 3 GewO. bestimmt, daß das Zeugnis bei gewerblichen Arbeiten nicht mit Merkmalen versehen sein darf,

---

[1]) Ältst. vom 19. Dezember 93 i. S. Malachowski/Salinger 58 C 734. 93. AG. I Berlin.

[2]) Ebenso OL. 5 S. 270.

welche den Zweck haben, den Gehilfen in einer aus dem Wortlaute des Zeugnisses nicht ersichtlichen Weise zu kennzeichnen. Ein entsprechender Antrag zu § 73 HGB. ist in der Reichstagskommission (Kom. S. 38) abgelehnt worden. Trotzdem gilt das, was § 113 Abs. 3 cit. normiert, auch für das Zeugnis der Handlungsgehilfen,[1]) und zwar auf Grund der §§ 242, 157 BGB., sowie des § 73 HGB. selber. Letzterer bestimmt, daß das Zeugnis ein „schriftliches" sein muß. Sein gesamter Inhalt muß also in der üblichen Verkehrsschrift niedergelegt sein, nicht aber teilweise in anderweiten Merkmalen. Ferner entspricht es Treu und Glauben und auch der Verkehrssitte, daß das Zeugnis eine offene Urkunde ist, kein heimlicher, hinterlistiger Fallstrick, daß es allen Verkehrsgenossen gleich vollständig erkennbar ist, nicht aber geheime Erkennungszeichen für wenige enthält. Vor allem aber hat der Handlungsgehilfe ein Recht auf Nachprüfung und etwaige Anfechtung des Zeugnisses. Dieses Recht würde durch Merkmale fraglicher Art vereitelt werden.

6. Wird der Prinzipal zur Ausstellung eines Zeugnisses oder eines berichtigten Zeugnisses verurteilt, so hat er jede direkte oder indirekte Bezugnahme auf die Verurteilung zu unterlassen.[2]) Andererseits kann auch der Handlungsgehilfe eine solche Bezugnahme nicht fordern. Denn § 73 Abs. 1 HGB. regelt den Inhalt des Zeugnisses erschöpfend.

7. Über die Frage der Beweislast betreffs dieses Inhaltes s. unten S. 182.

8. Die Vorschriften des § 73 HGB. sind zwingenden Rechts, so weit sie zugunsten des Handlungsgehilfen gegeben sind, insoweit daher weder durch Vertrag abänderbar noch verzichtbar (Kom. S. 38).

9. Verweigerung eines Zeugnisses (vgl. Bolze 12 Nr. 404) sowie unrichtige Angaben im Zeugnis verpflichten den Prinzipal zum Ersatze des infolgedessen entstandenen Schadens und entgangenen Gewinnes. Der Prinzipal kann sich nicht damit entschuldigen, daß das Zeugnis seiner Überzeugung gemäß und dem Wortlaute nach nur als Ausdruck der letzteren ausgestellt sei. Der Handlungsgehilfe hat ein Recht auf objektiv richtige Attestierung. Er kann auch auf eine solche klagen.[3]) Ein Zurückbehaltungsrecht hinsichtlich des Zeugnisses gemäß § 273 BGB. hat der

[1]) Anders unsere erste Auflage S. 84.
[2]) Ebenso Fuld S. 56.
[3]) LG. Berlin I 85 in Bl. f. R. 91 S. 113.

Prinzipal wegen etwaiger Forderungen gegen den Gehilfen keineswegs, weil das Recht auf das Zeugnis öffentlicher Natur ist. —[1])

Da das im Zeugnis niedergelegte Urteil zur Wahrnehmung berechtigter Interessen erfolgt, so gilt eine diesbezügliche den Gehilfen herabsetzende Zeugnis-Erklärung nur dann als strafbare Beleidigung, wenn eine solche aus der Form der Äußerung oder aus den Umständen zu entnehmen ist (§ 193 StGB.).

II. **Auskunft** über diejenigen Punkte zu geben, über welche der Gehilfe ein Zeugnis verlangen kann, ist der Prinzipal nicht verpflichtet, weder während noch nach Ablauf des Dienstverhältnisses. Gibt er aber Auskunft, so muß dieselbe richtig sein, widrigenfalls er schadensersatzpflichtig ist, und zwar auch dann, wenn die Auskunft ausdrücklich „ohne Gewähr" erteilt ist.[2]) Erfolgt die Auskunft zur Aufklärung eines Dritten, bei dem der Gehilfe sich um Stellung bewirbt, so erfolgt sie zur Wahrnehmung berechtigter Interessen dieses Dritten[3]) und ist daher, falls sie den Gehilfen herabsetzt, nur insoweit eine strafbare Beleidigung des letzteren, als solche aus der Form der Auskunft oder den Umständen zu entnehmen ist (§ 193 StGB.).

Entsprechendes gilt betreffs Mitteilungen oder Auskunftserteilung seitens anderer Personen als des Prinzipals.[4])

Abschnitt 4.

§ 25. **Die besonderen Pflichten und Rechte der Prokuristen und Handlungsbevollmächtigten, insbesondere der Handlungsreisenden.**

Derjenige Handlungsgehilfe, welcher berechtigt ist, für den Prinzipal Rechtsgeschäfte abzuschließen, ist entweder Prokurist oder Handlungsbevollmächtigter. Meistens sind Personen letzterer Art zugleich Handlungsgehilfen, aber es ist dies nicht notwendig, da auch Nichtangestellten Prokura und Handlungsvollmacht erteilt werden kann (s. ob. S. 28 Anm. 2). Andererseits ist der Handlungsgehilfe an sich nicht ermächtigt, Rechtsgeschäfte im Namen und für Rechnung des Prinzipals vorzunehmen. Dem Prinzipal gegenüber bleibt der Prokurist wie der Handlungsbevollmächtigte Untergebener; er hat insbesondere die Anweisungen des Prinzipals zu respektieren, auch

---

[1]) Ebenso LG. Frankfurt a. M. v. 3. April 00 i. S. Berke/Keller 7 O. 128. 00.
[2]) Vgl. E. 20 S. 193.
[3]) Siehe Olshausen § 6 c zu § 193 StGB.; vgl. jedoch Entsch. des Reichsger. in Straff. 30 S. 42.
[4]) Siehe KG. in Bl. f. R. 1901 S. 21.

wenn sie im Widerspruch zu der von letzterem erteilten Vollmacht stehen; seine innergeschäftliche Stellung ist daher grundsätzlich nicht verschieden von derjenigen anderer Gehilfen, z. B. von der eines Buchhalters; er unterscheidet sich von letzteren nur durch seine Stellung zum Publikum. Naturgemäß aber bleiben seine Rechte und Pflichten gegenüber dem Prinzipal nicht unbeeinflußt durch den nach außen wirkenden Charakter seiner Tätigkeit, abgesehen davon, daß der Kreis seiner Rechte gewöhnlich mit dem seiner Pflichten zusammenfällt. Er verletzt diese häufig, indem er jene nicht oder schlecht ausübt, so daß, was er nach außen hin unterläßt, nicht selten nach innen zurückwirkt. Aus diesen Gründen sollen die Besonderheiten des Rechtes der Prokuristen und Handlungsbevollmächtigten, wenn auch nur in den Hauptzügen, so doch in zusammenfassender Darstellung nachfolgend mitgeteilt werden.

Rechtsquelle ist der fünfte Abschnitt des HGB.

A. Prokuristen.

I. Wer ist Prokurist? Derjenige, welcher von dem Prinzipal beauftragt ist, in dessen Namen und für dessen Rechnung das Handelsgeschäft zu betreiben und per prokura die Firma zu zeichnen (vgl. §§ 49, 51 HGB.). Die Prokura kann mehreren Personen gemeinschaftlich erteilt werden (Gesamtprokura, § 48 Abs. 2 HGB.). Prokurist ist nur derjenige, der von einem Vollkaufmann Prokura erhalten hat (§ 4 Abs. 1 HGB.). Ebenso können Erwerbs- und Wirtschaftsgenossenschaften nach § 42 Abs. 2 des Reichsgenossenschaftsgesetzes vom 1. Mai 1889 (in der Fassung der Bekanntm. v. 20. Mai 1898, RGBl. S. 369) weder Prokuristen noch Handlungsbevollmächtigte bestellen.

II. Form für Bestellung, Anmeldung, Abmeldung und Zeichnung der Prokura.

1. Die Bestellung des Prokuristen kann nur durch den Inhaber des Handelsgeschäfts oder seinen gesetzlichen Vertreter und nur mittels ausdrücklicher Erklärung erfolgen (§ 48 Abs. 1 HGB.). Schriftlichkeit der letzteren ist nicht erforderlich.

2. Erteilung und Erlöschen der Prokura sind vom Prinzipal persönlich oder in beglaubigter Form beim Handelsgericht, d. i. beim Amtsgericht, zur Eintragung in das Handelsregister anzumelden (§ 53 HGB.).

3. Der Prokurist hat in der Weise zu zeichnen, daß er der Firma einen die Prokura andeutenden Zusatz und seinen Namen beifügt, z. B. pp. Ernst Keller,
Martin Lenz.

Bei einer Gesamt-Prokura hat jeder Prokurist der mit diesem Zusatze versehenen Firmenzeichnung seinen Namen beizufügen,

z. B. pp. Ernst Keller, Martin Lenz, Otto Herbst. Der Prokurist hat die Firma nebst seiner Namensunterschrift persönlich vor dem Handelsgericht zu zeichnen oder die Zeichnung in beglaubigter Form einzureichen (§§ 53, 12 Abs. 2 HGB.).

4. Die Vorschriften zu 2 und 3 sind nur Ordnungsvorschriften. Ihre Nichtbeachtung berührt daher nicht die Rechtsgültigkeit der Prokura. — Zur Befolgung der Vorschriften betreffend Anmeldung, Zeichnung und Einreichung der Zeichnung für das Handelsregister sind die Beteiligten von Amts wegen durch Ordnungsstrafen anzuhalten (§ 14 HGB.).

III. Wozu ermächtigt die Prokura? Zu allen Arten von gerichtlichen und außergerichtlichen Geschäften und Rechtshandlungen, welche der Betrieb eines (nicht etwa bloß des betreffenden) Handelsgewerbes mit sich bringt; sie berechtigt zur Anstellung und Entlassung von Handlungsgehilfen und Bevollmächtigten. Zur Veräußerung und Belastung von Grundstücken ist der Prokurist nur ermächtigt, wenn ihm diese Befugnis besonders erteilt ist (§ 49 Abs. 2 HGB.). Der Prokurist ist danach befugt zur Prozeßführung, auch zum Erwerbe und zur Entlastung, zur Vermietung und Verpachtung von Grundstücken.

Der Gesamt-Prokurist kann Rechtsgeschäfte seiner Machtsphäre nur gemeinsam mit den anderen Kollektiv-Prokuristen abschließen.

IV. Eine Beschränkung der Prokura nach Umfang, Art oder Zeit hat Dritten gegenüber keine Wirkung (§ 50 HGB.); das Erlöschen der Prokura wirkt Dritten gegenüber nur bei Kenntnis davon, welche nach erfolgter handelsgerichtlicher Eintragung und öffentlicher Bekanntmachung des Erlöschens zu vermuten ist (§ 15 HGB.). Die Prokura ist nicht übertragbar, auch nicht mit Einwilligung des Prinzipals (§ 52 Abs. 2 HGB.).

B. Handlungsbevollmächtigte.

I. Wer ist ein solcher? Derjenige, welcher von einem Prinzipal ohne Erteilung einer Prokura, sei es zum Betriebe des ganzen Handelsgewerbes (wie z. B. der sog. Generaldirektor, der Vorsteher einer Filiale) oder zu einer bestimmten Art von Geschäften (z. B. der Spezial-Disponent, der Rayon-Chef, Börsenvertreter, Reisende) oder zu einzelnen Geschäften im Handelsgewerbe bestellt (§ 54 Abs. 1 HGB.) wird.

II. Eine Form der Erteilung oder eine Anmeldung der Handlungsvollmacht ist nicht vorgeschrieben. Bei der Zeichnung hat sich der Handlungsbevollmächtigte jedes eine Prokura andeutenden Zusatzes zu enthalten; er hat mit einem das Vollmachtsverhältnis ausdrückenden Zusatz zu zeichnen, z. B. „Ernst Keller, i. V. Martin Lenz."

III. Wozu ermächtigt die Handlungsvollmacht? Zur Vornahme aller Geschäfte und Rechtshandlungen, welche der Betrieb eines Handelsgewerbes fraglicher Art oder die Ausführung von Geschäften fraglicher Art gewöhnlich[1]) mit sich bringt (§ 54 Abs. 1 HGB.), ausgenommen

a) zur Veräußerung oder Belastung von Grundstücken,
b) zum Eingehen von Wechselverbindlichkeiten,
c) zur Aufnahme von Darlehen,
d) zur Prozeßführung.

In allen diesen Fällen ist Spezial-Vollmacht erforderlich (§ 54 Abs. 2 HGB.).

IV. Die Handlungsvollmacht ist ohne Zustimmung des Prinzipals nicht übertragbar (§ 58 HGB.).

C. Gemeinsames für Prokura und Handlungsvollmacht.

I. Beide sind zu jeder Zeit widerruflich, unbeschadet der Rechte aus dem bestehenden Dienstverhältnisse, erlöschen jedoch nicht durch den Tod des Prinzipals (vgl. § 52 HGB.). Auf das Widerrufsrecht kann der Prinzipal nicht rechtsgültig verzichten (R. 23 S. 326).

II. Durch das Rechtsgeschäft, welches ein Prokurist oder ein Handlungsbevollmächtigter gemäß der Prokura oder der Vollmacht im Namen des Prinzipals schließt, wird der letztere dem Dritten gegenüber berechtigt und verpflichtet. Es ist gleichgültig, ob das Geschäft ausdrücklich im Namen des Prinzipals geschlossen worden ist, oder ob die Umstände ergeben, daß es nach dem Willen der Kontrahenten für den Prinzipal geschlossen werden sollte. Zwischen dem Prokuristen oder Bevollmächtigten und dem Dritten erzeugt das Geschäft weder Rechte noch Verbindlichkeiten (§ 164 HGB.).

III. Wer ein Handelsgeschäft als Prokurist oder als Handlungsbevollmächtigter schließt, ohne Prokura oder Handlungsvollmacht erhalten zu haben, in gleichen ein Handlungsbevollmächtigter, welcher beim Abschluß eines Geschäftes seine Vollmacht überschreitet, ist dem gutgläubigen

[1]) Deshalb nicht zu Geschäften von außergewöhnlicher Größe (E. 52 S. 89).

Dritten persönlich verhaftet; der Dritte kann nach seiner Wahl ihn auf Schadensersatz oder Erfüllung verklagen, wenn der Prinzipal den Abschluß nicht genehmigt (§ 179 Abs. 1 BGB.). Selbst das Handlungspersonal eines flüchtigen Kaufmanns ist zu dessen Vertretung im Abschluß von Handelsgeschäften ohne Vollmacht nicht befugt,[1]) außer in den Grenzen der Geschäftsführung ohne Auftrag (§§ 677 ff. BGB.).

D. Der Handlungsreisende insbesondere.

Hier soll nur der Inhalt seiner nach außen wirkenden Vollmacht kurz dargelegt werden. Seine innergeschäftlichen Beziehungen, insbesondere die Dienste, zu denen er verpflichtet ist, sein Recht auf Provision und Spesen und seine Haftung bei Delkredere sind anderweit erörtert (s. S. 44/45, 71/72, 96 ff., 36).

Zunächst ist der Handlungsreisende außerhalb der Geschäftsniederlassung zu allem ermächtigt,[2]) wozu ein Handlungsbevollmächtigter gesetzlich ermächtigt ist (§ 55 Abs. 1 HGB.), insbesondere nach der positiven Vorschrift des § 55 Abs. 2 HGB. den Kaufpreis aus den von ihm abgeschlossenen Verkäufen einzuziehen oder dafür Zahlungsfristen zu bewilligen. Zum Preisnachlaß ist er nicht ermächtigt. Ferner können die Anzeige von Mängeln einer Ware, die Erklärung, daß eine Ware zur Verfügung gestellt werde, sowie andere Erklärungen solcher Art dem anwesenden Reisenden gegenüber abgegeben werden (§ 55 Abs. 3 HGB.). Nicht dagegen ist der Reisende zur Erklärung über solche Erklärungen legitimiert, am allerwenigsten zur Aufhebung von Geschäften (R. 7 S. 115).

Einschränkungen dieses gesetzlichen Vollmachts-Inhaltes sind beliebig zulässig. Der Dritte, mit dem der Reisende kontrahiert, hat sie zu beachten, wenn sie ihm bekannt sind oder wenn die Einschränkung auf Handelsgebrauch beruht (§§ 55, 54 Abs. 3 HGB.). Darüber, ob der Handlungsreisende zur Einziehung des Preises betreffs der von seinem Reisevorgänger geschlossenen Geschäfte berechtigt ist, herrscht Streit.[3]) Er ist es, falls er besonders, wenn auch nur generell, zur Empfangnahme von Geldern bevollmächtigt ist.[4])

---

[1]) Vgl. Handelsgericht Hamburg 63 in G. Z. 7 S. 606, 607.

[2]) Über früheres Recht und frühere Usancen s. unsere erste Auflage S. 89 (Anm. 2—4) und S. 20 Anm. 1.

[3]) Vgl. Anm. des Einsenders zu R. 4 S. 298.

[4]) R. 4 S. 294 ff.; ähnlich HAG. Nürnberg 64 in G. Z. 11 S. 149 ff.

Abschnitt 5. **Beendigung des Dienstverhältnisses.**

§ 26. **Die Gründe der Beendigung des Dienstverhältnisses** sind folgende:

I. **Vertragliche Bestimmung.**

Hierher gehört insbesondere der Fall, daß ein bestimmter Endtermin vereinbart ist,[1]) oder ein solcher, der sich aus bestimmten Verhältnissen leicht feststellen läßt, wie z. B. bei Engagement auf eine Saison.

Ist die Vergütung nach einer bestimmten Zeit bedungen, z. B. als Jahresgehalt oder Monatsgehalt, so folgt daraus nicht, daß der Vertrag auf die entsprechende Zeit, also auf 1 Jahr oder 1 Monat, geschlossen ist.[2]) § 621 BGB. spricht nicht dagegen, weil die Vereinbarung einer Vergütung für bestimmte Zeit noch nicht zugleich die eines Dienstverhältnisses für bestimmte Zeit darstellt, mithin § 66 HGB. anwendbar ist. Ist das Dienstverhältnis für die Lebensdauer des Gehilfen oder für längere Zeit als fünf Jahre eingegangen, so kann es gemäß der positiven Vorschrift des § 624 BGB. von dem Gehilfen nach dem Ablauf von fünf Jahren mit sechsmonatlicher Frist gekündigt werden. Ist übrigens dem Gehilfen nur, wenn auch beim Engagement, seine Stellung als Lebensstellung bezeichnet worden, so liegt keine Anstellung auf Lebenszeit vor, sondern eine Anstellung ohne Vereinbarung einer Kündigungsfrist mit besonderen, aber rechtlich gleichgültigen Aussichten.[3]) Ein Engagement auf Lebenszeit des Prinzipals oder eines Dritten ist eine sittlich unzulässige Beschränkung der persönlichen Freiheit, und es ist deshalb die Vereinbarung einer derartigen Vertragsdauer rechtsungültig,[4]) und zwar auch dann, wenn lediglich der Prinzipal auf Lebenszeit einer bestimmten Person gebunden ist, der Gehilfe aber nur auf bestimmte Zeit sich verpflichtet oder sich das Recht der Kündigung gesichert hat. Eine dem § 624

---

[1]) Z. B. der 1. Oktober 1899. Dann endet das Dienstverhältnis ohne weiteres an diesem Tage, ohne daß es, wie in Laienkreisen vielfach irrtümlich angenommen wird, irgend welcher vorherigen Kündigung bedarf.

[2]) Ebenso HAG. Nürnberg vom 26. Mai 71 in G. Z. 21 S. 560; Altst. vom 2. Februar 87 i. S. Fromma/Lemmich 31 C 117. 2 86 AG. I Berlin.

[3]) Ebenso OL. 3 S. 41.

[4]) Ebenso Simon in G. Z. 43 S. 412, 413, Dernburg Pr. Privatr. II § 61 und § 192 S. 548, Crome II § 352, S. 577, 578. Anders Ansch. und Völd. Anm. 1 Note 2 zu Art 61.

BGB. entsprechende Vorschrift fehlt hier; daher bleibt hier nichts übrig als die Annahme der absoluten Nichtigkeit.

In allen Fällen des vorhergehenden Absatzes — ausgenommen in dem des § 624 BGB. — liegt ein Dienstverhältnis ohne gültig bestimmte Dauer, also mit gesetzlicher Kündigungsfrist, vor.

II. **Gegenseitige Übereinkunft.** Betreffs derselben gilt das oben zu I Abs. 1 Bemerkte entsprechend. Durch solche Übereinkunft kann das Dienstverhältnis jederzeit, auch vor Ablauf der gesetzlichen Minimal-Kündigungsfrist von einem Monat (§ 67 Abs. 1 HGB.), beendet werden.

III. Umstände, welche die **Fortsetzung** des Dienstverhältnisses **unmöglich** machen (vgl. §§ 275, 280, 323 bis 325 BGB.), insbesondere

1. Tod des Handlungsgehilfen,

2. eine Erkrankung oder sonstige eintretende Unfähigkeit desselben, welche weitere Dienstleistungen ausschließt (vgl. § 71 Nr. 1, 72 Nr. 3 HGB.).

3. Einziehung des Gehilfen zum Kriege (R. 8 S. 153 ff.).

4. Auflösung des Geschäfts, dagegen nicht schon bloße Liquidation desselben (s. unten zu V 1 c).

Derjenige Teil, welcher die Unmöglichkeit verschuldet hat, muß den anderen Teil schadlos halten (§§ 280, 324, 325 BGB.).

IV. Bei nicht vereinbarter Zeitdauer des Vertrages **sechswöchentliche Kündigung** zum Quartal durch einen Teil (s. u. S. 119).

V. **Umstände, welche** den einen oder anderen Teil **berechtigen,** vom Vertrage **zurückzutreten.** Dies sind insbesondere

1. **diejenigen** Umstände, **welche zur Aufhebung jedes Vertrages berechtigen.**

a) Vor allem kann, wenn der Dienstvertrag durch **Zwang, Betrug** oder **Irrtum** zustande gekommen ist, der Gezwungene, Betrogene oder in wesentlichem Irrtum Befangene den Vertrag anfechten (§§ 119 ff. BGB.). So z. B. jeder Teil, insbesondere aber der Prinzipal, wenn er beim Engagement nicht gewußt hat, daß der andere bereits mit Gefängnis bestraft war.[1]) Dieser Anfechtungsgrund fällt jedoch fort, wenn die Bestrafung wegen einer nach den Anschauungen des Lebens nicht ehrenrührigen und zugleich geschäftlich gleichgültigen Handlung (eine solche ist z. B.

---

[1]) Kass. Hof. Wolfenbüttel vom 27. März 58 in GZ. 28 S. 171.

nicht Hazardspiel GZ. 8 S. 172) erfolgt ist, oder doch schon sehr lange Zeit zurückliegt, und der Bestrafte sich inzwischen tadellos geführt hat. Auch der Irrtum über unbestrafte, aber strafbare Handlungen des anderen, z. B. Veruntreuungen in einer früheren Stellung,[1]) wird meist wesentlich sein. Ein Anfechtungsrecht muß z. B. ferner dem Prinzipal zugebilligt werden, wenn ihm beim Engagement eine ansteckende, gefährliche, ekelerregende oder im Dienst erheblich hindernde Krankheit des Gehilfen verborgen worden ist. Ebenso wenn er beim Engagement eines Prokuristen oder eines zu sonstiger Vertrauensstellung angenommenen Gehilfen dessen zerrüttete Vermögensverhältnisse nicht gekannt hat (E. 12 S. 102 ff.), oder wenn sich ergibt, daß der Gehilfe zur Leistung der von ihm zu fordernden Dienste unfähig ist, z. B. nicht orthographisch schreiben kann und als Reisender deshalb fortgesetzt falsche Adressen an den Prinzipal aufgibt,[2]) oder wenn der Prinzipal einen in seiner Branche bewanderten Reisenden durch Annonce gesucht hat und sich nach Vertragsschluß herausstellt, daß der auf die Annonce hin erschienene und engagierte Gehilfe in der betreffenden Branche noch gar nicht oder in nur unbeträchtlichem Maße gereist hat.—[3]) Andererseits wird man z. B. ein sofortiges Rücktrittsrecht dem Reisenden zubilligen müssen, dem der Prinzipal vor Vertragsschluß fälschlich vorgespiegelt hat, daß er bisher einen großen Umsatz gemacht und eine fest eingeführte Kundschaft habe.

Der wesentliche Irrtum berechtigt auch dann zur Vertragsaufhebung, wenn der Irrende bei nur geringer Aufmerksamkeit den Irrtum hätte vermeiden können. In diesem Falle kann er aber, wenn er von seinem Rücktrittsrecht Gebrauch macht, den anderen Teil nicht schadensersatzpflichtig machen, welches Recht ihm sonst zusteht (§ 122 BGB.).

b) Unvorhergesehene **veränderte Umstände,** welche die Erreichung des bei der Anstellung vorliegenden Endzweckes beider Teile unmöglich machen, kommen als sog. wichtiger Grund zur fristlosen Kündigung in Betracht (§ 70 Abs. 1 HGB.). Solche veränderten Umstände liegen z. B. vor, wenn die behördliche Er-

---

[1]) RG. vom 1. Juni 81 bei Puchelt Anm. 3 zu Art. 62 HGB.

[2]) Stadtamt und Stadtger. Frankfurt a. M. vom 31. März 69 in G. Z. 14 S. 541, 542.

[3]) Vgl. Entsch. des AG. Berlin I vom 4. Juni 96 i. S. 50 C 1614. 95. Unter Umständen gibt auch die Beilegung eines falschen Namens einen Anfechtungsgrund wegen Irrtums (AG. und LG. Berlin I 03, in Bl. f. R. 04 S. 57, 58).

laubnis zur Ausübung der erlaubnispflichtigen Handlungsgehilfen-Tätigkeit entzogen wird (vgl. oben S. 34), oder wenn das Geschäft dermaßen zurückgeht, daß der nur oder im wesentlichen nur auf Provision gestellte Reisende nicht mehr hinreichend zum Lebensunterhalt verdient und auch der Prinzipal nicht mehr als seine Spesen deckt.

c) Das Ausscheiden, insbesondere **der Tod des Prinzipals und die Veräußerung des Geschäftes** geben dem Gehilfen nur dann ein Rücktrittsrecht gegenüber den anderen Teilnehmern oder dem Rechtsnachfolger des Prinzipals, wenn im Einzelfalle die individuelle Persönlichkeit des Prinzipals für das Dienstverhältnis des Gehilfen in Frage kommt,[1]) also meist in kleinen Geschäften und selbst in sehr großen dann, wenn der Gehilfe in nicht unerheblichem Maße persönlich mit dem Prinzipal zusammen zu arbeiten hat.

Keinesfalls entscheidend ist, ob der Gehilfe mit dem Prinzipal unter dessen Firma oder unter dessen Privatnamen den Dienstvertrag abgeschlossen hat. Wenn er z. B. mit der Firma A & B kontrahiert hat und nicht mit deren alleinigem Inhaber, Herrn C, so gibt er dadurch allein noch keineswegs zu erkennen, daß es ihm nur darauf ankomme, bei der Firma A & B angestellt zu sein, daß ihm aber die Persönlichkeit ihres Inhabers gleichgültig erscheine (vgl. jedoch R. 1 S. 38). Unerheblich ist in den Fällen einer persönlichen Natur des Dienstverhältnisses, ob der neue Prinzipal objektiv dieselben Garantien bietet wie der alte.

Allerdings hat die ganze Frage eine praktisch begrenzte Bedeutung. Denn gemäß §§ 324, 615 S. 2 BGB. würde der Anspruch des Gehilfen fortfallen, wenn er eine andere Stellung, also auch eine solche bei dem Erwerber des Geschäfts, ohne Grund ablehnt. Es wird daher die beregte Frage nur dann praktisch, wenn im einzelnen Fall ein genügender Grund zur Ablehnung vorliegt. Zu Gründen dieser Art gehören natürlich nicht schlechthin die persönlichen Beziehungen, welche die Stellung mit sich bringt, sondern nur solche Umstände, bei deren Vorhandensein man es diesem bestimmten Gehilfen nicht zumuten kann, von diesem bestimmten Geschäftserwerber als Handlungsgehilfe sich anstellen zu lassen.

Verbleibt der Gehilfe nach der Veräußerung des Geschäftes stillschweigend in demselben, so haften ihm für seine Ansprüche aus dem Dienstverhältnis, insbesondere auch aus späterer

---

[1]) Ebenso R. 18 S. 374, Ansch. und Völd. S. 361, 362 zu Art. 63 HGB. und Hahn § 2 zu Art. 63 HGB., der jedoch bei Geschäftsverkauf den Gehilfen abzugehen im Zweifel für berechtigt erachtet; vgl. § 613 BGB.

ungerechtfertigter Entlassung, der alte und der neue Prinzipal solidarisch (E. 36 S. 50). Für den Fall des stillschweigenden Verbleibens im Geschäft muß angenommen werden, daß das Dienstverhältnis in jeder Hinsicht als dasselbe fortgesetzt werden soll, u. a. also auch mit etwaigen Konkurrenzverboten.[1])

Die Veränderung der Direktoren einer Aktiengesellschaft gibt dem Gehilfen kein Rücktrittsrecht. Denn die Direktoren sind die Vertreter seines Prinzipals, der Gesellschaft, nicht selber Prinzipale. Außerdem aber muß ein Gehilfe, der bei einer Aktiengesellschaft Stellung nimmt, mit der jederzeitigen Möglichkeit solcher Veränderungen rechnen. Aus letzterem Gesichtspunkte wird entsprechend das Ausscheiden des Mitinhabers einer größeren offenen Handelsgesellschaft in der Regel unbeachtlich sein (vgl. R. 1 S. 35).

d) **Bei Konkurs des Prinzipals** gilt folgendes:

War zur Zeit der Konkurseröffnung der Dienstvertrag zwar schon geschlossen, das Dienstverhältnis aber noch nicht angetreten, so hat der Konkursverwalter die Wahl, ob er an Stelle des Gemeinschuldners den Vertrag erfüllen und die Erfüllung auch von dem Gehilfen verlangen (§ 17 Abs. 1 KonkO.), oder aber ob er auf Vertragserfüllung verzichten will. In letzterem Falle kann der Gehilfe den ihm durch die Nichterfüllung entstehenden Schaden und entgehenden Gewinn als Konkursforderung geltend machen. Auch wenn der vereinbarte Anfangstermin für den Dienstantritt noch nicht eingetreten ist, muß der Verwalter auf einfaches Erfordern des Gehilfen demselben ohne Verzug erklären, ob er Erfüllung verlangen will, widrigenfalls er auf letzterer nicht mehr bestehen kann (§ 17 Abs. 2 KonkO.).

Im allgemeinen gibt also der Konkurs des Prinzipals dem Gehilfen keinen Grund zum Rücktritt von dem vereinbarten, aber noch nicht angetretenen Dienstverhältnisse. Doch können besondere Umstände einen solchen rechtfertigen, z. B. wenn der Gehilfe weiß, daß die Konkursmasse zur Deckung seiner Gehaltsforderung nicht ausreichen würde.

War das Dienstverhältnis zur Zeit der Konkurseröffnung bereits angetreten, so kann es sowohl von dem Verwalter als von dem Gehilfen mit der gesetzlichen, eventuell kürzeren vereinbarten Kündigungsfrist aufgekündigt werden (§ 22 KonkO.), und zwar auch dann, wenn es auf eine bestimmte, über

---

[1]) Anders OLG. Jena in G. Z. 42 S. 512. Siehe oben S. 37.

das Ende dieser Frist sich hinaus erstreckende Zeit vereinbart war, z. B. auf drei Jahre, und der Konkurs nach einem Jahr eröffnet wird. Kündigt der Verwalter auf, so kann der Handlungsgehilfe für die Restzeit wie im obigen Falle eine Schadensersatz-Forderung wegen Nicht-Erfüllung als Konkurs-Forderung geltend machen.

Betreffs des Konkurses des Handlungsgehilfen s. unten S. 143.

2. **Unbefristete Kündigung** im Falle Vorliegens eines „wichtigen Grundes" für dieselbe s. unten §§ 28 ff.

§ 27. Die befristete Kündigung insbesondere.

I. § 66 HGB. verordnet:

„Das Dienstverhältnis zwischen dem Prinzipal und dem Handlungsgehilfen kann, wenn es für unbestimmte Zeit eingegangen ist, von jedem Teil für den Schluß eines Kalendervierteljahrs unter Einhaltung einer Kündigungsfrist von sechs Wochen gekündigt werden."

Diese Bestimmung findet auch in dem Falle Anwendung, wenn das Dienstverhältnis für bestimmte Zeit eingegangen und nach Ablauf derselben stillschweigend fortgesetzt wird[1]), oder wenn die Dauer des Dienstverhältnisses rechtsungültig, z. B. mit 14tägiger Kündigung (s. unten II 1), vereinbart ist.

Im Falle der stillschweigenden Fortsetzung des Dienstverhältnisses charakterisiert sich dasselbe allerdings als neues Vertragsverhältnis, aber, wie nach Treu und Glauben anzunehmen ist, mit dem Inhalt des alten, also z. B. mit den alten Konkurrenzklauseln und Konventionalstrafen (s. S. 37 und 118).

Die sechswöchentliche Frist ist wörtlich zu nehmen, d. h. genau mit 42 Tagen zu berechnen. Die betreffenden Kündigungstermine sind daher nicht je der 15. Februar, Mai, August und November, sondern der 17. bzw. in Schaltjahren 18. Februar, und je der 19. Mai, August und November.

II. Nach § 67 HGB. ist es zulässig, durch Vertrag eine kürzere oder längere Kündigungsfrist als die sechswöchentliche zu bedingen.

1. Jedoch nur mit folgenden Maßgaben:

a) Die Frist muß für beide Teile gleich sein;

b) sie darf nicht weniger als einen Monat betragen;

c) die Kündigung ist nur für den Schluß eines Kalendermonats zulässig.

---

[1]) § 625 BGB. Vgl. Stadtger. Frankfurt a. M. bei Busch 12 S. 385.

Eine vierwöchentliche Kündigungsfrist gilt im Verkehr als einmonatliche,[1]) ist daher als solche rechtsgültig.

Dagegen ist eine erst zum ersten Tage des folgenden Monats rechtzeitige Kündigung ungültig.

Die Kündigungsfrist muß nach Vorstehendem für beide Teile gleich sein, die sonstigen Bedingungen der Kündigung brauchen es aber nicht zu sein. Beispielsweise ist eine Vereinbarung gültig, wonach der Handlungsgehilfe nur schriftlich, der Prinzipal auch mündlich kündigen darf.

Die vorstehenden Vorschriften, bis auf die ad c finden auch in dem Falle Anwendung, wenn das Dienstverhältnis für bestimmte Zeit mit der Vereinbarung eingegangen wird, daß es in Ermangelung einer vor dem Ablaufe der Vertragszeit erfolgten Kündigung als verlängert gelten soll (§ 67 Abs. 3 HGB.).

Eine Vereinbarung, die diesen Vorschriften zuwiderläuft, ist nichtig (§ 67 cit. Abs. 4), daher auch nicht verzichtbar, macht jedoch den Dienstvertrag im übrigen nicht ungültig; derselbe unterliegt lediglich anstatt der vereinbarten der sechswöchentlichen Kündigungsfrist zum Quartalsschluß. Jedoch wird ausnahmsweise der ganze Dienstvertrag nichtig, wenn nach Lage der Sache anzunehmen ist, daß er ohne die nichtige Kündigungs-Vereinbarung nicht geschlossen worden wäre (§ 139 BGB.).[2])

Nichtigkeit tritt auch dann ein, wenn die Ungleichheit zugunsten des Handlungsgehilfen vereinbart ist.[3])

Was vorstehend von vertraglichen Bestimmungen der Kündigungsfrist bemerkt ist, gilt natürlich auch von ortsgebräuchlichen Bestimmungen derselben.

Die in der Praxis häufig versuchten Umgehungen des Gesetzes sind natürlich ebenfalls nichtig, z. B. das Engagement eines Reisenden unter dem Namen eines Agenten mit vierzehntägiger Kündigungsfrist oder die Abrede einer einmonatlichen Kündigungsfrist mit der Klausel, daß gegen eine Abfindungssumme jederzeit mit kürzerer Frist oder gar ohne Frist gekündigt werden darf, oder die Abrede, daß ein Teil mit gesetzlicher Kündigungsfrist zu kündigen hat, der andere Teil dagegen auf eine bestimmte

---

[1]) Ebenso Altst. vom 3. September 01 i. S. Langner/Lorens 49 C 1428. 01 AG. Berlin I und vom 15. Juli 87 bei Dove und Apt I S. 27. Siehe oben S. 13 und unten S. 123/124.

[2]) Siehe DJZ. 99 S. 418.

[3]) Ebenso Staub Supliment Anm. 5 zu § 67 HGB. und Lehmann und Ring Note 3 zu § 67 HGB. Anders Staub 6. und 7. Aufl. Anm. 7 zu § 67 HGB. und Düringer und Hachenburg Bd. I S. 218.

Zeit, z. B. auf zwei Jahre oder auf einen Monat, fest gebunden ist. Keine Umgehung ist die Vereinbarung einer bestimmten Tatsache als Entlassungsgrund (s. unten S. 134), z. B. die Vereinbarung, daß der Reisende entlassen werden dürfe, wenn seine Erfolge nicht befriedigen.[1])

2. Die vorstehend unter Nr. II zu 1 aufgeführten Vorschriften finden in bestimmten Ausnahmefällen keine Anwendung, nämlich

a) wenn der Handlungsgehilfe ein Gehalt von mindestens 5000 Mark für das Jahr bezieht (§ 68 Abs. 1 HGB.). Daß er auf mindestens ein Jahr angestellt sein muß, ist nicht notwendig. Was vom Gehalt gilt, muß auch von einer sonstigen gleichwertigen Vergütung gelten. Das Gesetz greift praktisch nur den häufigsten Fall heraus.

Jedoch meint das Gesetz eine fixe Vergütung, auf deren Betrag der Gehilfe sich verlassen kann. Tantiemen und Provisionen sind daher diesbezüglich ausgeschlossen, außer betreffs eines garantierten Betrages. Der Ausnahmefall des § 68 Abs. 1 HGB. ist nicht schon dann gegeben, wenn und sobald der Gehilfe aus einer geringeren Gehaltsstufe in eine solche von mindestens 5000 Mark aufrückt, denn eine ursprünglich nichtige Vereinbarung kann selbst durch Anerkenntnis nicht rechtsgültig werden; vielmehr greift auch in diesem Falle nach wie vor die gesetzliche Kündigungsfrist Platz, wenn letztere nach der Gehaltssteigerung nicht durch eine neue Vereinbarung ausgeschlossen wird.

b) Wenn der Handlungsgehilfe für eine außereuropäische Handelsniederlassung angenommen ist, und nach dem Vertrage der Prinzipal für den Fall, daß er das Dienstverhältnis kündigt, die Kosten der Rückreise des Handlungsgehilfen zu tragen hat (§ 68 Abs. 2 HGB.).

c) Wenn der Handlungsgehilfe nur zu vorübergehender Aushilfe angenommen ist. Die Kündigungsfrist muß jedoch auch in einem solchen Falle für beide Teile gleich sein (§ 69 HGB.). Der Charakter der vorübergehenden Aushilfe im Sinne des § 69 HGB. hört nach dieser Gesetzesbestimmung auf, sobald das Dienstverhältnis über die Zeit von 3 Monaten hinaus fortgesetzt wird.

Der Fall der Aushilfe muß objektiv gegeben sein. Anderenfalls ist das Engagement zur Aushilfe eine nichtige Umgehung des Gesetzes, so z. B., wenn der dauernd angestellte Gehilfe vereinbart hat, daß er nur zur Aushilfe angestellt sei,[2]) ferner z. B. in

[1]) OL. 5 S. 266, 267.

[2]) Lützow in DJZ. 04 S. 741, 742. Betreffs der Beweislast s. unten S. 180 sub III.

dem der Praxis entnommenen Versuche, einen Handlungsgehilfen zur Aushilfe fortlaufend je auf drei Tage stets von neuem zu engagieren.

Die vorstehend unter a—c angeführten Ausnahmen sind erschöpfend. Die Ansicht von Cosack S. 112, daß in Fällen, wo eine unbefristete Kündigung nicht statthaft ist, eine vierzehntägige aber billig wäre, letztere auch zulässig ist, widerspricht dem Wortlaut und der Absicht des Gesetzes.

Ein **Engagement auf Probe** ist nicht ein solches zu vorübergehender Aushilfe (Kom. S. 33); denn ersteres wird nicht zwecks vorübergehender, sondern im Gegenteil gerade zwecks dauernder Anstellung abgeschlossen.[1]) Es ist ein gewöhnlicher Anstellungsvertrag mit einem besonderen Motiv, das aber keine rechtlichen Folgen hat. Es kann daher nur mit einer mindestens einmonatlichen Frist zum Monatsschluß, mangels besonderer Vereinbarung nur mit gesetzlicher Frist gekündigt werden. Ein Engagement auf Probe ist auch zu vorübergehender Aushilfe denkbar, in welchem Fall § 69 HGB. Anwendung findet; z. B. bei Vereinbarung einer Probezeit von drei Tagen und eines eventuellen Engagements zur Aushilfe von drei Monaten. Da die Anstellung auf Probe eine gewöhnliche Anstellung ist, so kann sie auf eine bestimmte Zeit abgeschlossen werden, die auch weniger als einen Monat betragen darf (vgl. § 67 Abs. 1 HGB.) und nach deren Ablauf das Dienstverhältnis ohne weiteres endigt (Denkschr. S. 61). Da die „Probe" nur das Motiv der Anstellung ist, nicht aber Vertrags-Gegenstand, so braucht der Prinzipal die Dienstleistungen des Handlungsgehilfen nicht zu probieren, sondern letzterem nur die Vergütung für die vertragliche oder gesetzliche Dienstzeit zu leisten. Es steht deshalb dem Gehilfen, welcher nachweisen kann, daß die Probe zur Zufriedenheit des Prinzipals hätte ausfallen müssen, ein Schadensersatz-Anspruch gegen letzteren auf Zahlung der Vergütung für die später in Aussicht genommene definitive Anstellungszeit keineswegs zu.

Ein Handelsgebrauch, der die Probezeit bestimmt, würde zulässig sein; für Berlin besteht ein solcher nicht.[2]) Wird das Probe-Engagement nach Ablauf seiner Dauer stillschweigend fortgesetzt, so verwandelt es sich in ein festes Dienstverhältnis mit gesetzlicher Kündigungsfrist. Letzteres muß auch angenommen werden, wenn eine bestimmte Probezeit oder Kün-

---

[1]) Vgl. KG. in Bl. f. R. 99 S. 80.

[2]) Attst. vom 2. Februar 87, i. S. Fromm/Seumnick 31 C 1172. 86 AG. Berlin I.

digungsfrist nicht vereinbart worden, das Dienstverhältnis aber bereits so lange angedauert hat, daß nach Lage der Sache anzunehmen ist, daß die Versuchszeit beendet und das Engagement ein festes geworden ist.[1])

3. Für die Ausnahmefälle der §§ 68, 69 HGB. (vorstehend sub 2a—c) kann jede Kündigungsfrist zu jedem beliebigen Termin vereinbart werden. Also auch eine eintägige.

Betreffs der einzelnen Kündigungsfristen gilt mangels anderweiter Abrede folgendes (s. §§ 187 ff. BGB.).

Die Vereinbarung einer länger als sechswöchentlichen Kündigungsfrist, z. B. einer vierteljährlichen, versteht sich zum Quartalsschluß (Reichsger. v. 9. 4. 81 in Seuff. Arch. 36 S. 436). Das Gutachten der Ältst. v. 22. 10. 01 (i. S. Weidmüller/Fränkel 58. 0. 370. 01. LG. Berlin I) bezeugt sogar einen diesbezüglichen Handelsgebrauch. Ebenso wird die Vereinbarung einer sechswöchentlichen Frist schlechthin nach Treu und Glauben als Bestätigung des gesetzlichen Normalfalles, d. h. als lediglich zum Quartalsschluß zulässig, aufgefaßt werden müssen. Für Berlin ist diese Auffassung Handelsgebrauch.[2]) Bei anderweiter Abrede muß die Kündigung jedenfalls zum Monatsschluß erfolgen (§ 67 Abs. 2 HGB.), jedoch zum Quartalsschluß mit mindestens sechswöchentlicher Kündigungsfrist, falls auch die Vergütung nach Vierteljahren oder längeren Zeitabschnitten bemessen ist (§ 621 Abs. 4 BGB.). Bei monatlicher Kündigungsfrist muß, da das Dienstverhältnis schon am letzten Tage des letzten Monats endet, spätestens am letzten Tage des vorhergehenden Monats gekündigt werden.[3])

Vierwöchentliche Kündigungsfrist ist nach den Anschauungen des Verkehrslebens nur zum Monatsschluß zulässig.[4]) Sie erfolgt rechtzeitig spätestens am 29. Tage vor Ablauf des Monats, also z. B. zum 31. Juli spätestens am 3. Juli. Eine entgegen-

[1]) Ebenso Ältst. vom 8. Januar 96 i. S. Bindernagel/Berl. Gußstahlfabrik 5 C 1362. 95 AG. Berlin I.

[2]) Ältst. vom 2. Dezember 96 i. S. Herrnberg/Michels & Co. 45 C 1140. 96 AG. Berlin I, auch abgedruckt bei Dove und Apt I S. 26.

[3]) Ebenso Ältst. vom 5. Juli 87 i. S. Bergmann/Schmidt 29 C 390. 87 AG. Berlin I und vom 1. Juli 90 i. S. Schäfer/Berger 28 C 9. 90 AG. Berlin I. — Abweichend Ältst. vom 1. Dezember 87 i. S. Wolff/Koßmann 17 C 729. 87 AG. Berlin I, wo begutachtet wird, daß die monatliche Kündigung noch am 1. des letzten Monats rechtzeitig erfolgt.

[4]) Ältst. vom 29. Dezember 93 i. S. Rohr & Cohn/Daniel 11 C 126. 93. AG. Berlin I, und vom 1. Juli 90 bei Dove und Apt I. S. 27.

stehende Usance besteht nicht.[1]) Gemeint ist natürlich die vierwöchentliche Kündigung in den Fällen der §§ 68, 69 HGB. — Sonst gilt die vierwöchentliche schlechthin als die einmonatliche des § 67 HGB. (s. oben S. 13).

Bei bedungener vierzehntägiger Kündigungsfrist kann nach Berliner Handelsgebrauch die Kündigung nur zum Schluß des Monats, nicht etwa auch am 1. zum 15. ausgesprochen werden,[2]) muß aber spätestens am 15. des Monats erfolgen.[3])

Für die Plätze, an denen derartige Handelsgebräuche fehlen, ist die vierzehntägige Kündigungsfrist an jedem Tage zu jedem Tage, nicht nur zum Monatsschluß, zulässig und läuft am vierzehnten Tage, den Kündigungstag nicht mitgerechnet, ab (§ 188 Abs. 2 BGB.).

Eine achttägige Kündigungsfrist bedeutet nach den Anschauungen des Verkehrs eine einwöchige, also siebentägige.[4]) Die Kündigung erfolgt nach allgemeiner Verkehrs-Auffassung und gemäß § 188 Abs. 2 BGB. rechtzeitig zu dem dem Kündigungstage entsprechenden Tage der nächstfolgenden Woche, also z. B. am Dienstag zum nächsten Dienstag. Ein allgemeiner Handelsgebrauch, daß sie nur zum Schluß der Woche zulässig sei, läßt sich nicht feststellen. Jedoch bestimmt dies für den Fall, daß auch die Vergütung nach Wochen bemessen ist, § 621 Abs. 2 BGB.

Dagegen ist bei einer sonstigen mehrtägigen Kündigungsfrist die letztere voll zu rechnen, so daß also der Kündigungstag nicht mitzählt (§ 187 Abs. 1 BGB.). Bei dreitägiger Kündigungsfrist z. B. erfolgt die Kündigung am Montag rechtzeitig zum Donnerstag als zum letzten Dienstvertragstage.

Eintägige Kündigung erfolgt rechtzeitig zum nächstfolgenden Tage (vgl. § 621 Abs. 1 BGB.).

III. **Betreffs aller Kündigung** gilt mangels anderweiter Vereinbarungen folgendes:

---

[1]) Ältst. vom 26. März 92 i. S. Friedlander/Hiller 22 C 924. 92 AG. Berlin I.

[2]) Ältst. vom 12. März 89 bei Perl und Wreschner 90 S. 36; ähnlich Ältst. vom 25. April 94 i. S. Goldstein/Altertum 1 C 353 94 AG. Berlin I und vom 24. März 94 i. S. Loeper/Neumann 49 C 1697. 93 AG. Berlin I.

[3]) Nach dem cit. Gutachten der Ältst. i. S. Loeper/Neumann und einem Gutachten vom 6. Juli 89 bei Perl und Wreschner 90, S. 6, dagegen Staub 5 Aufl. § 1, Abs. 2 zu Art. 61 HGB.

[4]) Vgl. Plenarbeschluß des preuß. OTr. vom 2. Juli 55 in Entsch. Bd. 31 S. 189, anders § 359 Abs. 2 HGB. für die Frage der Vertragserfüllung.

1. An einem Sonntag oder allgemeinen Feiertag darf nicht gekündigt werden. Fällt der Beginn der Kündigungsfrist — es muß z. B. laut Abrede 6 Wochen vor Vertragsablauf gekündigt werden — auf einen solchen, so ist spätestens am nächstvorhergehenden Werktage zu kündigen. Endet die Kündigungsfrist an einem Sonntage oder allgemeinen Feiertage, so zählt letzterer nicht mit; als letzter Tag der Frist gilt dann vielmehr der nächstfolgende Werktag (§ 193 BGB.). Diese Regel findet auch Anwendung, wenn zu einem bestimmten Termin z. B. zum Monatsschluß, zu kündigen ist.[1]) Allgemeine Feiertage sind die am Geschäftsorte dafür geltenden. In Preußen sind dies beide Weihnachts-, Oster- und Pfingst-Feiertage, der Neujahrstag, Charfreitag, Himmelsfahrtstag, Bußtag, und in der Rheinprovinz außerdem der Allerheiligentag. Jüdische Feiertage sind mangels besonderer gesetzlicher Bestimmungen, die z. B. in Preußen fehlen, nicht als allgemeine Feiertage zu betrachten, und zwar auch dann nicht, wenn Prinzipal und Gehilfe jüdischen Glaubens sind (R. 2 S. 411).

2. Die Kündigung ist rechtzeitig, falls sie, wenn auch nicht bis zum Schluß der üblichen Geschäftsstunden, so doch bis zum Ablauf des letzten Kündigungstages, also bis zwölf Uhr Mitternacht, erfolgt. § 358 HGB. gilt nicht analog.

Erfolgt ist die Kündigung nicht schon mit der Absendung, sondern erst mit der Ankunft (vgl. § 130 Abs. 1 BGB.) an derjenigen Stelle, an welcher der Gekündigte seine Briefe zu erhalten pflegt, also namentlich in der Wohnung oder im Geschäftslokal des Gekündigten. Die Gefahr der Absendung trägt der Absendende. Die Kündigung ist also z. B. nicht rechtzeitig, wenn durch Verschulden der Post der rechtzeitig abgesandte Kündigungsbrief verspätet abgetragen wird. Wer sich der Kündigung schuldhafterweise entzieht, ist so zu behandeln, als wenn er sie erhalten hätte,[2]) z. B. wenn der unterwegs befindliche Reisende in dieser Absicht fortwährend seinen Aufenthalt wechselt oder verschweigt oder gar, wenn auch unbeabsichtigt, falsch angibt.[3]) Im übrigen darf jeder Teil mit den Gepflogenheiten des anderen soweit rechnen, als einem gewissenhaften Geschäftsmann damit zu rechnen erlaubt ist. So schadet es z. B. dem kündigenden Gehilfen nicht, wenn der Prinzipal gerade an dem Tage, an welchem der Kündigungsbrief

---

[1]) Anders unsere erste Auflage S. 99.
[2]) Dernburg, Preuß. Privatr. II § 60. Vgl. §§ 276, 157, 242 BGB.
[3]) Staub, Anm. 9 zu § 66 HGB.

rechtzeitig angelangt ist, seine Gepflogenheit, seine Briefe von der Post abholen zu lassen, unterläßt und dadurch die Kündigung einen Tag nach Ablauf ihrer Frist erhält.[1]) Dagegen würde der Gehilfe, welcher den Kündigungsbrief am Abend des letzten Tages nach dem allabendlich von seinem Prinzipal besuchten Stammlokal schickt, sich hierauf nicht berufen können, falls der Prinzipal gerade an dem betreffenden Abend ausnahmweise fortbleibt oder aber Annahme des Briefes in seinem Stammlokal ablehnt.

Einer Akzeptation der Kündigung bedarf es zu ihrer Rechtmäßigkeit nicht. Andererseits auch keines Widerspruches gegen die Kündigung zur Erhaltung der Rechte des Gekündigten,[2]) daher auch keines Vorbehalts bei Ausstellung der Quittung über die letztempfangene Gehaltsrate oder bei Räumung der Dienstwohnung (Bolze 20 Nr. 450).

3. Vorzeitige Kündigung ist rechtswirksam, jedoch nur für den nächsten gesetzlich rechtzeitigen Termin; bei gesetzlicher Kündigungsfrist z. B. beendet eine Kündigung am 20. Mai das Dienstverhältnis am 30. September.[3]) Ist das Dienstverhältnis über den gedachten Termin fortgesetzt, so muß damit die Kündigung als erledigt gelten. Auch schon vor Beginn des Dienstverhältnisses kann die Kündigung erfolgen (G. Z. 40 S. 452). Eine verspätete Kündigung muß im Zweifel auf den nächsten gesetzlich rechtzeitigen Termin bezogen werden. Denn wer eine Vertragslösung will, will dieselbe lieber etwas später als gar nicht. Danach würde z. B. bei einmonatlicher Kündigungsfrist eine am 1. Juni zum 30. Juni erfolgende Kündigung des Dienstverhältnis am 31. Juli beenden.[4])

Eine ungerechtfertigte fristlose Kündigung, z. B. Entlassung, wird in der Praxis allgemein und mit Recht dahin als wirksam erachtet, daß sie als vertragliche oder gesetzliche befristete Kündigung gilt. Ein Gehilfe z. B., der ohne Abrede einer Kündigungsfrist am 22. Mai ungerechtfertigt entlassen wird, hat Ansprüche bis, aber auch nur bis zum 30. September einschließlich.

4. Eine besondere Form für die Kündigung ist nicht vorgeschrieben. Dieselbe kann also auch mündlich erfolgen.

---

[1]) Vgl. OLG. Braunschweig 1886 i. G. Z. 34 S. 572.

[2]) R. 12 S. 102 OLG. Frankfurt a. M. vom 30. März 86 in G. Z. 34 S. 574; vgl. auch E. 26 S. 192. — Anders LG. I Berlin vom 6. April 89 in Bl. f. R. 90 S. 79.

[3]) Teilweise anders Behrend § 46 Anm. 7, der die Kündigung auf alle Fälle für rechtswirksam nur dann erachtet, wenn sie sich auf das Ende des laufenden Kalendervierteljahrs bezieht.

[4]) Vgl. KG. in Bl. f. R. 99 S. 12, 13.

Sie muß jedoch unbedingt und bestimmt erfolgen. Eine Erklärung, wie „für den Fall, daß Ihre Ergebnisse auch fernerhin den erforderlichen Gewinn vermissen lassen sollten, wollen Sie unseren Kontrakt nach Ablauf von drei Monaten als gelöst betrachten", ist keine gültige Kündigung (R. 4 S. 342/44). Ebensowenig Erklärungen wie „Ich löse zum 1. Juli mein Geschäft auf" oder „Wenn Sie wollen, können Sie schon zum ersten gehen" oder „Meinetwegen gehen Sie zum ersten", oder „Suchen Sie sich eine andere Stelle" oder „Es ist wohl das beste, wenn ich Ultimo gehe". In der Bestreitung des Abschlusses oder der Rechtswirksamkeit des Dienstvertrages liegt nicht ohne weiteres die Kündigung desselben.[1]) Rechtsgültig ist die Vereinbarung, daß bestimmte Umstände als stillschweigende Kündigung gelten sollen, z. B. die Abrede, daß, falls der Handlungsgehilfe zwei volle Tage, sei es auch aus entschuldbarem Grunde wie z. B. wegen Krankheit, aus dem Geschäft fortbleibt, es so angesehen werden soll, als wenn das Dienstverhältnis am dritten Tage gekündigt worden sei.

Eine bedingte Kündigung ist in allen Fällen rechtsunwirksam. Nicht nur dann, wenn die Bedingung unbestimmt ist, wie z. B. in dem obigen Fall des R. 4 S. 342, sondern auch dann, wenn die Bedingung bestimmt ist,[2]) z. B. wenn die Kündigung seitens eines Vorstandsmitgliedes einer Aktiengesellschaft „vorbehaltlich der Zustimmung des Gesamtvorstandes" zwar rechtzeitig, die gedachte Zustimmung aber erst nach dem Kündigungstermin erklärt wird (Bolze 12 Nr. 406), oder wenn der Prinzipal erklärt: „Sie sind zum Quartalsschluß entlassen, wenn Sie bis dahin nicht mindestens 20 000 Mk. Ware umgesetzt haben." Kein Teil, insbesondere nicht der Gehilfe, darf über das Fortbestehen des Vertrages im Ungewissen bleiben.

5. Die Kündigung des Gehilfen kann rechtswirksam nicht nur an und durch den Prinzipal, sondern auch an und durch dessen diesbezüglich ermächtigten Stellvertreter erfolgen, z. B. an den Prokuristen.

---

[1]) OLG. Hamburg vom 28. November 91 in G. Z. 40 S. 453.

[2]) Ebenso Foerster/Eccius I § 36, Dernburg, Pr. Privatr. II § 60, Staub 1. Auflage Anm. 2a zu Art 61 HGB.; vgl. Seuff. Arch. 25 Nr. 123, Planck Anm. 1 vor § 158 BGB. Anders Staub 5. Auflage eod., 6. und 7. Auflage Anm. 10 zu § 66 HGB., Ansch. und Völd. S. 349 Anm. 15, und Lehmann und Ring Note 4 zu § 66 HGB., nach welchen letzteren allerdings die bedingte Kündigung im Zweifel nur als Androhung einer Kündigung anzusehen ist.

§ 28. Die unbefristete Kündigung insbesondere. Allgemeines.

I. „Das Dienstverhältnis, so bestimmt § 70 Abs. 1 HGB., kann von jedem Teil ohne Einhaltung einer Kündigungsfrist gekündigt werden, wenn ein wichtiger Grund vorliegt," während nach der Fassung des Art. 62 Abs. 1 des alten HGB. die Aufhebung des Dienstverhältnisses in solchem Falle vorzeitig „verlangt" werden konnte. Hiernach war es streitig geworden, ob schon die Rücktritts-Erklärung das Dienstverhältnis beendet oder erst das Urteil des über ihre Rechtmäßigkeit erkennenden Gerichts (vgl. Behrend § 46 Anm. 14). Die neue Fassung, welche mit der des § 626 BGB. wörtlich übereinstimmt, bringt die bisherige herrschende und u. E. zutreffende Meinung zum Ausdruck, daß nämlich in den fraglichen Fällen die Auflösung des Dienstverhältnisses nicht eines Richterspruches bedarf, sondern daß sie infolge der Kündigung ohne weiteres eintritt. Allerdings nur, sofern die Kündigung gerechtfertigt war (Denkschr. S. 61). Denn nur, wenn ein wichtiger Grund vorliegt, kann fristlos gekündigt werden.

Wie nun, wenn die Kündigung nicht gerechtfertigt war, weil ein wichtiger Grund für sie nicht vorlag?

Wird dies durch Richterspruch festgestellt, so gilt das Dienstverhältnis als nicht aufgelöst, besteht weiter und hat vor allem in der Zwischenzeit weiter bestanden, außer wenn der andere Teil inzwischen ebenfalls zurückgetreten ist und damit die Aufhebung des Dienstverhältnisses akzeptiert hat. Die Konsequenzen sind, insbesondere für den Gehilfen, allerdings harte. Oft wird die Frage, ob ein wichtiger Grund vorliegt oder nachweisbar ist, zweifelhaft sein, und dann wird der vorsichtige[1]) Gehilfe die Wahl haben, entweder sein Recht preiszugeben oder bis zur rechtskräftigen richterlichen Entscheidung, also meist Monate, zuweilen Jahre lang, auf den Antritt einer neuen Stelle zu verzichten. Rechtlos oder brotlos!

II. Ist die Kündigung berechtigt und wird sie durch vertragswidriges Verhalten des anderen Teils veranlaßt, so ist dieser zum Ersatz des durch die Aufhebung des

---

[1]) Z. B. schon allein wegen der gesetzlichen Konkurrenzverbote (oben § 13). Die von Dernburg Bürgerl. R. II, § 310 sub III geltend gemachte Ansicht, daß jene Verbote aus Billigkeitsrücksichten nach der tatsächlichen Lösung des Dienstverhältnisses keinesfalls mehr zu berücksichtigen seien, läßt sich mit dem Gesetz nicht vereinigen. Dagegen auch Goldmann S. 294.

Dienstverhältnisses entstehenden Schadens verpflichtet (§ 70 Abs. 2 HGB.).

1. Der Schaden des Prinzipals kann u. a. darin bestehen, daß er teurere Arbeitskräfte annehmen, daß er Kosten aufwenden muß für das Engagement von Ersatzkräften, z. B. Annoncenkosten, daß ihm, wenn er beispielsweise den Reisenden mitten von der Reise abzurufen genötigt ist, der Verdienst der betreffenden Reise-Saison teilweise entgeht. Ja, gemäß § 628 S. 2 BGB. steht dem Gehilfen nicht einmal der Gehaltsanspruch für die abgearbeitete Zeit zu, insoweit seine bisherigen Leistungen für den Prinzipal kein Interesse haben.

2. Der Schaden des Gehilfen wird meist in dem Entgehen seines Gehalts bestehen. Vgl. oben S. 70.

III. Ist die Kündigung ohne wichtigen Grund, also ungerechtfertigt, geschehen, so entstehen folgende Ansprüche:

1. Der Anspruch auf Erfüllung. Der Gehilfe kann auf Zahlung der Vergütung (§ 615 BGB.), der Prinzipal auf Erfüllung der Dienstleistungen klagen. In letzterem Falle ist das obsiegliche Urteil, falls die Dienste durch einen Dritten geleistet werden können, gemäß § 887 CPO. zu vollstrecken. Ist dies nicht möglich, so ist das Urteil nicht vollstreckbar, da nach § 888 Abs. 2 CPO. die Leistung von Diensten aus einem Dienstvertrage nicht erzwungen werden darf. Der Handlungsgehilfe ist nicht berechtigt, auf Annahme seiner Dienstleistungen zu klagen, da er zu letzteren nur verpflichtet, nicht berechtigt ist (vgl. Bolze 11 Nr. 338); er hat **kein klagbares Recht auf Arbeit** (s. oben S. 100). Auf die von ihm zu verlangende Vergütung muß er sich den Wert desjenigen anrechnen lassen, was er infolge des Unterbleibens der Dienstleistung erspart oder durch anderweitige Verwendung seiner Dienste erwirbt oder zu erwerben böswillig unterläßt (§ 615 BGB., oben S. 70).

2. Der Anspruch auf Schadensersatz. Hier gilt das oben zu II, 1 und 2 Bemerkte entsprechend.

3. Der Gehilfe, von dem die Kündigung ausgegangen ist, hat unter Umständen eine Konventionalstrafe verwirkt, die für den Fall des Eintritts in ein Konkurrenzgeschäft während der Vertragsdauer stipuliert ist. Er ist wegen unlauteren Wettbewerbs strafbar, wenn er inzwischen seine im alten Geschäft erworbenen Kenntnisse bei dem neuen Prinzipal verwertet hat (s. oben S. 64). Er muß, wenn er, um sich inzwischen zu ernähren, im Handelszweige des Prinzipals Geschäfte gemacht hat, dieselben oder den Verdienst daraus dem Prinzipal als Eigentum überlassen (s. oben S. 59/60).

IV. Alles dasjenige, was oben S. 126 von dem Protest gegen die Kündigung, von der Form derselben und der diesbezüglich zulässigen Stellvertretung des Prinzipals ausgeführt worden, gilt entsprechend auch von der Entlassung. Betreffs des Erfordernisses der Bestimmtheit hat z. B. das Reichsgericht (Bolze 11 Nr. 340) entschieden, daß das Verbot, bis auf weiteres das Fabrikgrundstück zu betreten, nicht als Entlassung aufzufassen sei. — Betreffs der Frage des Widerspruchs gegen die Vertrags-Aufhebung sei hervorgehoben, daß der entlassene Gehilfe, wie er gegen die Entlassung nicht zu protestieren, so auch für die zukünftige Vertragszeit seine Dienste weder anzubieten noch zur Verfügung zu stellen braucht, um sich seine Rechte zu wahren. Dieser letztere nach dem früheren Rechte zweifellose Grundsatz (s. R. 2 S. 185) wird für das jetzige Recht von der herrschenden Meinung bestritten. Dieselbe[1]) stützt sich darauf, daß nach § 615 BGB. für nicht geleistete Dienste die Vergütung nur verlangt werden könne, falls der Dienstberechtigte mit der Annahme der Dienste in Verzug komme und daß nach §§ 293, 295 BGB. mindestens ein wörtliches Angebot der Dienste erforderlich sei, um den Dienstberechtigten in Verzug zu setzen. Diese Ansicht ist nicht nur schädlich und antisozial, weil es den wenigsten Handlungsgehilfen verständlich sein kann und bekannt ist, daß ein Herausgeworfener nochmals hereinkommen muß, um sein Recht zu wahren, sie ist auch vor allem im Gesetz nicht begründet. Der § 615 BGB. bezieht sich nämlich überhaupt nicht auf den hier in Rede stehenden Fall. Er handelt lediglich von dem Falle der Nicht-Annahme noch gar nicht angefangener Dienstleistungen, nicht dagegen von dem Falle der Nicht-Weiterannahme bereits begonnener Dienstleistungen. Dieser letztere aber steht hier allein in Rede. Der Wortlaut des § 615 cit. ist dieser unserer Ansicht nicht im Wege, ja er begünstigt dieselbe sogar. Vor allem aber sind sein Sinn und die Struktur des BGB. allein mit ihr verträglich. Gesamtinhalt des Dienstvertrages sind die vertragsmäßigen Dienste in ihrer Gesamtheit. Wer diese vertragsgemäß anbietet, sei es ausdrücklich sei es stillschweigend durch den Beginn ihrer Ausübung, bietet damit die Leistung in Gemäßheit des gesamten Schuldverhältnisses (§ 241 BGB.) an. Das letztere läßt sich nicht

---

[1]) So z. B. LG. Berlin I in Bl. f. R. 02 S. 109, wo nicht einmal die Erklärung des Handlungsgehilfen „er werde sich sein Recht suchen" für genügend erachtet wird; KG. in OL. 7 S. 472; Staub Anm. 1 zu § 70 HGB.; Düringer und Hachenburg Vorbem. 3 vor § 59 HGB.; Lehmann und Ring Note 4 zu § 70 HGB.

in Atome zerlegen und der Dienstverpflichtete bietet nicht jeden Augenblick das nächste Atom seiner Dienstleistung von neuem an. Der Handlungsgehilfe hat demnach mit dem Beginn seiner Tätigkeit die gesamten Dienstleistungen für die gesamte Ausstellungsdauer, also auch für die Zeit nach seiner Entlassung, rechtsgültig angeboten und damit den Prinzipal für den Fall der Entlassung ohne weiteres in Verzug gesetzt. Anders liegt die Sache, wenn die Dienste noch nicht begonnen haben. In diesem Falle, an den der Gesetzgeber bei § 615 cit. allein gedacht hat, bedarf es selbstverständlich der Inverzugsetzung durch besonderes wörtliches Angebot. Auch in anderen Fällen, wo ein Vertrag fortgesetzte Leistungen zum Gegenstande hat, verlangt das Gesetz zur Inverzugsetzung nach Beginn der Leistungen nicht nochmaliges Angebot. Der Mieter z. B., welcher die von ihm bezogenen Mietsräume derelinquiert, kann auf Zahlung des Mietszinses verklagt werden, ohne daß es seitens des Vermieters eines nochmaligen Angebots der Wohnung bedarf.[1])

§ 29. Die unbefristete Kündigung insbesondere. Fortsetzung. Begriff des wichtigen Grundes zur Kündigung.

I. Was ein wichtiger Grund ist, der zur Kündigung berechtigt, läßt sich bei der Mannigfaltigkeit der geschäftlichen und persönlichen Verhältnisse nicht definieren. Vielmehr muß diese Frage in jedem Einzelfalle gemäß der besonderen Eigenart desselben unter dem Gesichtspunkte entschieden werden, ob es unbillig sein würde, den Kündigenden wider seinen Willen das Vertragsverhältnis fortsetzen zu lassen. Die außerordentlich fruchtbare Rechtsprechung hierüber, von der im nächsten Paragraphen eine Übersicht gegeben werden soll, kann daher für die Praxis lediglich als Anleitung, nicht als Richtschnur dienen. Nur so will auch das Gesetz verstanden sein, soweit es bestimmte Kategorien von Umständen als zu vermutende wichtige Gründe heraushebt (s. unten

[1]) Gegen die oben von uns bekämpfte herrschende Meinung wird öfters § 324 BGB. ins Feld geführt. Zu Unrecht. Denn dieser Paragraph behandelt die absolute Unmöglichkeit der Erfüllung, während hier lediglich eine relative in Frage steht. Gegen die herrschende Ansicht auch Stein in Bl. f. R. 03 S. 36, mit der u. E. jedoch unrichtigen Begründung, daß der Handlungsgehilfe durch Ausüben seiner Tätigkeit in jedem einzelnen Moment realiter seine Dienste anbiete. Diese Zerlegung der Tätigkeit in Atome und Momente ist unzutreffend (s. oben den Text); außerdem würde der Gehilfe selbst vom Standpunkt dieser Ansicht nur bis zur Entlassung seine Dienste anbieten, aber nicht, worauf es gerade ankommt, auch noch nach der Erklärung der Entlassung. Denn wenn er nach dieser Erklärung, allenfalls unter Vorbehalt seiner Rechte, zu arbeiten aufhört, so hört er damit gerade in dem erheblichen Zeitpunkt auf, seine Dienste realiter anzubieten.

§§ 30, 31). Deshalb ist aber die Frage, ob die Umstände des Einzelfalles als wichtiger Grund im Sinne des Gesetzes anzusehen sind, keine Tatfrage, wie das R. 10 S. 186 und 21 S. 253 und das Reichtsgericht bei Bolze 5 Nr. 606 und in der JW. 1901 S. 209[9] annehmen, sondern eine der Revision unterworfene Rechtsfrage. Es gilt diesbezüglich ganz dasselbe, was oben S. 27 betreffs des Rechtsbegriffes der „kaufmännischen Dienste" ausgeführt worden ist. Insbesondere widerspricht auch hier die Praxis der genannten höchsten Gerichte ihrer Theorie.

II. Einzelne allgemeine Gesichtspunkte für die Frage nach dem Vorliegen eines wichtigen Grundes sind folgende:

1. Dieser Begriff erfordert nicht das Vorhandensein eines Verschuldens, wie das Beispiel der unverschuldeten anhaltenden Krankheit des Gehilfen beweist (R. 21 S. 253; E. 38 S. 27).

Andererseits kann der Prinzipal einen wichtigen Grund auch dann geltend machen, wenn er selber bewußt die Gelegenheit zu demselben gegeben hat, um den Gehilfen auf die Probe zu stellen, ja selbst um einen Grund zur Entlassung zu schaffen, sofern nur das erprobte Mittel nicht rechtswidrig ist (Bolze 6 Nr. 382). Hier wird jedoch zugunsten des Gehilfen jedesmal zu prüfen sein, ob nicht die §§ 226 (Chikane) und 247 (Treu und Glauben) BGB. verletzt sind.

2. Die Gesamtheit einzelner Umstände kann einen wichtigen Grund abgeben, auch wenn jeder einzelne Umstand allein hierzu nicht ausreichend wäre (Bolze 11 Nr. 334), z. B. bei geringfügigen Nachlässigkeiten des Gehilfen im Geschäft.

3. a) Tatsachen, die bei der Kündigung als Grund derselben nicht angegeben worden sind, können zur Rechtfertigung des Rücktritts geltend gemacht werden. Denn eine Pflicht zur Angabe der bestimmenden Gründe besteht überhaupt nicht, und die Befugnis zur Vertrags-Aufhebung ist nur von der Existenz wichtiger Gründe, nicht von deren Mitteilung abhängig (R. 21 S. 252; OL. 3 S. 80), ja nicht einmal von der subjektiven Beurteilung des Kündigenden (E. 56 S. 373). Es ist daher unerheblich, wenn der letztere den später geltend gemachten wichtigen Grund bei der Kündigung für unwichtig gehalten hat. Es können deshalb sogar noch im Prozeß anstatt der früher mitgeteilten Gründe oder neben denselben andere geltend gemacht werden (E. 32 S. 251 und RG. in JW. 1903 S. 389).

b) Demzufolge wird der Rücktritt auch durch solche Umstände gerechtfertigt, die überhaupt erst nach der Rücktritts-Erklärung eingetreten sind, z. B. durch erhebliche Ehrverletzungen, deren sich der Gehilfe nach erfolgter Entlassung gegen den Prinzipal schuldig macht.[1]) Nur ist, falls ohne solche nachträglichen Umstände der Rücktritt nicht gerechtfertigt wäre, die Vertragsaufhebung erst zu der Zeit als erfolgt anzusehen, in welcher sich jene Umstände ereignet haben; die Erklärung des Rücktritts, welche fortbestehen bleibt, wird dann rechtsgültig. Der unrechtmäßig entlassene Gehilfe z. B., der nach der Entlassung seinen Prinzipal erheblich beleidigt, hat bis zur Begehung solcher Beleidigung Anspruch auf Fortbezug der Vergütung (Bolze 17 Nr. 419).

4. Als verziehen gelten solche wichtige Gründe, welche derjenige Vertragsteil, der sie geltend machen konnte, trotz Kenntnis ihres Vorhandenseins nicht geltend gemacht hat (Bolze 16 Nr. 384). Unter allen Umständen wird jedoch in der zeitweiligen stillschweigenden Ertragung einzelner Vertragsverletzungen ein Verzicht auf ihre Geltendmachung nicht ohne weiteres gefunden werden können,[2]) wohl aber natürlich in allen Handlungen, besonders Erklärungen, die auf Fortsetzung des Vertrages gerichtet sind.[3]) In der Regel wird aber der Schweigende, falls er in Zukunft derartige Vertragsverletzungen verwerten will, dies dem anderen Teil erklären müssen,[4]) weil er sonst dolos handeln würde. — Nicht verziehen gilt ein Entlassungsgrund bei Fortsetzung des Dienstverhältnisses unter Vorbehalt der Entlassung. Wird dieselbe jedoch innerhalb längerer Zeit darauf nicht ausgesprochen, so wird der Vorbehalt wirkungslos. — Keine Verzeihung ferner liegt vor, wenn die Kündigung nicht per sofort, sondern mit einer kurzen Frist ausgesprochen wird,[5]) z. B. um den Gehilfen nicht sofort brotlos zu machen, oder um während starken Geschäftsganges erst einen Nachfolger zu suchen.

In jedem Falle können verziehene Umstände derart verwertet werden, daß sie mit anderen nicht verziehenen zusammen als wichtiger Rücktrittsgrund geltend gemacht werden.[6])

5. Tatsachen, die sich vor Abschluß des Dienstvertrages ereignet haben, z. B. abfällige und verdäch-

---

[1]) Bolze 2 Nr. 945 und 17 Nr. 419; E. 32 S. 249 ff.; vgl. AG. und LG. Berlin I in Bl. f. R. 94 S. 13 und E. 51 S. 91.

[2]) Bolze 11 Nr. 334 und die offenbar zu weit gehende Entsch. bei Bolze 14 Nr. 395.

[3]) Bolze 20 Nr. 446 und 16 Nr. 384.

[4]) Vgl. E. 38 S. 116, 117, anders offenbar Bolze 14 Nr. 395.

[5]) Ebenso OL. 7 S. 384.

[6]) R. 17 S. 221, 222; Bolze 14 Nr. 393; E. 51 S. 91.

tigende Äußerungen des Gehilfen gegen seinen späteren Prinzipal (Bolze 17 Nr. 415), können nicht als sog. wichtiger Grund, sondern nur als Beweis wesentlichen Irrtums (s. oben S. 115/6) für die Aufhebung des Dienstverhältnisses in Betracht kommen.

6. Wenn der Gekündigte auch seinerseits einen Kündigungsgrund hat, so kann er nur ebenfalls fristlos kündigen, nicht aber damit die ihm erklärte Kündigung beseitigen. Es gibt keine Kompensation der Kündigungsgründe. Nur wird in Betracht zu ziehen sein, ob nicht der Gekündigte durch Verschulden des Kündigenden zu seinem Verhalten bis zur Entschuldigung des letzteren veranlaßt worden ist (E. 56 S. 374).

III. Was Prinzipal und Gehilfe einander nachsehen wollen, berührt, bis auf Ausnahmefälle, nicht das öffentliche Interesse, ist vielmehr ihre Privat-Angelegenheit. Es sind daher Vereinbarungen zulässig, die den Kreis der wichtigen Gründe, wie solche es im Sinne des Gesetzes sind, modifizieren.

Einerseits dahin, daß bestimmte Umstände, die in der Regel nicht als wichtiger Rücktrittsgrund angesehen werden, z. B. nur einmaliges Zuspätkommen des Gehilfen, einmaliges Rauchen im Geschäftslokal, Verlassen des Geschäfts durch ein verbotenes Portal, ein bestimmter selbst kleinerer Fehlbetrag in der Kasse (AG. und LG. Berlin I in Bl. f. R. 1899 S. 58) auf alle Fälle als wichtiger Rücktrittsgrund geltend gemacht werden dürfen.[1]) Andererseits umgekehrt dahin, daß die Vertrags-Aufhebung aus gewissen, an sich wichtigen Gründen, z. B. wegen Erkrankung des Gehilfen, nicht gefordert werden darf, oder lediglich aus bestimmten wichtigen Gründen, z. B. nur aus den vom Gesetz besonders hervorgehobenen (Bolze 8 Nr. 456; s. unten §§ 30, 31), oder nur aus solchen, bei denen ein Verschulden des anderen Teiles vorliegt (vgl. E. 38 S. 27/28).

Eine Grenze ist allen derartigen Vereinbarungen allein durch die Gebote der Sittlichkeit gezogen. So würde eine Vereinbarung, wonach die Nichtbeseitigung abstellbarer gesundheitsgefährlicher Geschäftseinrichtungen für den Gehilfen kein Rücktrittsgrund sein soll, unsittlich und deshalb rechtsunwirksam sein.

§ 30. **Die unbefristete Kündigung insbesondere. Fortsetzung. Die einzelnen wichtigen Gründe gegen den Handlungsgehilfen.**

A. Nach § 72 HGB. ist namentlich in den nachstehend unter Nr. I—III aufgeführten Fällen ein wichtiger Grund anzu-

[1]) Vgl. OL. 5 S. 266/267, oben S. 121.

nehmen, der den Prinzipal zur Kündigung ohne Einhaltung einer Kündigungsfrist berechtigt, sofern nicht besondere Umstände eine andere Beurteilung rechtfertigen. Nämlich

I. wenn der Handlungsgehilfe im Dienste **untreu** ist oder **das Vertrauen mißbraucht** oder die ihm nach **§ 60 HGB. obliegende Verpflichtung** (s. oben § 13) **verletzt.**

1. Die **Untreue** braucht weder strafbar zu sein noch den Prinzipal zu schädigen. Das Wesentliche ist die Erschütterung des gehörigen Vertrauens des Prinzipals.[1])

Untreue und Vertrauens-Mißbrauch sind eigentlich dasselbe. Allenfalls könnte man dahin unterscheiden, daß erstere die Treu-Verletzung des Untergebenen, letzterer die Treu-Verletzung des Kontrahenten ist. Beispiele aus der Praxis sind (vgl. unten zu B I):

Verwendung von Geschäftsgeldern zu Privatzwecken, fälschliche Buchung nicht eingenommener Gelder als eingenommener, Tilgung von Privatschulden an Dritte durch Aufrechnung der Forderungen des Prinzipals (Bolze 13 Nr. 391); Weigerung des Reisenden, die vereinnahmten Gelder herauszugeben, weil er sie auf das künftige Salär verrechnet;[2]) Verwendung von Geschäftswaren zu eigenen Zwecken, dagegen nicht schon Entnahme unbedeutender Kleinigkeiten, wie eines Stücks Bindfaden oder einiger Blätter Papier oder geringfügiger Naschsachen. Besonders häufige derartige Entnahmen können natürlich ein Entlassungsgrund sein. Zu weit geht es, wenn das LG. Bautzen 89 (in GZ. 40 S. 453/4) eine allgemeine kaufmännische Übung dahin annimmt, daß beim Mangel eines ausdrücklichen Verbotes dem in offenen Verkaufsläden angestellten kaufmännischen Personal die Entnahme von Genußmitteln zum persönlichen Verbrauche aus den Vorräten des Ladens schlechthin erlaubt sei; das Innebehalten von dem Prinzipal gehörigen, auf Geschäftsreisen vom Gehilfen geführten Notizbüchern, außer, wenn dieselben geringen Wert haben (R. 19 S. 115/6 vgl. oben S. 53); Berechnung von Spesen, die nicht aufgewendet sind, z. B. für Lohnfuhrwerk, das nicht gebraucht worden (Bolze 6 Nr. 515) oder für Reisetage, an denen nicht gereist worden ist oder doch nur zu Privatzwecken des Reisenden (OAG. Lübeck 1870 bzw. 1871 bei Busch 23 S. 5 bzw. 27 S. 115);

---

[1]) Bolze 13 Nr. 391; Bayr. HAG. in G. Z. 8 S. 168, 169; OL. 5 S. 269.

[2]) G. Z. 8. S. 164. Anders Ältst. vom 14. Februar 93 i. S. Lottré/Ellering & Zach. C 264. 91. Sächs. A. G. Caeswald.

Überschreiben fingierter oder zweifelhafter Bestellungen seitens des Reisenden (R. 21 S. 394 vgl. Busch 27 S. 115); der bloße Verdacht der Unredlichkeit genügt selbst bei objektiver Pflichtwidrigkeit nicht.[1])

Fälschliche Vorspiegelung eines Unwohlseins, Verleitung eines Lehrlings zu unrichtigen Angaben (Handelsger. Stuttgart 1867 in G. Z. 21 S. 564); Erteilung von Rat an einen Konkurrenten des Prinzipals betreffs Herstellung der Konkurrenzware (Bolze 6 Nr. 517); die Absicht, Dritte zur Teilnahme an der Gründung eines eigenen Konkurrenzgeschäftes zu gewinnen (R. 19 S. 115/6); Unterstützung von Streik-Arbeitern derselben Branche des Prinzipals, wenn auch nicht des Geschäftes des letzteren; Aufhetzen von Mitangestellten gegen den Prinzipal, insbesondere zum Verlassen der Stellung; Vereinbarung mit anderen Mitangestellten zum Austritt, falls ungewöhnliche Forderungen nicht bewilligt werden (OL. 6 S. 4); dagegen nicht die Denunzierung des Prinzipals wegen einer von diesem begangenen strafbaren Handlung (AG. u. LG. Berlin I in Bl. f. R. 1901 S. 121/2). Mitteilungen über die Rentabilität des Geschäftes an Dritte (R. 19 S. 115/6); Verbreitung ungünstiger Nachrichten über die Geschäftsverhältnisse des Prinzipals, selbst wenn die Nachrichten wahr sind (OLG. Cassel 92 in SeuffArch. 48 S. 169), nicht dagegen schon die bloße Anfertigung von Notizen über Einkaufspreise und Einkaufsadressen (LG. Frankfurt a. M. in G. Z. 34 S. 574), außer wenn sie zu Konkurrenzzwecken erfolgt (Bolze 23 Nr. 461); Verrat von Geschäftsgeheimnissen, auch wenn solcher nicht unlauterer Wettbewerb ist, ja diesbezügliche Nichtausübung des Zeugnisverweigerungs-Rechtes (vgl. E. 53 S. 40.).

Ferner: Angehen eines Hoteldirektors an Geschäftslieferanten um Darlehen und Annahme letzterer (Bolze 14 Nr. 391); Annahme einer geringfügigen Gratifikation anläßlich einer gegebenen Bestellung (vgl. R. 13 S. 184).

Unbefugtes Eröffnen eines Briefes (HAG. Nürnberg bei Busch 21 S. 349).

Versuch eines Hotel-Leiters, mit einem Zimmermädchen in

---

[1]) Ebenso Staub Anm. 2 zu § 72 HGB. Die von Staub diesbezüglich angegriffene Entsch. d. R. 4 S. 398 will jedoch offenbar nur sagen, daß ein vertragswidriges Verhalten genügt, wenn es derart unverantwortlich ist, daß es sogar den Verdacht der Unredlichkeit begründet. So aufgefaßt ist die Entsch. zutreffend. — Anders wie wir OL. Hamburg 95 in G. Z. Bd. 47 S 491 und die durchaus unrichtige Entsch. des LG. Berlin I in Bl. f. R. 00 S. 77, 78.

einem Hotelzimmer den Beischlaf zu vollziehen (Bolze 16 Nr. 382); Etablierung eines Konkubinats-Verhältnisses in der Dienstwohnung (E. 38 S. 115; vgl. unten zu **B V**).

2. Eine geringfügige **Verletzung des § 60 HGB.** (siehe oben § 13) rechtfertigt die Entlassung des Gehilfen noch nicht, sondern nur eine erhebliche (R. 19 S. 15). Diesbezüglicher Entlassungsgrund sind z. B. umfangreiche verbotene Börsenspekulationen des Gehilfen (R. 16 S. 290).

II. Wenn der Handlungsgehilfe

1. seinen **Dienst während einer den Umständen nach erheblichen Zeit unbefugt verläßt, oder**

2. sich **beharrlich weigert, seinen Dienstverpflichtungen nachzukommen.**

ad 1: Die Dienstversäumnis muß

a) eine unbefugte sein (s. oben S. 41 ff.).

In jedem Falle, auch bei berechtigter Dienstversäumnis, muß sich der Handlungsgehilfe sobald als möglich entschuldigen. Ausbleiben der Entschuldigung kann unter Umständen an sich schon ein Entlassungsgrund sein, z. B. bei tagelangem Fortbleiben, und wird in solchen Fällen auch durch eine nachträgliche Entschuldigung nicht wieder wett gemacht (HAG. Nürnberg bei Busch 21 S. 353/4).

Zu beweisen hat der Gehilfe das Vorliegen von genügenden Gründen für die Dienstversäumnis, nicht der Prinzipal das Fehlen solcher Gründe. Denn wer eine Vertrags-Verpflichtung nicht erfüllt, muß beweisen, daß und weshalb er zur Erfüllung nicht imstande war.[1]) Entschuldigt daher der Gehilfe sein Ausbleiben mit Krankheit, so muß er nachweisen, daß er krank gewesen, nicht braucht der Prinzipal nachzuweisen, daß der Gehilfe nicht krank gewesen. Die letzteres annehmende Entsch. in R. 7 S. 263 ist unrichtig,[2]) und zwar nicht nur, insoweit es sich um die Vergütung für die Zeit der Dienstversäumnis handelt, wie Staub Anm. 6 zu § 72 HGB. ausführt, sondern auch soweit die Rechtfertigung der Entlassung, die Gehaltsverweigerung für die Zukunft, in Frage steht. Denn diese Rechtfertigung liegt in der bloßen Tatsache der Dienstversäumnis, also des Unterlassens der vertraglichen Erfüllung, dessen Entschuldbarkeit nicht zu vermuten ist.

---

[1]) E. 25 S. 113, 114; R. 14 S. 16 ff.

[2]) So auch Dernburg. Pr. Privatr. II § 193 A. 10, anders dagegen Behrend § 46 Anm. 14.

Der Beweis der Entschuldbarkeit ist dagegen dem Gehilfen nach keiner Richtung beschränkt. Namentlich ist derselbe im Falle von Krankheit nicht verpflichtet, ein letztere bescheinigendes ärztliches Attest beizubringen. Dies um so weniger, als er überhaupt nicht verpflichtet ist, sich einen Arzt zu nehmen. Keinesfalls braucht er sich, was häufig verlangt wird, durch einen vom Prinzipal benannten Arzt untersuchen oder behandeln zu lassen, und zwar auch dann nicht, wenn der Prinzipal die Kosten hierfür übernimmt.[1]) Hingegen ist eine Vereinbarung, wonach sich der Handlungsgehilfe dem Gutachten des Geschäftsarztes als maßgebender Entscheidung unterwirft, rechtsgültig. Letztere ist maßgebend, auch wenn sie irrig ist. In diesem Falle aber kann der Handlungsgehilfe an dem Geschäftsarzt Regreß nehmen. — Ein Aufenthalt außerhalb der Wohnung spricht noch nicht gegen die Richtigkeit einer angegebenen Krankheit, z. B. wenn der Handlungsgehilfe gezwungen ist, auswärts zu essen, zum Arzt oder zur Apotheke zu gehen, oder wenn er, wie bei manchen nervösen Leiden, zwar ausgehen, aber nicht arbeiten kann.[2])

b) Die Dienstversäumnis muß den Umständen nach erheblich sein. Dies kann schon eine eintägige (s. Busch 30 S. 160), ja schon eine mehrstündige Dienstversäumnis sein, z. B. bei Fabriken, die eine Unterbrechung in der Leitung ohne erheblichen Schaden nicht vertragen, oder während besonders lebhafter Geschäftszeit, z. B. am goldenen Sonntag vor Weihnachten.

Ein bloßes Zuspätkommen dagegen ist an sich keine erhebliche Versäumnis (Bolze 15 Nr. 277).

Eine für sich allein unerhebliche Dienst-Versäumnis kann in Verbindung mit anderen Umständen, gleichsam als letzter Tropfen, die Entlassung rechtfertigen, ebenso, wenn sie sich öfter wiederholt, und zwar in letzterem Falle besonders dann, wenn der Prinzipal vorher für den Fall der Wiederholung die Entlassung angedroht hatte. Ohne Erheblichkeit der Umstände kann die Drohung allein die trotz ihrer erfolgte Dienstversäumnis nicht zum Entlassungsgrund stempeln, z. B. nicht, falls der Gehilfe nur ein einziges Mal fünf Minuten zu spät gekommen ist, und ihm für den Fall einer nochmaligen Verspätung mit der Entlassung gedroht wird. Dagegen ist die Entlassung gerechtfertigt, wenn dieselbe für einen solchen Fall beiderseits vereinbart worden ist (s. oben S. 134).

---

[1]) Ebenso LG. Berlin I in Bl. f. R. 03 S. 59. Anders Staub Anm. 6 zu § 72 HGB.

[2]) Ebenso LG. Berlin I in Bl. f. R. 01 S. 20.

ad 2: Beharrliche Weigerung, den Dienstverpflichtungen nachzukommen.

a) Das Erfordernis der Weigerung, welche eine Aufforderung seitens des Prinzipals voraussetzt, bedeutet nicht etwa, daß Dienstunterlassungen ohne solche voraufgegangene Aufforderung in der Regel kein Entlassungsgrund sein sollen. Es bedeutet auch nicht andererseits, daß regelmäßig die unerhebliche Dienstunterlassung durch die Weigerung erheblich wird. Nur so viel kann man natürlich sagen, daß eine Weigerung die Rechtslage des Gehilfen verschlechtert. Im übrigen wird es auf die Umstände ankommen.

Die Beharrlichkeit der Weigerung jedoch soll für den Regelfall Entlassungsgrund sein. Beharrlich ist eine Weigerung dann, wenn der Gehilfe fortgesetzt zu erkennen gibt, daß er die verlangten Dienste nicht leisten will. Eine mehrmalige vergebliche Aufforderung seitens des Prinzipals ist nicht erforderlich, auch eine einmalige genügt.

Ob ein nachträgliches Fallenlassen der Weigerung oder gar die nachträgliche Vornahme der verweigerten Dienste den durch die Weigerung hervorgerufenen Entlassungsgrund beseitigt, läßt sich nur nach Lage der besonderen Umstände beurteilen. Es sind viele Fälle denkbar, in denen der Gehilfe durch die Beharrlichkeit seiner Weigerung so schwer gegen die Geschäfts-Disziplin gefehlt hat, daß es dem Prinzipal, insbesondere seinem übrigen Personal gegenüber, selbst dann nicht zuzumuten sein wird, den Gehilfen weiter zu behalten, wenn dieser seine Weigerung tätig bereut.

b) Selbstverständlich ist nur die Weigerung solcher Dienstleistungen erheblich, zu denen der Gehilfe verpflichtet ist. Ja, die Zumutung anderer Dienstleistungen kann unter Umständen dem Gehilfen einen wichtigen Rücktrittsgrund gegen den Prinzipal geben.

Ob die Dienstverpflichtungen erheblich sind, erscheint gleichgültig, da in erster Linie nicht die Unrechtmäßigkeit der Weigerung, sondern deren Beharrlichkeit die Entlassung rechtfertigt. Grund zu letzterer liegt z. B. vor, wenn der Gehilfe sich beharrlich weigert, einen Brief zu schreiben.[1]) Natürlich sind auch hier, wie überall, besondere Umstände, z. B. gerechtfertigte gereizte Stimmung des Gehilfen,[2]) wohlwollend zu berücksichtigen.

---

[1]) Vgl. jedoch Stadtger. Berlin 63 in G. Z. 8 S. 167.

[2]) Vgl. Stadtger. und Appell.G. Frankfurt a. M. bei Busch 15 S. 77 und 18 S. 40.

III. Wenn der Handlungsgehilfe durch

1. **anhaltende Krankheit,**
2. eine **längere Freiheitsstrafe** oder **Abwesenheit** oder
3. eine die Zeit von acht Wochen übersteigende **militärische Dienstleistung**

an der Verrichtung seiner Dienste verhindert wird (§ 72 Nr. 3 HGB.).

Ist die Verhinderung durch unverschuldetes Unglück verursacht, so hat nach § 72 Abs. 2 HGB. der Handlungsgehilfe Anspruch auf weiteren Gehalt und Unterhalt, jedoch nicht über die Zeit hinaus, bis zu der er beides bei Fortbestehen des Vertrages hätte fordern können, und keineswegs über die Dauer von sechs Wochen hinaus (s. oben S. 73).

ad 1. **„Anhaltende Krankheit"** ist nicht notwendig eine chronische, auch nicht eine solche, die nicht regelmäßig verläuft, deren naturgemäße Heilung sich vielmehr verzögert (Busch 18 S. 395), endlich auch nicht eine länger als sechs Wochen dauernde Krankheit, was Behrend § 45 Anm. 40 und Staub Anm. 8 zu § 72 HGB. annehmen. Denn die für diese Annahme angezogene Vorschrift, daß der Gehilfe bei unverschuldetem Unglück die Vergütung bis auf die Dauer von sechs Wochen beanspruchen darf (§ 63 HGB.), bedeutet nur eine gesetzliche Versicherung des Gehilfen zu Lasten des Prinzipals, hat aber mit der Frage der Fortdauer des Dienstverhältnisses nichts zu tun. Für den Rechtsstand nach dem jetzigen HGB. kommt noch die Erwägung hinzu, daß der Gesetzgeber, wenn er sich jene Auffassung hätte aneignen wollen, dies in sehr einfacher Weise dadurch hätte bewirken können, daß er anstatt aus dem entsprechenden Art. 64 Nr. 4 des alten HGB. die Worte „anhaltende Krankheit" zu übernehmen, dafür die Worte „längere als sechswöchentliche Krankheit" einsetzte. Wenn der Gesetzgeber eine derartige einfache Vornahme unterließ, trotzdem sich gerade an den Begriff „anhaltende Krankheit" gemäß Art. 64 Nr. 4 cit. eine Streitfrage angeknüpft hatte (vgl. Behrend a. a. O.), so muß man annehmen, daß er den gedachten Begriff in seinem gemeingewöhnlichen Sinne verstanden wissen will.

Anhaltende Kränklichkeit; d. h. ein anhaltend leidender Zustand, der öfters mit Unterbrechungen, aber stets nur kürzere Zeit an der Dienstverrichtung hindert, ist nicht mehr wie früher nach Art. 64 Nr. 4 des alten HGB. Entlassungsgrund. Einer der Ausnahme-Umstände, die bei einem derartigen Zustand die Entlassung mit rechtfertigen können, wird eine noch sehr lange, z. B. zehn Jahre laufende Vertragsdauer sein; doch wird dann nach den

Grundsätzen der Billigkeit jedenfalls das weitere Erfordernis hinzukommen müssen, daß der Prinzipal von seiner Absicht dem Gehilfen Kenntnis gibt und ihn darauf noch eine angemessene Frist, mindestens die gesetzliche Kündigungsfrist, das Dienstverhältnis fortsetzen läßt.

Eine nicht anhaltende Krankheit wird insbesondere dann Entlassungsgrund sein, wenn sie ansteckend, ekelerregend[1]) oder verschuldet ist. Über den Begriff und die Fälle der verschuldeten Krankheit s. o. S. 76/77. Unsere der herrschenden Meinung entgegenstehende Ansicht (s. o. S. 77), daß eine Krankheit bloß allein deswegen, weil sie eine geschlechtliche ist, nicht als verschuldet und deshalb nicht als Entlassungsgrund angesehen werden kann, findet sich auch, und zwar sogar betreffs der Handlungsgehilfin, in der Entscheidung des Kammergerichts vom 20. 1. 94. in den Bl. f. R. 1894 S. 26.[2])

ad 2. Auch eine **kurze Freiheitsstrafe** wird Entlassungsgrund sein, wenn sie wegen einer unehrenhaften oder geschäftlich nicht unbeachtlichen Handlung, z. B. wegen gewerbsmäßigen Hasardspiels, erfolgt ist (vgl. oben S. 115/6).

IV. Wenn der Handlungsgehilfe sich **Tätlichkeiten oder erhebliche Ehrverletzungen** gegen den Prinzipal oder dessen Vertreter zu Schulden kommen läßt (§ 72 Nr. 4 HGB.).

1. Die Erheblichkeit der Ehrverletzung setzt nicht voraus, daß letztere mit Bezug auf den Geschäftsbetrieb erfolgt ist. Auch Ehrverletzungen im Privatleben genügen (s. o. S. 63 sub III). Zum Begriff der Erheblichkeit gehört ferner nicht, daß die Ehrverletzung strafbar ist. Derselbe würde z. B. ohne Strafbarkeit gegeben sein, wenn der Gehilfe im Geschäftslokal vor dem übrigen Personal etwa äußerte: „Der Chef versteht von dem Geschäft so gut wie gar nichts.“ Denn auch bloß abfällige Äußerungen können genügen (vgl. Bolze 17 Nr. 415). Eine erhebliche, wenn auch nicht strafbare Ehrverletzung kann ferner in Drohungen des Gehilfen gegen den Prinzipal liegen. Oft freilich wird die Drohung zugleich strafbare Ehrverletzung, also Beleidigung sein, so z. B. die Drohung, den Prinzipal wegen Unterschlagung anzuzeigen (Bolze 15 Nr. 323).

Erheblich ist eine Ehrverletzung nicht, wenn sie in einem bloß unpassenden Benehmen besteht.[3]) Doch kann öftere Wieder-

[1]) G. Z. 14 S. 538, AG. I Berlin vom 23. Februar 97 i. S. 42 C 1774. 96.

[2]) Offenbar anders LG. Berlin I in Bl. f. R. 04 S. 85.

[3]) OLG. Hamburg in G. Z. 42 S. 518.

holung eines solchen, besonders trotz voraufgegangener Verwarnung, sehr wohl eine erhebliche Ehrverletzung darstellen.[1])

Der guten Glauben des Gehilfen betreffs der Richtigkeit seiner ehrverletzenden Bemerkungen ist gleichgültig. Ebenso das Fehlen der Absicht oder des Bewußtseins zu verletzen; es genügt, daß der Gehilfe ein solches Bewußtsein hätte haben müssen (§ 276 Abs. 1 BGB.).

Die Erheblichkeit der Ehrverletzung wird in der Regel dadurch ausgeschlossen, daß die Ehrverletzung nur in berechtigter Erregung über Provokationen des Prinzipals und in Abwehr derselben begangen ist, z. B. letzterer hat den Gehilfen „Schwindler, Betrüger und frecher Patron" genannt, der Gehilfe darauf dem Prinzipal „Gemeinheit und Erpressung" vorgeworfen. In solchem Falle ist zu untersuchen, ob nach Lage der Umstände das Benehmen des Gehilfen durch dasjenige des Prinzipals entschuldigt wird (Bolze 13 Nr. 393).

2. Tätlichkeiten, auch wenn sie noch so leichter Art sind, auch wenn sie sich nicht als Mißhandlungen charakterisieren (anders Art. 64 Nr. 5 des früheren HGB.), rechtfertigen in jedem Falle die Entlassung, ausgenommen wenn sie in Notwehr gegen tätliche Angriffe des Prinzipals erfolgt sind. Überschreitungen der Notwehr schaden diesbezüglich nur, wenn sie sehr schwerer Art sind.

3. Die Verletzung des Vertreters, d. h. derjenigen Person, welche dem Gehilfen gegenüber den Prinzipal zu vertreten berechtigt ist, war im früheren HGB. als besonderer Entlassungsgrund nicht ausdrücklich hervorgehoben. Sie war aber schon nach früherem Recht ein sog. wichtiger Grund, wie es jetzt auch Tätlichkeiten und erhebliche Ehrverletzungen gegen die übrigen Mitglieder des Geschäftspersonals und die Familien-Angehörigen des Prinzipals sind.

B. **Sonstige Entlassungsgründe** sind nach der Praxis u. a.:

I. Grobe Fahrlässigkeit oder Nachlässigkeit im Dienst, soweit solche nicht schon unter den Entlassungsgrund der Untreue oder des Vertrauensmißbruches fallen (s. oben zu A I, 1), z. B. nicht immer ordnungsmäßige Einsendung eingezogener Geschäfts-Außenstände seitens des Reisenden, mehrfache Unterlassung der Anzeige ihrer Erhebung (R. 4 S. 399, 402), oder grobe Fahrlässigkeit in Aufbewahrung einkassierter Geschäftsgelder (HAG. Nürnberg 68 in G. Z. 14 S. 540), leichtsinnige Behandlung von Waren (Ansch. u. Völd. S. 364 zu Art. 64 HGB.) grob fehlerhafte Buchführung (Bolze 1 Nr. 997). Hierher gehören

[1]) LG. Berlin I S. 25. 97., CK. 5, i. S. Rosenthal/Elias.

auch schwere oder wiederholte Fälle von unhöflichem oder gar unziemlichem Benehmen gegen Kunden.

Beruhen derartige Fehler auf Unfähigkeit oder schlechter Charakteranlage, so ist der Gesichtspunkt wesentlichen Irrtums maßgebend und hieraus die Vertrags-Aufhebung gerechtfertigt (s. oben S. 115/6).

II. Ungehorsam und Eigenmächtigkeit gegenüber dem Prinzipal, z. B. willkürliche Änderung der vorgeschriebenen Reisetour oder unbefugte Unterbrechung derselben (OL. 6 S. 5); wiederholter Verkauf zu niedrigeren als den festgesetzten Preisen entgegen ausdrücklicher Anweisung (OL. Jena v. 30. 11. 89 in G. Z. 40 S. 453); eigenmächtiges, widerrechtliches Zurückbehalten von Geschäftsgeldern behufs Verrechnung auf das Salär (OTr. 1858 in Strieth. Arch. 28 S. 104 ff. u. G. Z. 8 S. 164) und von Geschäftsbüchern (R. 19 S. 115/6, vgl. oben S. 135).

III. Der Konkurs des Gehilfen gibt dem Prinzipal ohne weiteres kein Rücktrittsrecht, kann aber unter Umständen als sog. wichtiger Grund für letzteres gelten, insbesondere wenn der Gehilfe mit finanziellen Operationen betraut ist, als Kassierer oder in sonstiger Vertrauensstellung fungiert (R. 18 S. 28/29). In solchem Falle kann schon die bloße ungeordnete Vermögenslage ein Entlassungsgrund sein (KG. in Bl. f. R. 1899 S. 81).

IV. Ungerechtfertigte und später zurückgenommene unbefristete Kündigung seitens des Gehilfen, besonders wenn derselbe auf Grund der Kündigung aus dem Geschäfte, wenn auch nur während einer unerheblichen Zeit, fortgeblieben ist.

V. Unsittliches oder mit der Stellung des Gehilfen unvereinbares Verhalten desselben außerhalb des Geschäftes (vgl. oben zu A. I, 1). So vor allem ein unsittlicher Lebenswandel des Gehilfen (R. 18 S. 28/29), welcher Entlassungsgrund als solcher in Art. 64 Nr. 6 des alten HGB. ausdrücklich hervorgehoben war, z. B. gewerbsmäßiges Hazardspiel (vgl. G. Z. 8 S. 172), die Erhebung des Spieleinwandes gegenüber Ansprüchen eines Dritten aus Börsengeschäften (E. 53 S. 266), Trunksucht (RG. v. 5. März 81 bei Puchelt Anm. 3 zu Art. 62 HGB.). Unter Umständen schon unpassendes Benehmen gegen die Ehefrau eines Mitarbeiters (R. 19 S. 115/6). Dagegen nicht auch das bloße Prahlen am Wirtshaustisch mit Glück bei Frauenzimmern (OLG. Hamburg 87 in G. Z. 34 S. 573/74), oder der abendliche Besuch öffentlicher Lokale durch eine Handlungsgehilfin in Herrenbegleitung (KG. Berlin v. 20. Januar 94 in Bl. f. R. 1894 S. 26), sogar nicht ein nach außen kein Ärgernis erregender außerehelicher Beischlaf (OLG. Hamburg a. a. O., anders A. G. I Berlin v. 23. Februar 97 i. S. 42 C. 1774. 96), und zwar selbst nicht bei einer Handlungsgehilfin (KG. a. a. O.). Dagegen kann ein Konkubinats-Verhältnis des Gehilfen, namentlich wenn derselbe mit seiner Konkubine im Geschäftshause wohnt, Entlassungsgrund sein (vgl. E. 38 S. 115 ff.), weil es nach außen hin Anstoß erregt und Vertrauensmißbrauch ist (s. oben zu A I, 1).

Kein Entlassungsgrund ist eine agitatorische Tätigkeit in der Politik (vgl. LG. I Berlin v. 6. Jan. 91 in Bl. f. R. 91 S. 28), geschweige denn der häufige Besuch sozialdemokratischer oder anarchistischer Versammlungen.

§ 31. Die unbefristete Kündigung insbesondere. Schluß. Die einzelnen wichtigen Gründe gegen den Prinzipal.

A. Nach § 71 HGB. ist es als ein wichtiger Grund, der den Handlungsgehilfen zur Kündigung ohne Einhaltung einer Kündigungsfrist berechtigt, sofern nicht besondere Umstände eine andere Beurteilung rechtfertigen, namentlich anzusehen:

I. wenn der Handlungsgehilfe zur Fortsetzung seiner Dienste unfähig wird.

Ein derartiger Umstand ist in die Fälle der Unmöglichkeit der Erfüllung einzureihen (s. oben S. 115 sub III).

II. wenn der Prinzipal den Gehalt oder den **gebührenden Unterhalt nicht gewährt.**

Auch das nicht vollständige Gewähren ist Nicht-Gewähren. Doch sind verhältnismäßig geringe Abzüge, z. B. 10 Mk. von 200 Mk., unbeachtlich.

Besondere Umstände zugunsten des Prinzipals sind z. B. das Ausbleiben einer Geldsendung oder das Verlegen oder Verlieren des Kassenschlüssels (Kom. S. 35) oder reine Vergeßlichkeit des Prinzipals. Dagegen werden erhebliche Zahlungsstockungen den Handlungsgehilfen einen wichtigen Grund zur fristlosen Kündigung geben; denn so lange zu warten, bis auch er von ihnen betroffen wird, kann dem auf prompten Gehaltsbezug angewiesenen Gehilfen nicht zugemutet werden.[1])

Deshalb kann auch schon die bloße ungerechtfertigte Androhung der künftigen Gehaltsverweigerung

[1]) Ebenso Düringer und Hachenburg S. 223 sub c.

unter Umständen den Gehilfen zur sofortigen Vertragsaufhebung berechtigen (vgl. Puchelt Anm. 3 zu Art. 62 HGB.). Ebenso das Zurückbehalten des Gehalts auf Grund einer offensichtlich ungesetzlichen Pfändung.

Ist der Gehalt stets oder öfters unpünktlich bezahlt worden, so ist nach Treu und Glauben anzunehmen, daß der Gehilfe, der trotzdem nicht gekündigt hat, aus der unpünktlichen Gehaltszahlung einen Kündigungsgrund nicht herzuleiten beabsichtigt. Er kann dies daher später nur dann tun, wenn er seine Kündigungs-Absicht für den Fall weiterer Unpünktlichkeit vorher dem Prinzipal mitgeteilt hat.

III. **Wenn der Prinzipal den ihm nach § 62 HGB. obliegenden Verpflichtungen nachzukommen verweigert** (s. oben S. 102/103).

Eine beharrliche Verweigerung ist nicht erforderlich, andererseits die Weigerung von Kleinigkeiten nicht ausreichend. Die Verweigerung setzt eine Aufforderung seitens des Gehilfen voraus (s. oben S. 139).

IV. Wenn sich der Prinzipal Tätlichkeiten, **erhebliche Ehrverletzungen** oder **unsittliche Zumutungen** gegen den Handlungsgehilfen zu Schulden kommen läßt oder es **verweigert, den Handlungsgehilfen** gegen solche Handlungen eines anderen Angestellten oder eines Familienangehörigen des Prinzipals **zu schützen.**

Betreffs des Begriffes der Tätlichkeiten und der erheblichen Ehrverletzungen gilt das oben S. 141/142 Bemerkte.

Nach dem früheren Recht (Art. 63 HGB.) waren „tätliche Mißhandlungen“ oder „schwere Ehrverletzungen“ erforderlich. Naturgemäß wird nicht alles, was erhebliche Ehrverletzung des Prinzipals ist, auch als solche des Gehilfen gelten können, z. B. nicht eine Äußerung wie „Halten Sie die Schnauze“,[1]) außer sie wird zu einem älteren Gehilfen in höherer Stellung, z. B. zu einem ersten Prokuristen, getan. — Zu den Ehrverletzungen seitens der übrigen Angestellten und der Familienangehörigen, gegen welche der Gehilfe zu schützen ist, sind auch unsittliche, unter Umständen auch nur unschickliche Zumutungen dieser Personen zu rechnen.

Zu den erheblichen Ehrverletzungen gehören insbesondere die ungerechtfertigten Verdächtigungen wegen unehrenhafter oder gar

---

[1]) Staub Anm. 5 zu § 71 HGB. Dagegen ist eine Äußerung wie „Grinsen Sie nicht wie ein Schuljunge“ ein Grund zur fristlosen Kündigung, gewiß wenn der so angeredete Gehilfe gar nicht gegrinst hat. Zu Unrecht wird dies verneint in einer Entsch. des LG. Berlin I vom 22. März 00 i. S. Burgas/Müller 32 S. 40. 00.

strafbarer Handlungen, außer wenn für den Verdacht gewichtige Gründe sprechen und der Prinzipal sich hinterher entschuldigt. Jedoch auch eine solche Entschuldigung wird dann unerheblich sein, wenn der Vorwurf in Gegenwart anderer Personen ausgesprochen worden ist.[1])

Zufolge der ausdrücklichen Vorschrift des Gesetzes, wonach Tätlichkeiten schlechthin unerlaubt sind, gibt jede tätliche Anmaßung eines Züchtigungsrechtes seitens des Prinzipals dem Gehilfen einen Grund zur sofortigen Vertragsaufhebung.

B. **Sonstige wichtige Gründe** sind u. a. ungerechtfertigte, wenn auch später wieder zurückgezogene Entlassung des Gehilfen, falls letzterem dadurch eine Situation aufgenötigt wird, die seiner Lebensstellung nicht entspricht (Bolze 11 Nr. 340); die mit Recht vom Handlungsgehilfen als schwere Kränkung empfundene ungerechtfertigte Entziehung der Prokura (OLG. Braunschweig 88 in G. Z. 37 S. 535); die Zumutung, moralisch verwerfliche oder gesetzlich unerlaubte Handlungen zu begehen, wie die Herstellung unbefugter Nachbildungen (Busch 24 S. 305) oder die Fälschung der Bücher; Chikanierung des Gehilfen, insbesondere chikanöse Beschränkung oder Entziehung seiner Beschäftigung (s. oben S. 63), Verübung irgend einer ehrenrührigen oder erheblichen strafbaren Handlung durch den Prinzipal, welche geeignet ist, das Ansehen seiner Angestellten zu schmälern.[2])

Abschnitt 6.

§ 32. Pflichten des Gehilfen nach Beendigung des Dienstverhältnisses. Konkurrenzklauseln.

A. Solche Pflichten bestehen hauptsächlich[3]) im Falle der in der Praxis außerordentlich häufigen sog. **Konkurrenzklausel.**[4]) Unter derselben versteht man eine Vereinbarung zwischen dem Prinzipal und dem Handlungsgehilfen, durch welche dieser für die Zeit nach der Beendigung des Dienstverhältnisses zugunsten des Prinzipals in seiner gewerblichen Tätigkeit

---

[1]) Ebenso AG. Berlin I in Bl. f. R. 99 S. 65 und LG. Berlin I in Bl. f. R. 01 S. 10.

[2]) Ebenso Düringer und Hachenburg Bd. I S. 223, 224.

[3]) Betreffs der Pflicht des Handlungsgehilfen, nach Beendigung des Dienstverhältnisses dem Prinzipal dessen Bücher und Papiere auszuhändigen, s. oben S. 53.

[4]) Literatur: H. Steiner „Die Konkurrenzklausel nach dem Neuen Handelsgesetzbuch" Stuttgart Süddeutsches Verlagsinstitut 98.

beschränkt wird (§ 74 Abs. 1 HGB.), z. B. derart, daß der in einer Weinhandlung in Berlin angestellte Geschäftsführer innerhalb dreier Jahre nach seinem Austritte in keiner anderen Weinhandlung in Berlin sich beschäftigen lassen darf.

Da für die vor dem 1. Januar 1898 vereinbarten Konkurrenzklauseln das bisherige Recht auch unter der Herrschaft des neuen HGB. weiter gilt (s. oben S. 15), so soll im folgenden neben dem jetzigen Recht das frühere berücksichtigt werden. Das letztere ist im alten HGB. nicht kodifiziert, hat sich vielmehr auf Grund allgemeiner Rechtsanschauungen im Wege der Rechtsprechung gebildet.

B. Die Rechtsanschauungen, welche den §§ 74, 75 des jetzigen HGB. zugrunde liegen, gehen von dem Gedanken aus, daß eine zu große Beschränkung der gewerblichen Tätigkeit unsittlich ist (vgl. E. 31 S. 99). Ja eine solche kann sich sogar als Wucher charakterisieren, wenn der Prinzipal gewerbs- oder gewohnheitsmäßig derartige Klauseln stipuliert (s. oben S. 66, 67).

I. Es entsteht daher die Frage: Innerhalb welcher Grenzen ist eine derartige Beschränkung noch rechtsverbindlich?

§ 74 Abs. 1 HGB. antwortet darauf, entsprechend dem bisherigen Recht:

„Insoweit, als die Beschränkung nach Zeit, Ort und Gegenstand nicht die Grenzen überschreitet, durch welche eine unbillige Erschwerung des Fortkommens des Handlungsgehilfen ausgeschlossen wird."

1. Nach dem von der Reichstagskommission (Kom. S. 38, 43) hinzugefügten Abs. 2 des § 74 HGB. soll eine Beschränkung auf einen **Zeitraum** von mehr als drei Jahren von der Beendigung des Dienstverhältnisses an in allen Fällen als eine derartige unbillige Erschwerung gelten. Diese Bestimmung widerspricht dem früheren Recht. Dasselbe kannte rechtsgültige Konkurrenzklauseln auf längere Zeit, z. B. auf 5 Jahre (Bolze 13 Nr. 398), auf zehn Jahre (E. 1 S. 22; Bolze 5 Nr. 602), ja sogar auf Lebenszeit des Beschränkten (Bolze 8 Nr. 461; 18 Nr. 409). Allerdings wurde auch schon nach dem früheren Recht vorausgesetzt, daß einem Konkurrenzverbot auf sehr lange Zeit oder gar auf Lebenszeit nach Ort und Gegenstand so enge Grenzen gezogen sein müssen, daß außerhalb derselben für den Gehilfen noch ein hinreichendes Erwerbsfeld übrig bleibt, wie z. B. in dem Falle bei Bolze 18 Nr. 409, wo es sich um das Verbot handelt, in einem bestimmten Teile von Berlin niemals ein Pilsener Bier-Geschäft zu

eröffnen.[1]) Andererseits sind deshalb zeitlich und örtlich unbeschränkte Konkurrenzverbote schon früher für rechtsungültig erklärt worden (vgl. R. 18 S. 107/8; R. 21 S. 262; E. 31 S. 99). — Die Schließung oder Auflösung des Geschäftes innerhalb der nach § 74 Abs. 2 HGB. zulässigen drei Jahre macht von der vereinbarten Konkurrenz-Beschränkung an sich noch nicht frei, sondern nur der dauernde oder wahrscheinlich dauernde Ausschluß einer Konkurrenz-Tätigkeit des Prinzipals (E. 47 S. 240 bis 241 und RG. in JW. 1900 S. 826, vgl. Bolze 13 Nr. 396), z. B. bei Auswandern des letzteren, wie ferner (vgl. auch R. 18 S. 107/8) die Vereinbarung zwischen einem Uhrmacher und dessen Lehrling, daß dieser sich nie (und nirgends) als Uhrmacher etablieren dürfe (R. 21 S. 262), oder die Verpflichtung des Reisenden einer selbst nach allen Ländern der Welt verkaufenden Schirmfabrik, niemals den Verkauf von Schirmen für eine andere Firma zu übernehmen, noch auch sich für eigene Rechnung mit der Produktion von Schirmen behufs des Engrosverkaufs zu befassen (E. 31 S. 99).

2. **Örtlich** unbeschränkte Konkurrenzverbote sind nach der Rechtsprechung des Reichsgerichts rechtsgültig, soweit sie nach Zeit und Gegenstand hinreichend begrenzt sind. So z. B. das den kaufmännischen Leiter einer Nudelfabrik örtlich unbeschränkt bindende Verbot der Nudelfabrikation, weil die Fortsetzung der kaufmännischen Tätigkeit in jedem anderen Geschäfte freigegeben ist (Bolze 6 Nr. 524 ähnlich RG. in JW. 1900 S. 57[25] und S. 591[11]), so z. B. die Verpflichtung des Handlungsgehilfen, binnen dreier Jahre nach Austritt als Reisender, Buchhalter, Korrespondent, Kommis, Magazinier oder sonstiger Bediensteter in kein Konkurrenzgeschäft einzutreten, noch ein solches zu betreiben, noch Kommissions- oder Agenturgeschäfte für eine solche Unternehmung zu übernehmen (Bolze 16 Nr. 387, s. auch 12 Nr. 414). Entscheidungen letzterer Art können freilich nicht gebilligt werden. Sich für Jahre einer anderen Branche zuwenden zu müssen, kann dem Gehilfen nicht zugemutet werden. Außerdem wird es für ihn außerordentlich schwer sein, in einer solchen zu annähernd gleich günstigen Bedingungen Stellung zu finden. Andererseits wird das Interesse des Prinzipals bei einer gleichzeitigen örtlichen Beschränkung, z. B. „für Deutschland", genügend gewahrt. — Als örtlich ausschließend sind auch solche Konkurrenzverbote anzusehen, die zwar nur einige bestimmte Firmen betreffen, aber solche, welche die einzigen der betreffenden Branche eines bestimmten örtlichen Bezirks sind.

---

[1]) Vgl. auch Bolze 13 Nr. 400; dagegen z. B. Bolze 4 Nr. 571.

Die Natur der Konkurrenzklausel als einer außergewöhnlichen Beschränkung der Verkehrsfreiheit zwingt zu strengster Auslegung ihrer Grenzen. Mit Recht ist z. B. entschieden worden, daß an die Kunden des alten Geschäfts von dem neuen Konkurrenzgeschäft geliefert werden darf, sofern dasselbe nur außerhalb des vereinbarten Bannkreises liegt (Bolze 8 Nr. 459 und Nr. 463; vgl. OL. Dresden 1893 in G. Z. 47 S. 488). Über den Umfang des letzteren entscheidet im Zweifel die Verkehrs-Anschauung des Kaufmannsstandes. So wurde in einem bei Staub Anm. 10 zu § 74 HGB. zitierten Fall, in welchem das Konkurrenzverbot für das Potsdamer Viertel Berlins ausgesprochen war, eine Etablierung in einer zum Potsdamer Viertel, aber zur politischen Gemeinde Schöneberg gehörenden, eng anstoßenden Straße vom LG. Berlin I als Verletzung des Verbots erachtet.

3. a) Seinem **Gegenstande** nach ist jedes Konkurrenzverbot unbillig und rechtsungültig, welches sich nicht auf die Branche des Prinzipals beschränkt, weil außerhalb derselben das berechtigte Interesse des letzteren aufhört. Deshalb gilt dieser Satz wie für das frühere so auch für das heutige Recht, obwohl ihn das jetzige HGB. nicht ausdrücklich ausspricht, und obwohl in der Reichstagskommission (Kom. S. 38, 39, 43) ein entsprechender Antrag abgelehnt worden ist.

Die diesseitige Auffassung kommt in der bisherigen Rechtsprechung des Reichsgerichts ständig zum Ausdruck. So hält z. B. das letztere (Bolze 18 Nr. 408) bei dem Verbote, ein Käseversandgeschäft zu etablieren, die Errichtung eines Margarinekäse-Versandgeschäftes für erlaubt, falls Margarinekäse ein völlig anderes Produkt ist als ausschließlich aus Milch hergestellter Käse. Nach einem Gutachten der Berliner Ältesten sind übrigens in dieser Hinsicht Naturbutter und Margarine gleiche Produkte.[1]) So erklärt das Reichsgericht ferner eine Verpflichtung des Gehilfen, ohne Zustimmung seiner Prinzipalin, der Ostafrikanischen Gesellschaft, keine Stellung in anderen Diensten in Ostafrika zu nehmen, nur für rechtsverbindlich bei einer Auffassung dahin, daß der Gehilfe in keine andere ähnliche Gesellschaft mit ähnlichem Zweck eintreten dürfe (Bolze 13 Nr. 398).

Wie die Konkurrenzklausel nur bei Vorhandensein eines berechtigten Interesses des Prinzipals gültig ist, so verliert sie ihre Gültigkeit mit dem Fortfall dieses Interesses, z. B. wenn zur Zeit

---

[1]) Vom 10. August 93 i. S. Barheine/Vermeuten 70 C 698. 93 AG. Berlin I.

ihrer Verletzung der Prinzipal das durch die Klausel geschützte Geschäft nicht mehr betreibt (Bolze 13 Nr. 396), und, wie hinzuzusetzen ist, von neuem innerhalb der Verbotszeit nicht mehr betreiben wird (RG. in JW. 1900 S. 826).

Die gültige Konkurrenzklausel erstreckt sich auf alle Branchen des Prinzipals, auch auf die nebensächlichen (vgl. jedoch Kom. S. 39), sowie auf diejenigen, in denen der Gehilfe nicht beschäftigt wird, z. B. für den Börsenvertreter eines Bankiers auch auf dessen nebenbei betriebenes Weingeschäft, weil sonst die Kunden des Bankiergeschäfts oder die gemeinsamen Kunden beider Betriebe von dem Gehilfen dem Weingeschäft entzogen werden könnten. Sie erstreckt sich ferner auf den gesamten möglichen Inhalt der Branche, also auch auf solche Geschäftsgattungen derselben, welche zur Zeit der Vereinbarung oder der Dauer des Dienstverhältnisses vom Prinzipal nicht betrieben werden, z. B. bei einer Leihbibliothek, die zu dieser Zeit nur deutschsprachige Bücher führt, auch auf fremdsprachige, falls sie sich solche zu der Zeit bereits zugelegt hat, zu welcher der Gehilfe in eine andere nur fremdsprachige Bücher führende Leihbibliothek eintreten will. Jedoch wird in Fällen solcher Art die Frage sehr sorgfältig zu prüfen und im Zweifel zugunsten des Gehilfen zu entscheiden sein, wann ein Geschäftsbetrieb noch Teil einer Branche oder schon selbständige Branche ist. So wird z. B. der Inhaber eines rein medizinischen Verlages die von ihm stipulierte Konkurrenzklausel auf den Eintritt in juristische, belletristische oder andere Verlagsanstalten, die sich mit medizinischen Büchern nicht befassen, nicht ausdehnen dürfen. — Die Tatsache, daß zwei Geschäfte verschiedene Handelsartikel gemeinsam führen, macht sie noch nicht zu Geschäften gleicher oder ähnlicher Branche (RG. in JW. 1899 S. 779[28]). Dagegen sind Engros-Geschäft und Detail-Geschäft in denselben Waren als verschiedene Branchen anzusehen (vgl. E. 31 S. 99).

Was vom Inhalt der Branche gilt, gilt auch von ihrem Umfang. Unrichtig ist es daher, wenn das Reichsgericht in einem dem obigen ostafrikanischen analogen Falle (Bolze 7 Nr. 531) das Verbot nur soweit für gültig erachtet, als der Prinzipal während der Dienstzeit des Gehilfen an der Ostküste Afrikas Geschäfte macht. Denn die Branche des Prinzipals ist es, welche die Grenzen des Konkurrenzverbotes absteckt, nicht der zu irgendeiner Zeit vorhandene Umfang ihres Geschäftsbetriebes, ganz abgesehen von der Schwierigkeit, denselben festzustellen.

Maßgebend ist der Gegenstand, den das Konkurrenzgeschäft zu der Zeit hat, zu welcher der Gehilfe dasselbe eröffnet bzw. übernimmt oder sich für dasselbe verpflichtet. Die Konkurrenzklausel ist daher nicht verletzt, wenn das Geschäft, in welches der Gehilfe eintritt, später ein Konkurrenzgeschäft wird, aber zur Zeit des Eintritts noch kein solches war, und der Gehilfe nicht wußte, daß es ein solches werden sollte (Bolze 9 Nr. 361, vgl. Bd. 5 Nr. 601).

Gleichgültig ist jedoch, ob sich im konkreten Falle die beiden Geschäfte tatsächlich Konkurrenz machen (Bolze 5 Nr. 598). Die Konkurrenzklausel ist daher auch verletzt, wenn beide Geschäfte mit verschiedenen Kundenkreisen arbeiten.

b) Bei der strengen Interpretation, welche Konkurrenzklauseln erfahren müssen, läßt das Verbot, ein Geschäft einer bestimmten Branche, z. B. ein Putzgeschäft zu betreiben, den Abschluß einzelner Rechtsgeschäfte dieser Branche, z. B. den Verkauf einzelner Putzarbeiten, frei und hemmt nur die Eröffnung einer diesbezüglichen Handelsniederlassung.[1])

Dagegen erscheint es als eine Ausartung des Bestrebens, die Konkurrenzklausel streng zu interpretieren, wenn das Reichsgericht bei Bolze 12 Nr. 417 annimmt, daß der dortige Beklagte gegen das Konkurrenzverbot nicht dadurch gefehlt habe, daß er Waren, welche unter das Vertragsverbot fallen, angeboten habe, da dies nur eine Vorbereitung sei, welche zu einem Handelsgeschäft nicht geführt habe, weil der Dritte auf die Offerte nicht eingegangen sei. Denn wenn auch streng, so darf die Konkurrenzklausel doch nicht gegen ihren Sinn ausgelegt werden (vgl. Bolze 5 Nr. 603). Das Verbot zu verkaufen aber schließt nach der Sprache des Verkehrs und der Auffassung des Kaufmannsstandes das Verbot des Feilbietens in sich. Schon durch das bloße Angebot, nicht erst durch das erfolgreiche Angebot, wird Konkurrenz gemacht, indem der Kaufbedürftige dadurch allein schon einen neuen Verkäufer kennen lernt und damit ein Gewicht mehr gegen die bisherigen Verkäufer erhält, indem ihm ferner oft auch die Waren, Preise und sonstigen Bedingungen des neuen Konkurrenten bekannt werden, was ebenfalls geeignet sein kann, die Aussichten der bisherigen Verkäufer zu verringern.

Daß die enge Auslegung der Konkurrenzklausel nicht engherzig werden darf, legt das Reichsgericht selber in anderen Entscheidungen (v. 3. 10. 96 in DJZ. 96 S. 424 und bei Bolze 23 Nr. 469) mit Aufstellung der Ansicht dar, daß auch die Ehefrau

---

[1]) E. 26 S. 164—66; Bolze 9 Nr. 245; vgl. RG. in JW. 00 S. 682[61]; anders jedoch Bolze 12 Nr. 415.

des Handlungsgehilfen das verbotene Konkurrenzgeschäft nicht betreiben darf. In den Fällen der ehelichen Gütergemeinschaft versteht sich dies von selber, und in anderen Fällen kann der Prinzipal beanspruchen, daß der Handlungsgehilfe seine Einwilligung zum Betriebe nicht gibt bzw. die gegebene zurücknimmt. — Entsprechend ist jede andere Umgehung der Konkurrenzklausel zu beurteilen. So bedeutet z. B. das Versprechen, sich „weder direkt noch indirekt" an einem Konkurrenzgeschäft zu beteiligen, daß der Versprechende, wenn er früher selbständig war, auch als Handlungsgehilfe in einem Konkurrenzgeschäfte nicht tätig sein werde (E. 40 S. 97; vgl. RG. in JW. 1900 S. 511⁹; vgl. Bolze 23 Nr. 468). So hat das Reichsgericht (Entsch. v. 8. 5. 94 in G. Z. 47 S. 489) entschieden, daß auch derjenige das Konkurrenzverbot verletzt, welcher sich mit einem Dritten verbindet zur Herstellung einer Maschine, mit der ein konkurrenzfähiges Fabrikat erzeugt werden kann.

II. Nach der positiven Vorschrift des § 74 Abs. 1 HGB. ist die **Konkurrenzklausel „insoweit" verbindlich, als sie billig ist.**[1]) Sie ist also nicht schlechthin rechtsungültig, vielmehr ist die Grenze festzustellen, bis zu welcher sie billig ist, und insoweit ist sie dann rechtsgültig (Denkschr. S. 65; Kom. 40, 41). Z. B. es ist Konkurrenztätigkeit in Deutschland ausgeschlossen worden; dies ist im betreffenden Falle unbillig, anders dagegen würde ein Ausschluß nur für Berlin und die Provinz Brandenburg zu beurteilen sein. In solchem Falle hat die Klausel für den engeren Bezirk Gültigkeit. Selbstverständlich kann auch die Klausel ihrem ganzen Inhalte nach unbillig und dann ganz rechtsungültig sein.[2])

Ebenso wird eine Nichtigkeit der ganzen Klausel anzunehmen sein, wenn der Tatbestand des § 138 Abs. 2 BGB. vorliegt[3]) (siehe oben S. 66/7; vgl. unten S. 157 zu 7).

---

[1]) Anders nach früherem Recht, wonach eine unbillige Konkurrenzklausel schlechthin nichtig war (vgl. E. 31 S. 100; anders freilich RG. bei Bolze 7 Nr. 531).

[2]) Kom. 40, 41; ebenso offenbar RG. in JW. 99 S. 50⁵⁶; anders Düringer und Hachenburg I S. 236 und Steiner S. 27, 28. Letzterer führt a. a. O. ferner aus, daß der Richter die Konkurrenzklausel nur beschränken dürfe angehend Zeit, Ort und Gegenstand, dagegen nicht hinsichtlich ihrer Art, daß er z. B. nicht die Festsetzung ändern könne, daß der Gehilfe weder selbst ein Geschäft gründen noch in einem anderen Geschäft tätig sein dürfe. Diese Unterscheidung widerspricht nicht nur dem Zweck des Gesetzes, sondern ist auch falsch, weil dasjenige, was Steiner als Art der Konkurrenzklausel besonders ausscheidet, weiter nichts ist als ihr Gegenstand.

[3]) Ebenso Düringer und Hachenburg I S. 236. Anders Lehmann und Ring Note 5 Abs. 3 zu § 74 HGB. Wie wir offenbar auch Cosack S. 114.

Bei der Frage, ob und inwieweit die Konkurrenzklausel billig ist, wird im Einzelfalle zu untersuchen sein, ob der Gehalt nicht ein Äquivalent für die vereinbarte Beschränkung sein soll und ist.[1])

Das alte Recht weicht hiervon erheblich ab. Zwar macht nach demselben eine unbillige Konkurrenzklausel in der Regel nicht den ganzen Dienstvertrag rechtsungültig, weil sie eben nur eine Nebenvereinbarung ist. Wohl aber ist diese Nebenvereinbarung vollständig rechtsungültig, d. h. nicht zum Teil verbindlich, nämlich soweit sie Billiges enthält, und zum anderen Teil, soweit sie Unbilliges enthält, unverbindlich. Denn jede Vereinbarung ist eine einheitliche, die nicht in einzelne Bestandteile zerlegt werden kann, und es ist für das Gericht nicht zulässig, eine unbeschränkt gewollte Vereinbarung so zu beschränken, wie sie gültig hätte geschlossen werden dürfen (E. 31 S. 100). Das oben erwähnte Konkurrenzverbot für Deutschland würde also, falls es vor dem 1. Januar 1898 stipuliert wird, schlechthin rechtsungültig sein, mithin dem Gehilfen gestatten, überall, auch in Berlin, dem Geschäftsdomizil seines Prinzipals, eine Konkurrenz eröffnen. Das alte Recht hat die juristische Folgerichtigkeit, das neue die wirtschaftliche Gerechtigkeit für sich (vgl. unten zu D I, 7).

III. **Nichtig** ist, wie § 74 Abs. 3 HGB. in Übereinstimmung mit dem früheren Recht vorschreibt, die Vereinbarung einer Konkurrenzklausel, **wenn** der **Handlungsgehilfe** zur Zeit der Vereinbarung **minderjährig** ist. Grund hierfür ist, daß ein Minderjähriger in der Regel nicht in der Lage ist, die Tragweite einer solchen Abmachung in vollem Umfange zu würdigen (Denkschr. S. 64). — Die Folge der Nichtigkeit tritt auch dann ein, wenn der Vater oder Vormund dem Minderjährigen die erforderliche Genehmigung zum Abschlusse des betreffenden Dienstvertrages erteilt hat; denn letztere erstreckt sich nur auf Dienstverhältnisse, welche den gewöhnlichen und regelmäßigen Vertragsinhalt haben (OLG. Frankfurt a. M. 91 in G. Z. 42 S. 515). Wir setzen hinzu: Auch das Recht zur Genehmigung erstreckt sich nur auf einen derartigen Vertragsinhalt, daher wird durch die väterliche oder vormundschaftliche Genehmigung der ungültigen Konkurrenzklausel selber die Nichtigkeit der letzteren nicht aufgehoben.

Die tatsächliche Fortsetzung des Dienstverhältnisses nach erreichter Volljährigkeit heilt die Nichtigkeit der von dem Minderjährigen stipulierten Konkurrenzklausel (§ 141 BGB.). Bürgschaft eines Minder-

[1]) So mit Recht Fuld bei Rassow-Küntzel (Gruchot) 41 S. 576; vgl. § 75 Abs. 1 S. 2 HGB.

jährigen für die von einem volljährigen Handlungsgehilfen eingegangene Konkurrenzklausel ist zulässig.

C. Es ist eine Forderung der Billigkeit, daß die Konkurrenzklausel nur dann zur Anwendung kommt, wenn der Prinzipal „seinerseits bereit ist, dem Gehilfen in seinem Geschäft, soweit es angeht, die Möglichkeit des weiteren Fortkommens zu gewähren" (Denkschr. S. 64). Diese Auffassung hat zu der Bestimmung des Abs. 1 des § 75 HGB. geführt, wonach der **Prinzipal** in folgenden Fällen **Ansprüche aus der** Verletzung der **Konkurrenzklausel nicht erheben darf:**

1. wenn er durch **vertragswidriges Verhalten** dem Handlungsgehilfen Grund gibt, das Dienstverhältnis gemäß §§ 70, 71 HGB.[1]) (s. oben §§ 29, 31) ohne Einhaltung einer Kündigungsfrist zu kündigen, oder, wie man dem Geiste des Gesetzes nach weiterhin annehmen muß, wenn der Gehilfe in solchem Falle zwar auf die unbefristete Kündigung verzichtet, sich aber der befristeten Kündigung zur Lösung des Verhältnisses bedient, wobei allerdings im Einzelfalle zu prüfen sein wird, ob keine Verzeihung seitens des Gehilfen vorliegt.[2])

Als vertragswidriges Verhalten in diesem Sinne wird auch die Veräußerung des Geschäfts angesehen werden müssen, falls sie dem Gehilfen ein Recht zur Vertragsaufhebung gibt (s. oben S. 117/8). Denn ein Verhalten, welches sogar zur Aufhebung des ganzen Vertrages berechtigt, ist gewiß vertragswidrig. In Fällen, in denen der Dienstvertrag wegen schuldhaften Verhaltens des Prinzipals, z. B. wegen falscher Vorspiegelungen desselben beim Vertrags-Abschluß, mit Erfolg als rechtsungültig angefochten wird, fällt die Konkurrenzklausel als Teil des ungültigen Vertrages von selber.

Das vertragswidrige Verhalten des Prinzipals muß der Grund zur Kündigung des Dienstverhältnisses gewesen sein. Verfehlungen nach Lösung des letzteren beseitigen daher die Ansprüche aus der Konkurrenzklausel nicht, z. B. wenn der Prinzipal alsdann Provisionszahlung und Rechnungslegung unterläßt (E. 54 S. 123 ff.).

---

[1]) Nach Steiner S. 15 auch im Falle der Nr. 1 des § 71 HGB. Wir halten das für unrichtig. Denn in diesem Falle liegt kein vertragswidriges Verhalten des Prinzipals vor.

[2]) Ebenso RG. in JW. 04 S. 149 Nr. 23 und E. 56 S. 372; s. die dort angeführte Literatur. — Kein vertragswidriges Verhalten des Prinzipals in obigem Sinne ist die rechtswidrige Vorenthaltung einer verhältnismäßig geringfügigen Provision (OL. 7 S. 385).

2. **Wenn der Prinzipal das Dienstverhältnis kündigt,** befristet oder unbefristet, es sei denn

a) daß für die Kündigung ein erheblicher Anlaß vorliegt, den er nicht verschuldet[1]) oder nicht mitverschuldet hat, z. B. wohlbegründete Unzufriedenheit mit den Leistungen des Gehilfen (Kom. S. 44), oder

b) daß während der Dauer der Beschränkung[2]) dem Handlungsgehilfen das zuletzt von ihm bezogene Gehalt fortbezahlt wird, gleichgültig ob er während dieser Dauer anderweiten Verdienst findet oder nicht (Kom. S. 44). Unter dem zuletzt bezogenen Gehalt sind auch die Tantiemen und Provisionen zu verstehen, und zwar nach dem Durchschnittssatze des letzten Dienstjahres.[3])

Der Prinzipal ist, falls er sich das Recht aus der Klausel erhalten will, verpflichtet, bei der Kündigung dem Gehilfen mitzuteilen, daß er das Gehalt fortzahlen werde. Denn letzteres wird nicht vermutet und der Gehilfe muß wissen, woran er ist.[4])

Vereinbarungen, welche den vorstehend sub 1 und 2 dargelegten Gesetzesvorschriften zuwiderlaufen, sind nichtig. Das frühere Recht stimmte mit letzteren überein.[5])

D. Die **Folgen der Verletzung der Konkurrenzklausel** sind:

I. **nach dem jetzigen Recht:**

1. Der Prinzipal kann auf Unterlassung weiterer zukünftiger Verletzung klagen, infolgedessen beanspruchen, daß der Gehilfe seine Stelle im Konkurrenzgeschäft bzw. seine Tätigkeit für dasselbe sofort aufgibt (vgl. Bolze 3 Nr. 656 u. 17 Nr. 422) und das von ihm betriebene Konkurrenzgeschäft sofort schließt (vgl. R. 19 S. 136—138, R. 16 S. 163/164). Die Unterlassungsklage

---

[1]) Unrichtig ist die Entsch. des RG. in JW. 03 S. 389, wonach der Konkurs des Prinzipals nicht ohne weiteres als ein diesbezügliches Verschulden des letzteren anzusehen sei, wenn auch dem kündigenden Konkurs-Verwalter die Beweislast für den Mangel eines Verschuldens obliege.

[2]) Unrichtig ist die Ansicht Steiners S. 22, 23, daß der Prinzipal bei der Kündigung rechtswirksam erklären könne, daß er die Fortdauer des vertragsmäßigen Konkurrenzverbotes nur auf eine kleinere als die vertragsmäßige Zeit gegen Gehaltszahlung nur für diese kleinere Zeit verlange. Denn eine derartige Erklärung ist kein bloßer Verzicht auf Rechte des Prinzipals, sondern greift auch in die Rechte des Gehilfen ein, bedarf daher der Annahme seitens des letzteren. Gegen Steiner auch Düringer und Hachenburg Bd. I S. 247 unten und Staub Anm. 4 zu § 75 HGB.

[3]) Anders Steiner S. 25, Düringer und Hachenburg I S. 243.

[4]) So mit Recht Fuld S. 97 und Staub Anm. 4 zu § 75 HGB.

[5]) Vgl. E. 20 S. 107, 108; Bolze 5 Nr. 598—600; 20 Nr. 457; 16 Nr. 389; 14 Nr. 344; 6 Nr. 525; 1 Nr. 199; G. Z. 42 S. 5—7; anders jedoch Bolze 13 Nr. 399, Staub Anm. 7 zu § 75 HGB. und Steiner S. 5 sub c.

wird nicht beseitigt, wenn der Handlungsgehilfe vor Erlaß des Urteils aus der verbotenen Konkurrenzstellung austritt; der Unterlassungsanspruch wird dadurch nicht konsumiert.[1])

2. Der Prinzipal kann den durch die Verletzung entstandenen Schaden und entgangenen Gewinn ersetzt verlangen.

3. Der Prinzipal kann eine für den Fall der Verletzung versprochene Strafe verlangen. Nach § 75 Abs. 2 HGB. bleiben die Vorschriften des Bürgerlichen Gesetzbuches über die Herabsetzung einer unverhältnismäßig hohen Vertragsstrafe unberührt, eine Bestimmung, die eigentlich überflüssig ist, da nach § 348 HGB. nur die von einem Kaufmann im Betrieb seines Handelsgewerbes versprochene Vertragsstrafe nicht herabgesetzt werden darf.

Die gedachten Vorschriften sind enthalten in dem § 343 Abs. 1 BGB., welcher lautet:

„Ist eine verwirkte Strafe unverhältnismäßig hoch, so kann sie auf Antrag des Schuldners auf den angemessenen Betrag herabgesetzt werden. Bei der Beurteilung der Angemessenheit ist jedes berechtigte Interesse des Gläubigers, nicht bloß das Vermögensinteresse, in Betracht zu ziehen. Nach der Entrichtung der Strafe ist die Herabsetzung ausgeschlossen."

Die Konventionalstrafe wird übrigens nur einmal verwirkt, nicht bei jedem Kontraventionsfall von neuem (Bolze 5 Nr. 603). Sie bleibt natürlich verwirkt, auch wenn ihre Ursache fortfällt, d. h. der Gehilfe aus der verbotenen Konkurrenzstellung ausscheidet (vgl. oben zu 1).

4. Die Rechte zu 1 und 2 können nebeneinander geltend gemacht werden. Dagegen kann der Prinzipal im Falle der Vereinbarung einer Konventionalstrafe nur letztere fordern, der Anspruch auf Erfüllung oder auf Ersatz eines weiteren Schadens ist dann ausgeschlossen (§ 75 Abs. 2 HGB., im Gegensatz zu § 340 Abs. 2 BGB.).

5. Vereinbarungen, welche den zu 3 und 4 erörterten zugunsten des Gehilfen getroffenen Bestimmungen zuwiderlaufen, sind nichtig (§ 75 Abs. 3 HGB.), können also auch durch Anerkenntnis des Gehilfen nach Aufhebung des Dienstverhältnisses nicht geheilt werden. Nichtig ist demgemäß auch eine Vereinbarung, durch welche sich der Prinzipal die Wahl vorbehält zwischen dem Anspruch auf Unterlassung

[1]) Vgl. E. 25 S. 348; vgl. § 1004 Abs. 1 S. 2 BGB.; § 259 CPO. in Verb. mit § 241 S. 2 BGB.

und Schadensersatz einerseits und dem auf Vertragsstrafe andererseits.

6. Eine kurze Verjährungsfrist, wie sie als dreimonatliche bzw. fünfjährige für die Ansprüche aus einer verbotenen Tätigkeit des Gehilfen während des Dienstverhältnisses in § 61 Abs. 2 HGB. normiert worden (s. oben S. 60), ist für die vorstehenden Ansprüche nicht bestimmt. Die Verjährung tritt also erst nach 30 Jahren ein.

7. Auf Grund des § 139 BGB. kann der Prinzipal den ganzen Dienstvertrag als nichtig anfechten, wenn er darzutun vermag, daß derselbe ohne die Konkurrenzklausel im vollen Umfange ihrer Vereinbarung nicht geschlossen worden wäre.

II. Das **alte Recht** stimmte in den Fragen zu I, 1 (siehe die dortigen Zitate S. 147/8), 2 und 4[1]) mit dem neuen Recht überein. Ausgeschlossen ist nach altem Recht die Möglichkeit einer Herabsetzung der Konventionalstrafe (Art. 284 Abs. 1 HGB.) und die Nichtigkeit abweichender Vereinbarungen zu ungunsten des Gehilfen.[2]) Nach Art. 284 Abs. 2 des alten HGB. ist der Schuldner „im Zweifel" nicht berechtigt, sich durch Erlegung der Konventionalstrafe von der Erfüllung zu befreien. Eine Fassung der Strafandrohung „und zwar bei Vermeidung einer Konventionalstrafe von 10000 Mk." bedeutet, daß die Zahlung der Strafe den Anspruch auf Erfüllung beseitigt (E. 33 S. 142). Nach der mit Recht weiter gehenden Entscheidung des Reichsgerichts bei Bolze 19 Nr. 494 liegt eine diesbezügliche Absicht der Kontrahenten allgemein im Wesen derartiger die Gewerbefreiheit beschränkender Verträge, ist also zu vermuten, und zwar namentlich, wenn die Strafe ihrer Höhe nach dazu bestimmt erscheint, dem Berechtigten das volle Interesse an der Vertrags-Erfüllung zu ersetzen.

E. Sind die Ansprüche aus der Vereinbarung einer Konkurrenzklausel sowie einer diesbezüglichen Vergütung abtretbar?

I. In allen Fällen abtretbar sind die aus einer bereits erfolgten Verletzung entstandenen Vermögensansprüche, also ein bereits erwachsener Schadensersatzanspruch und das Recht auf eine verwirkte Vertragsstrafe.

II. Im übrigen, soweit sie sich also auf die Zukunft erstrecken, sind derartige Ansprüche keine rein persönlichen des Prin-

---

[1]) Bolze 16 Nr. 385; 19 Nr. 494; E. 33 S. 141; anders freilich Bolze 17 Nr. 422.

[2]) Siehe oben ad I, 5; E. 33 S. 141; RG. vom 27. November 96 in DJZ. 97 S. 168.

zipals. Sie können daher bei Veräußerung des Geschäftes auf den Erwerber mit übertragen werden, brauchen es natürlich nicht.[1]) Ohne sein Geschäft kann der Prinzipal sie nicht übertragen. Unter ersterem wird aber nicht nur das ursprüngliche Geschäft verstanden, mit Bezug auf welches die Klausel stipuliert wurde, sondern auch ein nach der Veräußerung oder Auflösung desselben gegründetes oder übernommenes ferneres, aber gleichartiges Geschäft des Prinzipals. Diese Grundsätze ergeben sich daraus, daß die Klausel nur, aber auch insoweit gültig ist, als ein berechtigtes Interesse des Prinzipals an ihr besteht (vgl. oben S. 149/150).

Erfolgt eine derartige Zession während der Dauer des Dienstverhältnisses, so wird der Gehilfe allerdings oft das Recht haben, den Vertrag sofort aufzuheben (s. oben S. 117). Liegt ein solcher Fall vor, so ist ein vertragswidriges Verhalten des Prinzipals gegeben (s. oben S. 154), und es fällt damit die Klausel nebst ihren Folgen überhaupt von selber fort. Verbleibt der Gehilfe im Geschäft, so tritt der neue Prinzipal in das Recht der Konkurrenzklausel ein (Anders OLG. Jena 1892 in G. Z. 42 S. 512).

Der alte Prinzipal geht jedenfalls durch Veräußerung des Geschäfts der Rechte aus der Konkurrenzklausel für die Zukunft verlustig, auch wenn er sonst am Geschäft interessiert bleibt, z. B. als Aktionär des in eine Aktiengesellschaft umgewandelten Geschäftes (Bolze 13 Nr. 396).

Drittes Buch.

Das Recht der Handlungslehrlinge.[2])

§ 33. Altes und neues Recht. Begriff des Handlungslehrlings. Öffentlich rechtliche Erfordernisse für Prinzipal und Lehrling. Anstellungsvertrag.

A. Das gewerbliche Lehrlingswesen ist in der Reichs-Gewerbeordnung ausführlich geregelt. Jedoch haben die bezüglichen Bestimmungen dieses Gesetzes sich auf die Lehrlinge des Handelsgewerbes nie erstreckt. Quelle des Rechts der letzteren war

---

[1]) Ebenso RG. in JW. 98 S. 394[32]. Anders Ansch. und Völd. S. 343 zu Art. 59 HGB., welche die Abtretbarkeit überhaupt verneinen, und OLG. Jena 1892 in G. Z. 42 S. 512.

[2]) Literatur: Dr. Eduard Bloch: Der kaufmännische Lehrvertrag München 98.

früher das alte HGB., allerdings eine recht spärliche Quelle. Das alte HGB. begnügt sich nämlich mit der Verordnung, daß die Dauer der Lehrzeit nach dem Lehrvertrage, eventuell nach den örtlichen Verordnungen oder dem Ortsgebrauch zu beurteilen ist (Art. 61 Abs. 2), und daß die Natur der Dienste und die Ansprüche des Lehrlings auf Gehalt und Unterhalt in Ermangelung einer Übereinkunft durch Ortsgebrauch oder gerichtliches Ermessen bestimmt werden (Art. 57 HGB.). Diese Andeutungen waren um so wertloser, als sie nur Selbstverständliches sagten. Seine Rechtsnormen verdankt das kaufmännische Lehrlingswesen allein der Gerichtspraxis. Ihre Grundsätze finden sich zum großen Teil in den §§ 76—82 des jetzigen HGB. wieder, welche das kaufmännische Lehrlingswesen ausführlich und vielfach neuartig ordnen. Insbesondere verstärken sie das Recht des Lehrlings durch die Androhung der Bestrafung von Pflichtwidrigkeiten des Prinzipals.

B. Auch das neue HGB. gibt keine Definition des Begriffes „Handlungslehrling". Ein solcher ist **derjenige, welcher in einem Handelsgewerbe zur Erlernung desselben angestellt ist.**

1. Die Erfordernisse der Anstellung und der Anstellung in einem Handelsgewerbe sind die gleichen wie bei den Handlungsgehilfen (s. oben §§ 5 u. 6).

Dagegen fehlt das Erfordernis des Entgelts. Ein solches ist zulässig, aber nicht notwendig.

2. Das charakteristische Begriffsmerkmal liegt darin, daß der Zweck der Anstellung der folgende zweiseitige ist: für den Prinzipal die Leistung von Diensten, für den Lehrling die Erlernung des Handelsgewerbes.

C. I. Betreffs der Frage: „Wer kann und darf Handlungslehrling sein?" gilt das gleiche wie das oben § 9 hinsichtlich der Gehilfen Dargelegte. Insbesondere ist ein bestimmtes Alter nicht vorgeschrieben.

II. Handlungslehrlinge haben darf jeder, welcher sich im Besitze der bürgerlichen Ehrenrechte befindet (§ 81 Abs. 1 HGB.), also auch derjenige, der sie eine Zeitlang nicht besessen hatte. Das frühere Recht kannte nach dieser Richtung überhaupt keinerlei Einschränkung. Wer, ohne im Besitz der bürgerlichen Ehrenrechte zu sein, Handlungslehrlinge beschäftigt, wird nach § 82 Abs. 2 HGB. mit Geldstrafe bis zu 150 Mk., ev. im Falle der Nichtbeitreibbarkeit mit Haft bis zu sechs Wochen bestraft (§§ 28 Abs. 1, 29 StGB.). Außerdem kann in solchem Falle die Entlassung des Lehrlings von der Polizeibehörde erzwungen werden (§ 81 Abs. 2 HGB.).

Der mit einem derart bescholtenen Prinzipal geschlossene Lehrvertrag ist nichtig.[1])

Handlungslehrlinge haben kann jeder Kaufmann, auch derjenige, welcher sich nicht im Besitze der bürgerlichen Ehrenrechte befindet. Die Lehrlinge eines solchen sind zwar gesetzwidrig Lehrlinge; so lange sie es aber tatsächlich sind, sind sie Handlungslehrlinge mit allen Rechten und Pflichten der letzteren.

D. Betreffs des Lehrvertrages gelten die gleichen Rechtssätze wie die oben in § 10 erörterten. Danach ist der formlose, mündliche Lehrvertrag gültig. Doch kann nach der ausdrücklichen Vorschrift des § 79 HGB. der Lehrherr gegen den Lehrling Ansprüche wegen unbefugten Austritts aus der Lehre nur geltend machen, wenn der Lehrvertrag schriftlich geschlossen ist.

Der schriftliche Lehrvertrag genießt keine Stempelfreiheit kraft Reichsgesetzes wie der gewerbliche nach § 128 Abs. 4 GewO. — In Preußen ist er stempelfrei.[2])

Hinsichtlich der Personen des Anstellungsvertrages treffen die Erörterungen oben in § 11 gleichfalls zu. Insbesondere bedarf es zu einem Lehrvertrage, der für einen Minderjährigen für längere Zeit als ein Jahr geschlossen wird, der Genehmigung des Vormundschaftsgerichtes (§§ 18, 22 Nr. 6 BGB.) und es soll letzteres vor Abschluß des Vertrages den Mündel hören.

Meist wird der Anstellungsvertrag nicht von dem Lehrling, sondern von seinem Vater, Vormund, einem Verwandten (vgl. R. 14 S. 206) oder sonst irgend einer anderen Person für ihn geschlossen. Dieser andere ist allein berechtigt und verpflichtet, wenn er den Lehrvertrag in eigenem Namen geschlossen hat. Dagegen haftet der Lehrling, wenn der andere ausdrücklich als Stellvertreter des Lehrlings kontrahiert hat. Zu vermuten ist eine solche Stellvertretung beim Vormund des Lehrlings,[3]) dagegen nicht bei anderen Personen (R. 14 S. 208). Insbesondere ist anzunehmen, daß der Vater des Lehrlings in eigenem Namen kontrahiert, wenn nicht das Gegenteil ausdrücklich erklärt wird.[4]) Jedoch wird das Gegenteil auch bei diesen Personen

---

[1]) Ebenso Düringer und Hachenburg I S. 253, Goldmann S. 395, anders Staub zu § 81 HGB.

[2]) Pos. 71 Nr. 2, Befreiungen b des Tarifs zum Stempelsteuerges. vom 31. Juli 95.

[3]) Anm des Einf. zu R. 2 S. 135, 136. Anders AG. Nürnberg bei Busch 21 S. 329.

[4]) R. 14 S. 18, 19; 13 S. 106; 17 S. 396; vgl. LG. Leipzig 90 in G. Z. 43 S. 342.

zu vermuten sein, falls der Lehrling volljährig ist, also selber das Bestimmungsrecht über seine Person hat, mithin die diesbezüglichen Bestimmungen anderer, wenn der Lehrling ihnen durch Antritt des Dienstverhältnisses Folge gibt, als von ihm selber gewollt und demgemäß als in seiner Vertretung erklärt angesehen werden müssen.

Ist der Lehrling dagegen während des von seinem Vater geschlossenen Lehrverhältnisses volljährig geworden, so genehmigt er dasselbe nicht durch Fortsetzung. Denn der Vertragsschluß seitens seines gesetzlichen Vertreters hat ihn rechtsgültig gebunden, die Fortsetzung des Verhältnisses ist mithin erzwingbare Erfüllung einer Verpflichtung, nicht freiwillige Genehmigung einer Nicht-Verpflichtung. Tritt demnach der volljährig gewordene Lehrling unbefugt aus, so haftet er nicht neben seinem Vater, sondern dieser allein. Anders liegt die Sache, wenn das Lehrverhältnis nicht von dem gesetzlichen Vertreter des Lehrlings, z. B. wenn es von seinem Bruder geschlossen war.

§ 34. Rechte und Pflichten des Lehrlings.

A. Die kaufmännische Lehre ist nicht, wie nach römischem Recht[1]), ein Institut mit der einseitigen Tendenz, die Ausbildung des Lehrlings fertig zu stellen, sondern hat nach heutiger Verkehrsanschauung einen zweiseitigen Zweck: für den Lehrling, das Handelsgewerbe des Prinzipals zu erlernen, und für letzteren, seinem Handelsgewerbe die Dienste des Lehrlings nutzbar zu machen. Aus dieser zweiseitigen Natur des Lehrvertrages (R. 9 S. 279) sind die Rechte und Pflichten zwischen Prinzipal und Lehrling zu bestimmen und abzugrenzen. Zu beachten ist hierbei allerdings, daß die Zwecke des Lehrlings vorwiegen, insofern als seine Dienste nur zum Behufe des Lernens versprochen werden. Bei diesbezüglich kollidierenden Interessen geht daher dasjenige des Lehrlings vor (R. 14 S. 208).

B. Rechte des Lehrlings.

I. Das hauptsächlichste ist das auf **Ausbildung.**

1. **Gegenstand der Ausbildung.**

Nach § 76 Abs. 2 HGB. ist der Lehrherr verpflichtet, dafür zu sorgen, daß der Lehrling in den bei dem Betriebe des Geschäfts vorkommenden kaufmännischen Arbeiten unterwiesen wird. Also nicht nur in den kaufmännischen Arbeiten einer bestimmten Art,

[1]) Vgl. Behrend § 47 Anm. 16. Vielfach wurde der Lehrvertrag auch nach sächsischem Recht so aufgefaßt (R. 14 S. 207, 208).

z. B. denen des Buchhalters oder Kassierers oder Verkäufers, sondern in allen insgesamt. Denn der Lehrling soll alle Kenntnisse erwerben, welche zum kaufmännischen Betriebe des Geschäftes seines Prinzipals erforderlich sind.

Aus diesem Grundsatze folgt ferner, daß die gedachte Bestimmung des § 76 Abs. 2 nicht erschöpfend ist, daß der Handlungslehrling vielmehr berechtigt ist, auch in nichtkaufmännischen, insbesondere technischen Arbeiten unterrichtet zu werden, insofern und insoweit solche zum kaufmännischen Betriebe des Geschäfts notwendig sind. Das Richtige trifft, wenn man jede Beschränkung auf das rein Kaufmännische fortläßt, der letzte Satz des § 76 Abs. 2 HGB., wonach die Unterweisung in der durch den Zweck der Ausbildung gebotenen Ausdehnung zu geschehen hat. So wird z. B. der Lehrling eines Glaswarengeschäftes in die Glasfabrikation nur soweit eingeweiht werden müssen, daß er selber einem Glaswaren-Verkaufsgeschäft vorstehen kann, insbesondere mit dem Einkauf Bescheid weiß, Mängel im Glase erkennt und weiß, was die Technik der Glaswarenfabrikation zu leisten vermag. Dagegen wird der Handlungslehrling einer Glaswarenfabrik darüber hinaus derart in die Einzelheiten der Fabrikation einzuweihen sein, daß er nicht nur das „was“, sondern auch das „wie“ der Glasfabrikationstechnik insoweit versteht, um eine derartige Fabrik mit Unterstützung von Technikern führen zu können. Die mangelnde Unterweisung in den vorkommenden „kaufmännischen“ Arbeiten wird bestraft (§§ 82 Abs. 1, 76 Abs. 2 HGB.). Hierbei ist, da es sich um Strafe handelt, streng am Ausdruck des Gesetzes festzuhalten, so daß eine mangelhafte oder rechtswidrige Unterweisung in nicht-kaufmännischen Arbeiten straffrei ist.

2. Art der Ausbildung.

Der Lehrherr hat die Ausbildung des Lehrlings entweder selbst oder durch einen geeigneten, ausdrücklich dazu bestimmten Vertreter zu leiten (§ 76 Abs. 2 HGB.). Derselbe muß im Besitze der bürgerlichen Ehrenrechte sein, widrigenfalls die Entlassung des Lehrlings von der Polizeibehörde erzwungen werden kann, und Lehrherr sowie Vertreter bestraft werden (§§ 81, 82 Abs. 2 HGB.).

Der Lehrherr haftet für alle Schädigungen, insbesondere für Verletzungen, welche sich der Lehrling infolge seiner Unkunde bei der Arbeit zuzieht, wenn der Lehrling einem Geschäftsgehilfen zur Beschäftigung beigegeben war, ohne daß dieser einen ausdrücklichen Auftrag erhalten hatte.

ihm die zur Schadens-Verhütung erforderlichen Anweisungen zu erteilen (E. 34 S. 1). Im Falle ausdrücklichen Auftrages haftet der Lehrherr nur, falls ihn ein Verschulden in der Auswahl des Vertreters trifft.

Die Unterweisung hat in der durch den Zweck der Ausbildung gebotenen Reihenfolge und Ausdehnung zu geschehen (§ 76 Abs. 2 HGB.), also nicht in der durch die Interessen des Geschäfts gebotenen. Der Lehrherr darf dem Lehrling die zu seiner Ausbildung erforderliche Zeit und Gelegenheit durch Verwendung zu anderen Dienstleistungen nicht entziehen (§ 76 Abs. 3 HGB.), also z. B. nicht durch Verwendung zu Botendiensten.

Bei Verfehlung gegen die vorstehend unter Nr. 2 erörterten Verpflichtungen wird der Lehrherr bzw. sein Vertreter mit 150 Mk. Geldstrafe ev. Haft bis zu 6 Wochen bestraft (§ 82 Abs. 1 HGB.).

II. Das Recht auf **anständige Behandlung** und auf **Fürsorge für die Gesundheit** und **Sittlichkeit des Lehrlings**. Diesbezüglich finden die Bestimmungen für Handlungsgehilfen Anwendung (s. oben § 23; s. §§ 76 Abs. 1, 62, 77 Abs. 3, 70—72 HGB.). Allerdings mit der Verschärfung, daß die Verletzung des § 62 Abs. 1 und 2 HGB. (s. oben S. 102/3) den Lehrherrn bzw. dessen Vertreter strafbar macht (§ 82 Abs. 1 HGB.). Vor allem aber mit einer andern Nuance. Denn der Prinzipal ist dem Lehrling gegenüber zugleich Lehrer, woraus folgt, daß er sich einerseits gegen ihn mehr herausnehmen darf als gegen einen Gehilfen, daß er andererseits aber auch weitgehender für ihn als für einen solchen zu sorgen hat.

In Gemäßheit dessen bestimmt z. B. § 76 Abs. 3 HGB., daß der Lehrherr dem Lehrling die zum Besuche des Gottesdienstes an Sonntagen und Festtagen erforderliche Zeit und Gelegenheit[1]) zu gewähren hat. Die Verletzung dieser Vorschrift macht strafbar (§ 82 Abs. 1 HGB.). Sie ist öffentlich-rechtlicher Natur. Der Lehrling kann daher auf das durch sie gewährte Recht nicht verzichten; sonst würde auch bei dem Übergewicht der Stellung des Prinzipals der Mißbrauch der erzwungenen freiwilligen Verzichte in Blüte kommen. Eine Pflicht, den Lehrling zum Besuche des Gottesdienstes anzuhalten, besteht für den Prinzipal nicht.

---

[1]) Was man unter der Pflicht, diesbezüglich Gelegenheit zu gewähren, verstehen soll, ist allerdings nicht recht erfindlich. Soll etwa der Lehrherr, wenn am Orte des Geschäfts die Abhaltung eines Gottesdienstes nicht stattfindet, eine solche veranlassen oder dem Lehrling Fahrgelegenheit zum Nachbarort gewähren? Das ist doch nicht anzunehmen.

Ferner hat der Lehrherr den Lehrling zur Arbeitsamkeit und zu guten Sitten anzuhalten (§ 76 Abs. 3 HGB.), ebenfalls bei Vermeidung von Strafe (§ 82 Abs. 1 HGB.). Was diesbezüglich für den Prinzipal dem Gehilfen gegenüber Recht ist, ist dem Lehrling gegenüber zugleich und vorzugsweise Pflicht. Verabsäumung der letzteren kann den Gegenkontrahenten zur sofortigen Aufhebung des Lehrvertrages berechtigen. Insbesondere den Vater oder Vormund des Lehrlings. Unter Umständen aber auch letzteren selber, falls er Kontrahent ist. Es ist z. B. denkbar, daß ein Lehrling innerhalb und außerhalb des Geschäfts verbummelt, eines Tages zur Besinnung kommt und nun mit Recht vom Lehrvertrage unter der Begründung zurücktritt, daß er bei einem Lehrherrn, dessen Achtlosigkeit oder Schwäche ihn vor Rückfällen nicht zu schützen vermögen, nicht ferner bleiben wolle.

Endlich ist der Prinzipal verpflichtet, den unter 18 Jahre alten Lehrling zum Besuche einer **Fortbildungs- ev. Fachschule** anzuhalten und ihm die zu solchem Besuche erforderliche Zeit zu gewähren (§ 76 Abs. 4 HGB.; s. oben S. 103).

Eine Maximal-Arbeitszeit für Lehrlinge besteht nicht. Ein Antrag, dieselbe bei Lehrlingen unter 18 Jahren auf acht Stunden täglich festzusetzen, ist in der Reichstagskommission (Kom. S. 45) abgelehnt worden. In dringlichen Fällen, wie z. B. bei Inventuraufnahmen, muß der Lehrling wie der Handlungsgehilfe unentgeltlich Überstunden leisten.[1])

III. **Das Recht auf das vereinbarte Entgelt.** Diesbezüglich kommen die Grundsätze betreffs der Vergütung für Handlungsgehilfen (s. oben §§ 15—20) entsprechend zur Anwendung.

IV. **Das Recht auf Erteilung eines schriftlichen Lehrzeugnisses.**

Dasselbe ist nach § 80 HGB. bei der Beendigung des Lehrverhältnisses über die Dauer der Lehrzeit und die während dieser erworbenen Kenntnisse und Fähigkeiten sowie über das Betragen des Lehrlings auszustellen. Die Ausdehnung des Zeugnisses auf Kenntnisse, Fähigkeiten und Betragen hat von Gesetzes wegen, also — anders wie bei den Handlungsgehilfen — ohne Verlangen und selbst wider den Willen des Lehrlings oder dessen Vertreters zu erfolgen.

Im übrigen finden die oben in § 22 betreffs des Zeugnisses der Handlungsgehilfen gegebenen Erörterungen entsprechende An-

[1]) Als handelsgebräuchlich bezeugt von Ältst. vom 17. Juli 99 i. S. Heilmann/Laserstein 38 C 255. 99 AG. Berlin I.

wendung. Das gleiche gilt hinsichtlich der dortigen Erörterungen ad II, welche das Recht auf Auskunft betreffen.

Auf Antrag des Lehrlings hat die Ortspolizeibehörde das Zeugnis kosten- und stempelfrei zu beglaubigen.

V. **Folgen der Verletzung** der Rechte des Lehrlings sind:

1. Der Lehrling bzw. sein Vertreter kann bei gewichtiger Verletzung den Lehrvertrag ohne Frist kündigen (s. unten S. 170).

2. Oder statt dessen auf Erfüllung klagen.

3. Der Lehrling bzw. sein Vertreter kann zugleich Schadensersatz, einschließlich des entgangenen Gewinnes, fordern, z. B. wenn die empfangene Ausbildung so mangelhaft ist, daß der Lehrling nach beendeter Lehrzeit keine Stelle erhält oder aus einer erhaltenen wegen Unkenntnis bald entlassen wird. Ist der Lehrling vorzeitig zu Unrecht entlassen, also sein Recht auf Ausbildung zeitlich verletzt, so kann er u. a. Schadensersatz dafür fordern, daß er in einer neuen Stelle wieder von vorn anfangen muß oder daß ihm dort nur ein Teil seiner bisherigen Lehrzeit angerechnet wird; ferner Ersatz der ihm vertraglich zugesicherten Äquivalente für den Rest der Lehrzeit abzüglich dessen, was er inzwischen anderweit verdient, nicht jedoch abzüglich derjenigen Leistungen, die er dem Lehrherrn im Falle seines Verbleibens gemacht haben würde (R. 7 S. 277—280).

4. Der Lehrling bzw. sein Vertreter hat bei ungerechtfertigter Vertragsaufhebung durch den Prinzipal Anspruch auf anteilige Rückgewähr des Lehrgeldes, ja sogar auf volle Rückgewähr, soweit das Lehrgeld nicht Vergütung für den vom Lehrherrn gewährten Unterhalt, sondern Lehrhonorar ist, und falls dem Lehrling die bisherige Lehrzeit anderwärts nicht angerechnet wird.

5. Es tritt Bestrafung des Lehrherrn bzw. seines Vertreters in den oben erörterten Fällen ein, und zwar Bestrafung mit Geldstrafe bis zu 150 Mark, ev. Haftstrafe bis zu 6 Wochen (§ 82 Abs. 1 HGB.).

6. Die Polizeibehörde kann die Entlassung des Lehrlings erzwingen, wenn der Lehrherr oder seine Vertreter nicht im Besitz der bürgerlichen Ehrenrechte sind (§ 81 Abs. 2 HGB.).

C. **Die Rechte des Lehrherrn** sind:

I. Das Recht auf die **Dienstleistungen** des Lehrlings.

1. Dieselben können jedoch nur in der Art und dem Umfange gefordert werden, als der Zweck der Ausbildung es gestattet. Der Lehrling z. B., welcher in den letzten

Monaten seiner Lehrzeit steht, ohne in der kaufmännischen Buchführung unterwiesen worden zu sein, wird eine fernere Tätigkeit am Verkaufslager ablehnen und verlangen dürfen, daß er nunmehr in der Buchhalterei beschäftigt werde. Nach Ortsgebräuchen und der Verkehrsauffassung ist der Lehrling namentlich kleinerer Geschäfte verpflichtet, mannigfache geringfügige nicht-kaufmännische Dienste, welche mit dem Zwecke der Ausbildung nichts zu tun haben, zu leisten, z. B. Boten- und Packer-Dienste. Derartige Ortsgebräuche sind jedoch nur insoweit rechtsgültig, als sie dem Zweck der Ausbildung nicht entgegenstehen.

2. Wichtig und interessant ist die Frage, **ob der Lehrherr,** falls der Lehrling ungerechtfertigt vor der Zeit die Lehre verläßt, auf Fortsetzung des Vertrages bestehen, also **Wiederzuführung des Lehrlings verlangen** oder nur Entschädigung fordern **kann.**

Der Anspruch auf Fortsetzung der Dienste muß zwar als der Anspruch auf Vertragserfüllung zugestanden werden. Der Vertragskontrahent kann diesbezüglich verklagt werden. Im Wege der Zwangsvollstreckung erzwingbar ist das Urteil aber nicht (§ 888 Abs. 2 CPO.; vgl. N. 14 S. 208). Es bleibt dem Prinzipal, der vollstrecken will, nur eine Entschädigungsforderung. Bei dem bevormundeten Lehrling kann der Prinzipal allerdings die zwangsmäßige Zurückbringung desselben in die Lehre auf einem anderen Wege erreichen, falls eine solche Zurückbringung im wohlverstandenen Interesse des Lehrlings liegt. Nämlich dadurch, daß er sich an den Vormund wendet, welcher im Falle eines solchen Interesses berechtigt, ja sogar verpflichtet ist, den Lehrling, eventuell zwangsweise, zurückzubringen (§§ 1793, 1800, 1631 BGB.). Kann oder will der Vormund dies nicht, so kann sich der Lehrherr an das Vormundschaftsgericht wenden, welches den Vormund nicht nur zu unterstützen (vgl. § 1631 Abs. 2 S. 2 BGB.), sondern ihn auch zu der gedachten Zurückbringung anzuhalten hat (§ 1837 BGB.). — Was vorstehend betreffs des bevormundeten Lehrlings ausgeführt ist, gilt entsprechend auch betreffs des in elterlicher Gewalt befindlichen (§ 1631 BGB.); jedoch wird betreffs eines solchen das Vormundschaftsgericht die zwangsweise Zurückführung nur ausnahmsweise anordnen dürfen, nämlich wenn die Unterlassung derselben eine für den Lehrling gefahrvolle Vernachlässigung bedeuten würde (§ 1666 Abs. 1 BGB.).

Ob das Interesse des minderjährigen Lehrlings seine zwangsweise Zurückführung in die Lehre erheischt, wird besonders sorgsam zu prüfen sein. In der Regel wird ein solches Interesse verneint werden müssen. Denn dem Lehrling soll nicht wider seinen Willen ein bestimmtes Lehrinstitut oder ein bestimmter Lebensberuf aufgenötigt werden (vgl. R. 5 S. 143 und 14 S. 208).

Die Entschädigung hat derjenige zu leisten, in dessen Namen der Lehrvertrag rechtsgültig geschlossen ist, also der Lehrling, wenn sein Vater, seine Mutter, sein Bruder oder ein anderer ausdrücklich als Stellvertreter des Lehrlings kontrahiert hat.

Die Entschädigung besteht vornehmlich im Ersatze der durch die Entziehung der Arbeitskraft des Lehrlings entstehenden Vermögensverluste (R. 1 S. 33 u. 14 S. 16 ff.). Unter Umständen gehören zu letzteren die Kosten für einen zum Ersatz des Lehrlings engagierten Kommis (R. 1 S. 33), namentlich wenn der Lehrling schon längere Zeit im Geschäfte war und dort Gehilfen-Dienste verrichtete. Die durch geschäftliche Versehen des Ersatz-Kommis entstehenden Schäden sind natürlich nicht zu ersetzen und ebenso selbstverständlich ist, daß die Vergütung, welche der Lehrling für die in Betracht kommende Zeit zu beanspruchen gehabt hätte, in Abzug zu bringen ist (R. 1 S. 36).

Nach § 79 HGB. hat der Entschädigungsanspruch zur Voraussetzung, daß der Lehrvertrag schriftlich geschlossen ist.

Das im voraus erhaltene Lehrgeld muß der Lehrherr anteilig zurückerstatten; er kann dasselbe jedoch mit seinem Schaden kompensieren (R. 14 S. 208).

II. Das **Recht auf die gesamte kaufmännische Arbeitskraft** des Lehrlings in Gemäßheit der §§ 60, 61 HGB. (s. § 76 Abs. 1 HGB.; s. oben § 13).

III. Das **Recht auf Zahlung des** etwa bedungenen **Lehrgeldes.**[1]) Wenn der Lehrling vor der Zeit ungerechtfertigt die Lehre verläßt, so kann der Prinzipal das ganze bedungene Lehrgeld fordern, nicht etwa nur einen der ausgehaltenen Lehrzeit entsprechenden Teil; denn das Lehrgeld ist in der Regel eine Vergütung gerade für die erste Zeit des Lehrverhältnisses, in welcher die Unterweisung des Lehrlings mehr Mühe und Zeit kostet, als seine Dienste Nutzen bringen.[2]) Dagegen muß dann ein angemessener Teil der Lehrgeldes zurückgegeben werden, falls dasselbe zugleich als Äquivalent für die Unterhaltung des Lehrlings vereinbart worden ist.

---

[1]) Wozu auch vereinbarte Weihnachtsgratifikationen gehören (s. oben S. 69). Für Berlin besteht kein Handelsgebrauch, daß Lehrlinge solche ohne Vereinbarung erhalten müssen (Altst. vom 14. Januar 02 in S. Menko/Stober AG. Berlin I 10 C 1808. 01).

[2]) HAG. Nürnberg 65 und 71 in G. Z. 11 S. 173 und 21 S. 568, 569.

IV. Das **Recht auf Gehorsam, Diensttreue und ehrerbietiges Benehmen** (s. oben § 14). Dieses Recht ist nicht nur von dem Gesichtspunkte der Beziehung zwischen Untergebenen und Vorgesetzten zu beurteilen wie beim Handlungsgehilfen, sondern vor allem aus dem einer gleichsam väterlichen Stellung des Lehrers gegenüber dem Schüler. Aus diesem Gesichtspunkte heraus bestimmt der § 247 StGB., daß der Lehrling, welcher seinem Lehrherrn Sachen von unbedeutendem Werte stiehlt oder unterschlägt, nur auf Antrag des Lehrherrn zu verfolgen ist. Trotz der väterlichen Stellung des letzteren steht ihm jedoch ein auch nur mäßiges Züchtigungsrecht nicht zu.[1]) § 127 GewO., aus welchem ein derartiges Recht gegen den Gewerbe-Lehrling folgt, findet keine entsprechende Anwendung. Aus §§ 77 Abs. 3, 71 Nr. 4 HGB. ergibt sich sogar, daß in der Regel jede Tätlichkeit des Lehrherrn gegen den Lehrling letzteren zur sofortigen Aufhebung des Lehrverhältnisses berechtigt.

V. Für allen Schaden, den der Lehrling gelegentlich des Dienstes verursacht, haftet er persönlich. Es ist jedoch von ihm nicht die Vorsicht eines Gehilfen zu beanspruchen, auch wenn er tatsächlich schon die Dienste eines solchen verrichtet, sondern nur die Vorsicht eines Lehrlings von seinem Alter und Dienstalter.

Hat eine andere Person, z. B. sein Vater, im eigenen Namen den Lehrvertrag geschlossen, so haftet dieselbe neben dem Lehrling solidarisch, jedoch mangels besonderen Einverständnisses nur für solche Handlungen des Lehrlings, die noch innerhalb des üblichen Rahmens des Lehrlingsverhältnisses erfolgen, also z. B. nicht für Veruntreuungen, welche der Lehrling als Leiter einer Filiale macht, weil die Übertragung eines solchen Postens dem Lehrlingsverhältnis, welchem die fortdauernde Möglichkeit einer genauen Beaufsichtigung, Direktion und Überwachung wesentlich ist, zuwiderläuft (AG. Celle 72 in G. Z. 21 S 567/8).

Betreffs der Entschädigung bei unbefugtem Austritt aus der Lehre s. oben S. 167.

§ 35. Dauer und Beendigung des Lehrverhältnisses.

A. **Die Dauer der Lehrzeit** bestimmt sich nach dem Lehrvertrage, in Ermangelung vertragsmäßiger Festsetzung nach den örtlichen Verordnungen oder dem Ortsgebrauche (§ 77 Abs. 1 HGB.). Im Konfektionsgeschäft en gros z. B. und im Export-

---

[1]) Anders Cosack S. 67, 68, wenn die Ortssitte ein Züchtigungsrecht gewährt, ähnlich Bloch S. 22, ferner Behrend § 47 A. 22 betreffs der jugendlichen Handlungsgehilfen.

geschäft dauert die Lehrzeit usancemäßig drei Jahre,[1]) ebenso im Bankgeschäft.[2]) Ein Lehrvertrag, der eine unverhältnismäßig lange Lehrzeit festsetzt, z. B. sechs Jahre, ist gegen die guten Sitten und daher nichtig.

B. **Die Gründe für die Beendigung des Lehrverhältnisses** sind dieselben wie für die Beendigung des Gehilfen-Verhältnisses (s. oben §§ 26—31), jedoch mit folgenden Modifikationen:

I. Das Lehrverhältnis kann, sofern nicht eine längere Probezeit vereinbart ist, während des ersten Monats nach dem Beginn der Lehrzeit ohne Einhaltung einer Kündigungsfrist gekündigt werden (§ 77 Abs. 2 HGB.).

Der erste Monat ist also gesetzliche Probezeit. Diese dem früheren Recht unbekannte Vorschrift ist öffentlichen Rechts, kann deshalb durch Vertrag nicht abgeändert werden, weder dahin, daß eine Probezeit ausdrücklich ausgeschlossen, noch dahin, daß eine kürzere als eine einmonatliche vereinbart wird. Eine Vereinbarung, nach der die Probezeit mehr als drei Monate betragen soll, ist nichtig (§ 77 Abs. 2 HGB.).

II. Nach § 77 Abs. 4 HGB. kann im Falle des Todes des Lehrherrn das Lehrverhältnis innerhalb eines Monats ohne Einhaltung einer Kündigungsfrist gekündigt werden, und zwar sowohl seitens der Erben als seitens des Lehrlings. Bei mehreren Lehrherren, z. B. Mitinhabern einer offenen Handelsgesellschaft, wird der Tod eines Lehrherrn das Kündigungsrecht nicht geben (vgl. N. 1 S. 35; s. oben S. 118).

Dagegen muß bei der besonders persönlichen Natur des Lehrverhältnisses die sofortige Aufhebung desselben dem Lehrling bzw. dessen Vertreter für die Regel nachgelassen werden im Falle des Überganges des Geschäfts auf einen ganz neuen Inhaber (vgl. Denkschr. S. 66), sowie im Falle der Eröffnung des Konkurses über das Vermögen des Prinzipals,[3]) zumal bei einem im Konkurs befindlichen Geschäft die Erreichung des Zieles vollständiger und gewissenhafter Ausbildung stets zweifelhaft sein wird.

III. Nach Ablauf der Probezeit dauert das Lehrverhältnis die für dasselbe bestimmte Zeit. Kündigungsfristen sind nicht verordnet und können auch nicht vereinbart

---

[1]) Altst. vom 28. März 93 i. S. Gilowy/Bürenstein 9 C 2097. 92. AG. I Berlin.

[2]) Altst. vom 2. Juli 91 in S. Koch/Preuß. Hyp.-Bank 52 C 945. 01 AG. Berlin I.

[3]) Anders AG. Frankfurt a. M. 69 in G. Z. 14 S. 543, 544.

werden.[1]) Es ergibt sich dies aus § 77 Abs. 1 HGB. und dem Charakter des Lehrverhältnisses.

Betreffs der unbefristeten Kündigung dagegen sind die für Handlungsgehilfen geltenden Grundsätze (s. oben §§ 28—31) anwendbar (§ 77 Abs. 3 HGB.). Entsprechend den besonderen Umständen, welche in der Natur des Lehrverhältnisses liegen, wird jedoch bei gleichem Tatbestand oft eine andere und meist mildere Beurteilung beiderseitig gerechtfertigt sein.[2]) Manches, was bei dem Gehilfen als grobe Mißachtung der Geschäfts-Disziplin mit Entlassung zu bestrafen ist, wird dem Lehrling als bloße Ungezogenheit mit einem Verweise hingehen dürfen. Und andererseits wird der Lehrling vielfach gegen Handlungen und Äußerungen des Prinzipals, z. B. leichte Schimpfworte, nur einen Protest haben, während sie den Gehilfen zum sofortigen Austritt aus dem Geschäft berechtigen würden. Als ein wichtiger Grund zur Kündigung durch den Lehrling soll es nach § 77 Abs. 3 HGB. insbesondere anzusehen sein, wenn der Lehrherr seine Verpflichtungen gegen den Lehrling in einer dessen Gesundheit, Sittlichkeit oder Ausbildung gefährdenden Weise vernachlässigt.

Wird — so bestimmt § 78 Abs. 1 HGB. — von dem gesetzlichen Vertreter des Lehrlings oder, sofern dieser volljährig ist, von ihm selbst dem Lehrherrn die schriftliche Erklärung abgegeben, daß der Lehrling zu einem anderen Gewerbe oder zu einem anderen Berufe[3]) übergehen werde, so endigt das Lehrverhältnis nach dem Ablauf eines Monats. Der Lehrherr kann den Lehrling aber schon früher entlassen. Jene Vorschrift ist zwingendes Recht, also durch Vertrag nicht abänderbar noch verzichtbar. Eine bloß mündliche Erklärung gedachter Art ist wirkungslos, kann aber unter Umständen für den Prinzipal ein wichtiger Grund zur sofortigen Entlassung sein. — Tritt der Lehrling der abgegebenen Erklärung zuwider vor dem Ablauf von neun Monaten nach der Beendigung des Lehrverhältnisses in ein anderes Geschäft als Handlungslehrling oder als Handlungsgehilfe oder, wie entsprechend anzunehmen ist,

---

[1]) Ebenso Fuld S. 120, Staub Anm. 5 zu § 77 HGB., Düringer und Hachenburg I S. 249; anders unsere erste Aufl. S. 139.

[2]) Vgl. OLG. Hamburg 92 in G. Z. 42 S. 516.

[3]) Hierunter versteht man auch den Übergang vom Detail- zum Engros-Geschäft (OL. 1 S. 228). Unrichtig ist die Ansicht von Staub Anm. 4 zu § 78 HGB., Düringer und Hachenburg Bd. I S. 250 sub 4 und Goldmann S. 388, wonach ein „anderes Gewerbe" nur ein solches sei, welches kein Handelsgewerbe sei; es folge das aus Abs. 2 des § 78 HGB. Wir können diese Folgerung nicht anerkennen. Wie wir Fuld S. 122.

als Volontär[1]) ein, so ist er dem Lehrherrn zum Ersatze des diesem durch die Beendigung des Lehrverhältnisses entstandenen Schadens verpflichtet. Mit ihm haftet als Gesamtschuldner der neue Lehrherr oder Prinzipal, sofern er von dem Sachverhalt Kenntnis hatte (§ 78 Abs. 2 HGB.). Hat nicht der Lehrling, sondern ein anderer, z. B. sein Vater, in eigenem Namen den Lehrvertrag abgeschlossen, so haftet nicht der Lehrling, sondern anstatt dessen der Vertragskontrahent. Diese Vorschriften sind nicht zwingender Natur. Sie können durch Vertrag beseitigt, erleichtert und erschwert werden; letzteres z. B., indem eine Konventionalstrafe vereinbart wird, die den entstandenen Schaden übersteigt.[2])

Dem bisherigen Recht sind diese Vorschriften fremd, nach ihm kann der ihnen zugrunde liegende Fall höchstens als sog. wichtiger Grund zur Vertragsaufhebung in Betracht kommen.

Betreffs der Entschädigung des Lehrlings und des Prinzipals im Falle vorzeitiger und unberechtigter Aufhebung des Lehrverhältnisses s. oben S. 165, 168.

Viertes Buch.

Der Prozeß zwischen Prinzipal und Handlungsgehilfen bzw. Handlungslehrling.

§ 36. Die Kaufmannsgerichte.

I. Nach dem Gesetz über die Kaufmannsgerichte[3]) vom 6. Juli 1904 (RGBl. S. 266 ff.) treten diese Gerichte mit dem 1. Januar 1905 in Funktion (§ 22).[4])

II. Dieselben sind (§ 5) ohne Rücksicht auf den Wert des Streitgegenstandes **zuständig** für Streitigkeiten zwischen Kaufleuten einerseits und ihren Handlungsgehilfen oder Handlungslehrlingen andererseits,[5]) wenn die Streitigkeiten betreffen:

---

[1]) Ebenso Staub Anm. 4 zu § 78 HGB., Düringer und Hachenburg I S. 250, Lehmann und Ring Note 2 zu § 78 HGB.

[2]) Anders Staub Anm. 7 zu § 78 HGB. zugunsten der Rechte des Lehrlings.

[3]) Literatur: Apt, Kommentar Berlin J. Guttentag 04. Kulka, Kommentar Leipzig Roßbergscher Verlag 04.

[4]) Die in dem vorliegenden Paragraphen unseres Buches ohne nähere Bezeichnung zitierten Paragraphen bedeuten diejenigen des Gesetzes über die Kaufmannsgerichte.

[5]) Auch weiblichen, obwohl dieselben weder aktives noch passives Wahlrecht zu den Kaufmannsgerichten haben (s. unten S. 175).

1. den Antritt, die Fortsetzung oder die Auflösung des Dienst- oder Lehrverhältnisses sowie die Aushändigung oder den Inhalt des Zeugnisses;

2. die Leistungen aus dem Dienst- oder Lehrverhältnisse;

3. die Rückgabe von Sicherheiten, Zeugnissen, Legitimationspapieren oder anderen Gegenständen, welche aus Anlaß des Dienst- oder Lehrverhältnisses übergeben worden sind;

4. die Ansprüche auf Schadensersatz oder Zahlung einer Vertragsstrafe wegen Nichterfüllung oder nicht gehöriger Erfüllung der Verpflichtungen, welche die unter Nr. 1—3 bezeichneten Gegenstände betreffen, sowie wegen gesetzwidriger oder unrichtiger Eintragungen in Zeugnisse, Krankenkassenbücher oder Quittungskarten der Invalidenversicherung;

5. die Berechnung und Anrechnung der von den Handlungsgehilfen oder Handlungslehrlingen zu leistenden Krankenversicherungsbeiträge und Eintrittsgelder (§§ 53 a, 65 des Krankenversicherungsgesetzes);

6. die Ansprüche aus einer Vereinbarung, durch welche der Handlungsgehilfe oder Handlungslehrling für die Zeit nach Beendigung des Dienst- oder Lehrverhältnisses in seiner gewerblichen Tätigkeit beschränkt wird.

Diese Aufzählung unter Nr. 1—6 ist erschöpfend, so daß jede Ausdehnung der Zuständigkeit der Kaufmannsgerichte auf analoge und verwandte Fälle ausgeschlossen ist.

Kraft positiver Gesetzesbestimmung (§ 4) findet das Gesetz über die Kaufmannsgerichte keine Anwendung, ist also auch deren Zuständigkeit ausgeschlossen für Handlungsgehilfen, deren Jahresarbeitsverdienst den Betrag von 5000 Mk. übersteigt sowie für die in Apotheken beschäftigten Gehilfen und Lehrlinge.

Streitigkeiten des Personals unter sich gehören nicht vor die Kaufmannsgerichte, ebensowenig Streitigkeiten zwischen einem Kaufmann und den Angestellten eines anderen Kaufmanns.[1])

III. Die Kaufmannsgerichte schließen für die vor sie gehörenden Streitigkeiten die ordentlichen Gerichte aus (§ 6 Abs. 1).

Die Einrede der Zuständigkeit des Kaufmannsgerichtes ist nicht die Einrede der sachlichen Unzuständigkeit, sondern die der Unzulässigkeit des Rechtsweges; sie ist daher von

---

[1]) Apt Anm. 6 zu § 1.

Amts wegen zu prüfen und kann noch in zweiter Instanz erhoben werden.[1])

Vereinbarungen, durch welche der Entscheidung des Kaufmannsgerichts künftige Streitigkeiten, welche zu seiner Zuständigkeit gehören, entzogen werden, sind nichtig (§ 6 Abs. 2), insbesondere alle diesbezüglichen Schiedsgerichtsklauseln. Betreffs einer bereits ausgebrochenen Streitigkeit kann danach ein Schiedsgericht rechtswirksam vereinbart werden.

Natürlich ist es ferner zulässig, statt des örtlich zuständigen Kaufmannsgerichtes ein anderes örtlich nicht zuständiges Kaufmannsgericht als Gerichtsstand zu vereinbaren.

IV. Geht ein vor die Kaufmannsgerichte gehöriger Anspruch vor[2]) Erhebung der Klage auf **Rechtsnachfolger** über, so bleibt die Zuständigkeit des Kaufmannsgerichtes bestehen, und zwar nicht nur hinsichtlich der gesetzlichen Rechtsnachfolger, wie der Erben, der Konkursmasse bzw. des Konkursverwalters, sondern auch hinsichtlich der Rechtsnachfolger kraft Rechtsgeschäftes, also kraft Abtretung und Pfändung nebst Überweisung. Denn die öffentlichrechtliche Tendenz des Gesetzes duldet nicht, daß durch Zufall oder Willkür anstelle des ausschließlichen Kaufmannsgerichtes ein Gericht anderer Art gesetzt und die fundamentalste Absicht des Gesetzes vereitelt werde. Sonst wäre auch die Umgehung des Gesetzes leicht. Man denke z. B. nur an den Fall, daß der Prinzipal seinen Anspruch aus Verletzung der Konkurrenzklausel, z. B. auf Konventionalstrafe, zediert, um das Kafmannsgericht zu beseitigen und das ordentliche Gericht zuständig zu machen. Zudem steht der Wortlaut des Gesetzes unserer Auffassung nicht entgegen. Denn § 1 Abs. 1 verordnet die Kompetenz nicht für Streitigkeiten zwischen Kaufleuten einerseits und Handlungsgehilfen und Handlungslehrlingen andererseits, sondern für „Streitigkeiten aus dem Dienst- und Lehrverhältnisse" zwischen diesen Personen (Begr. S. 9). Die gedachte Eigenschaft ist also nur erfordert für die materielle Entstehung des Anspruches, nicht für die Person der Prozeßparteien. Es wird hier ausdrücklich darauf hingewiesen, daß der § 1 des Gesetzes betr. die Gewerbegerichte vom 29. Juli 1890 in der Fassung vom 29. Sept. 1901 (RGBl. 353) den zitierten charakteristischen Zwischen-Passus nicht enthält, vielmehr die Zuständigkeit des Gewerbegerichts verordnet für die Entscheidung von gewerblichen „Streitigkeiten zwischen Arbeitern einerseits und ihren Arbeitgebern andererseits".

---

[1]) Anders KG. in Bl. f. R. 01 S. 106 hinsichtlich der Gewerbegerichte.

[2]) Daß der Übergang nach Erhebung der Klage einflußlos ist, folgt schon aus § 16 Abs. 1 in Verb. mit § 26 GewGGes. und §§ 239 ff., 265 CPO.

Für die Gewerbegerichte steht die Rechtsprechung der unteren Gerichte teilweise, die des Reichsgerichts (E. 51 S. 193 und 55 S. 265) entschieden auf dem entgegengesetzten Standpunkte, welcher also die Rechtsnachfolger von dem Gewerbegericht ausschließt, und zwar aus dem inneren Grunde, daß die Person der Prozeßparteien maßgebend sei (E. 51 S. 195). Dies aber gerade ist unrichtig, wie wir vorstehend ausgeführt haben.

V. Die Errichtung des Kaufmannsgerichtes erfolgt für den Bezirk einer Gemeinde durch Ortsstatut (§ 1 Abs. 2), ev. für mehrere Gemeinden zusammen oder für den Bezirk eines weiteren Kommunalverbandes (Abs. 3 und 4 § 1). Sie ist obligatorisch für Gemeinden von mehr als 20 000 Einwohner (§ 2).

VI. Das Kaufmannsgericht verhandelt und entscheidet in der Besetzung von 3 Mitgliedern mit Einschluß des Vorsitzenden. Durch das Ortsstatut kann jedoch bestimmt werden, daß allgemein oder für gewisse Streitigkeiten eine größere Anzahl von Beisitzern zuzuziehen ist. Stets aber müssen Prinzipale und Angestellte in gleicher Zahl als Beisitzer zugezogen werden (§ 15 Abs. 2, § 24 GewGGes.).

VII. Der Vorsitzende und dessen Stellvertreter werden durch den Magistrat, und, wo ein solcher nicht vorhanden ist oder das Statut dies bestimmt, durch die Vertretung der Gemeinde, ev. durch die Vertretung des weiteren Kommunalverbandes auf mindestens 1 Jahr gewählt (§ 11 Abs. 2) und bedürfen der Bestätigung durch die höhere Verwaltungsbehörde (§ 11 Abs. 3). Als Vorsitzender und dessen Stellvertreter sollen nur solche Personen gewählt werden, welche die Fähigkeit zum Richteramt erlangt haben; es können auch Personen gewählt werden, welche die Fähigkeit zum höheren Verwaltungsdienst besitzen. Ausnahmen kann die höhere Verwaltungs-Behörde zulassen. Der Vorsitzende und sein Stellvertreter dürfen weder Kaufleute noch Handlungsgehilfen sein (§ 11 Abs. 1).

Die Beisitzer müssen zur Hälfte aus den Kaufleuten, welche mindestens einen Handlungsgehilfen oder Handlungslehrling das Jahr hindurch oder zu gewissen Zeiten des Jahres regelmäßig beschäftigen, zur Hälfte aus den Handlungsgehilfen, auf welche das Gesetz anwendbar ist (s. oben S. 172) entnommen werden (§ 12 Abs. 1). Erstere werden von den Kaufleuten gedachter Art, letztere von den Handlungsgehilfen gewählt. Die Wahl ist unmittelbar und geheim. Sie findet nach den Grundsätzen der Verhältniswahl statt, derart, daß neben den Mehrheitsgruppen auch die Minderheitsgruppen entsprechend ihrer Zahl vertreten sind (§ 12 Abs. 2). Die Wahl erfolgt auf mindestens 1 Jahr und höchstens 6 Jahre. Eine Wiederwahl ist zulässig (§ 12 Abs. 3).

Den Kaufleuten gleich stehen die Vorstandsmitglieder einer Aktiengesellschaft, eingetragener Genossenschaft, einer als Kaufmann geltenden juristischen Person, die Geschäftsführer einer Gesellschaft mit beschränkter Haftung (§ 14).

Das aktive Wahlrecht hat, wer das 25. Lebensjahr vollendet hat und in dem Bezirke des Kaufmannsgerichts seine Handelsniederlassung hat oder beschäftigt ist (§ 13 Abs. 1), also nicht stellungslose Handlungsgehilfen.

Ausgeschlossen vom aktiven Wahlrecht sind (§§ 13 Abs. 2, 10 Abs. 1):

1. Personen weiblichen Geschlechts;
2. Ausländer;
3. Personen, welche die Fähigkeit zur Bekleidung öffentlicher Ämter infolge strafgerichtlicher Verurteilung verloren haben;
4. Personen, gegen welche das Hauptverfahren wegen eines Verbrechens oder Vergehens eröffnet ist, das die Aberkennung der bürgerlichen Ehrenrechte oder der Fähigkeit zur Bekleidung öffentlicher Ämter zur Folge haben kann;
5. Personen, welche infolge gerichtlicher Anordnung in der Verfügung über ihr Vermögen beschränkt sind.

Diesen vorstehend unter Nr. 1—5 aufgeführten Personen ist auch das passive Wahlrecht versagt (§ 10 Abs. 1). Im übrigen steht letzteres allen Kaufleuten und Handlungsgehilfen zu, auf welche das Gesetz anwendbar ist (s. oben S. 172), also auch solchen unter 25 Jahren, aber, wie selbstverständlich ist, nicht Minderjährigen. Die Bestimmung des § 10 Abs. 2, daß nur Personen gewählt werden sollen, die das 30. Lebensjahr vollendet haben, ist lediglich eine Ordnungsvorschrift, deren Verletzung die Ungültigkeit der Wahl nicht bewirkt.

Das Amt der Beisitzer ist ein Ehrenamt. Seine Übernahme kann nur aus den Gründen verweigert werden, welche zur Ablehnung eines unbesoldeten Gemeindeamts berechtigen. Die Beisitzer erhalten für jede Sitzung Vergütung etwaiger Reisekosten und eine Entschädigung für Zeitversäumnis. Eine Zurückweisung derselben ist unstatthaft (§ 15 Abs. 2 Ges., § 20 GewGGes.).

VIII. Auf das Verfahren vor den Kaufmannsgerichten finden die §§ 26—61 des Gewerbegerichtsgesetzes entsprechende Anwendung (§ 16 Ges.). Danach sind maßgebend die für das amtsgerichtliche Verfahren geltenden Vorschriften der CPO. (§ 26 GewGGes.).

Im einzelnen sind folgende Besonderheiten hervorzuheben:

1. Zuständig ist dasjenige Gericht, in dessen Bezirke die streitige Verpflichtung zu erfüllen ist oder sich die gewerbliche Niederlassung des Prinzipals befindet oder beide Parteien ihren Wohnsitz haben. Unter mehreren zuständigen Kaufmannsgerichten hat der Kläger die Wahl (§ 27 GewGGes.).

2. Rechtsanwälte und Personen, welche das Verhandeln vor Gericht geschäftsmäßig betreiben, werden als Prozeßbevollmächtigte oder Beistände vor dem Kaufmannsgerichte nicht zugelassen (§ 16 in Verb. mit § 31 GewGGes.).

3. Die Einspruchsfrist beträgt 3 Tage seit der Zustellung des Versäumnis-Urteils (§ 40 Abs. 1 GewGGes.).

4. Der Vorsitzende kann jederzeit das persönliche Erscheinen der Parteien anordnen und für den Fall des Nichterscheinens eine Geldstrafe bis zu 100 Mk. androhen (§ 42 Abs. 1 GewGGes.).

5. Die Beeidigung der Zeugen und Sachverständigen erfolgt nur, wenn das Gericht die Beeidigung zur Herbeiführung einer wahrheitsgemäßen Aussage für notwendig erachtet oder wenn eine Partei dieselbe beantragt (§ 44 Abs. 2 GewGGes.).

6. Ob die Leistung eines zugeschobenen oder zurückgeschobenen Eides durch bedingtes Urteil oder durch Beweisbeschluß anzuordnen ist, bestimmt das Gericht nach freiem Ermessen (§ 45 GewGGes.).

7. Die Verpflichtung der unterliegenden Partei, die Kosten des Rechtsstreites zu tragen, erstreckt sich auf die Erstattung der dem Gegner durch die Zuziehung eines Prozeßbevollmächtigten oder Beistandes entstandenen Auslagen nur unter der Voraussetzung, daß die Zuziehung durch besondere Umstände gerechtfertigt war, und nur in Ansehung des Betrages, welchen das Gericht für angemessen erachtet (§ 52 GewGGes.).

8. Als Berufungs- und Beschwerdegericht ist das Landgericht, in dessen Bezirk das Kaufmannsgericht seinen Sitz hat, zuständig (§ 55 Abs. 2 GewGGes.).

Es finden die Rechtsmittel statt, welche in dem zur Zuständigkeit der Amtsgerichte gehörigen bürgerlichen Rechtsstreitigkeiten zulässig sind (§ 55 Abs. 1 GewGGes.).

Die Berufung gegen Urteile des Kaufmanns-Gerichts ist jedoch nur zulässig, wenn der Wert des Streitgegenstandes den Betrag von 300 Mk. übersteigt (§ 16 Ges. § 55 Abs. 1 GewGGes.).

IX. Das Kaufmannsgericht kann bei Streitigkeiten zwischen Kaufleuten und Handlungsgehilfen bezw. Handlungslehrlingen über die Bedingungen der Fortsetzung oder Wiederaufnahme des Dienst- oder Lehrverhältnisses als **Einigungsamt** angerufen werden. Die §§ 63—73 GewGGes. finden entsprechende Anwendung (§ 17). Es sind hier nicht bestimmte Streitigkeiten zwischen einzelnen Personen auf Grund bereits bestehender Verträge gemeint. Denn für solche ist das Kaufmannsgericht als Gericht zuständig. Gemeint sind vielmehr allgemeine Streitigkeiten, welche die zukünftigen Bedingungen der Dienstverhältnisse regeln wollen, namentlich im Falle von Streiks.

X. Das Kaufmannsgericht ist verpflichtet, auf Ansuchen von Staatsbehörden oder des Vorstandes des Kommunalverbandes Gutachten über Fragen abzugeben, welche das kaufmännische Dienst- oder Lehrverhältnis betreffen (§ 18 Abs. 1). Es ist berechtigt, in den bezeichneten Fragen Anträge an Behörden, an Vertretungen von Kommunalverbänden und an die gesetzgebenden Körperschaften der Bundesstaaten oder des Reichs zu richten (§ 18 Abs. 2).

XI. Ist ein zuständiges Kaufmannsgericht nicht vorhanden, so kann bei Streitigkeiten der im § 5 Abs. 1 Nr. 1 und 5 des Gesetzes bezeichneten Art (s. oben S. 171/172) jede Partei die vorläufige Entscheidung durch den Gemeinde-Vorsteher nachsuchen (§ 19). Gegen die Entscheidung des letzteren ist binnen einer Notfrist von zehn Tagen, beginnend mit der Verkündung, ev. mit der Behändigung der Entscheidung, die Klage bei dem ordentlichen Gericht zulässig (§ 77 GewGGes.), also bei Objekten bis 300 Mk. einschließlich beim Amtsgericht, sonst beim Landgericht.

§ 37. Einzelne besonders wichtige Prozeßfragen.

A. **Prozeßfähig**, d. h. fähig, einen Prozeß — als Kläger oder Beklagter — zu führen, ist eine Person insoweit, als sie sich selbständig durch Verträge verpflichten kann (§ 52 Abs. 1 CPO.). Es kann also der minderjährige Angestellte, der den Dienstvertrag mit Genehmigung seines Vaters oder Vormundes abgeschlossen hat, selbständig, d. h. ohne Zuziehung seines Vaters oder Vormundes, klagen und verklagt werden. Insoweit er jedoch trotz derartiger Erlaubnis der Genehmigung des Vormundschaftsgerichts bedarf, muß in seinem Namen sein gesetzlicher Vertreter klagen und verklagt werden, z. B. wenn der minderjährige Gehilfe eine mit seinem Prinzipal vereinbarte Vergleichssumme von mehr als 300 Mark einklagt oder auf solche verklagt wird (§ 1822 Nr. 12 BGB., s. oben S. 40).

Die Prozeßfähigkeit einer Frau wird dadurch, daß sie Ehefrau ist, nicht beschränkt (§ 52 Abs. 2 CPO.).

Auch **parteifähig**, d. h. in der Sache aktiv oder passiv legitimiert, sind der minderjährige und verheiratete weibliche Handlungsgehilfe, nicht etwa der Vater bzw. Vormund und der Ehemann. Denn parteifähig ist, wer rechtsfähig ist (§ 50 Abs. 1 CPO.), und hinsichtlich des Dienstverhältnisses sind der minderjährige und verheiratete weibliche Handlungsgehilfe rechtsfähig (s. oben § 11). Nur wenn die verheiratete Handlungsgehilfin in Gütergemeinschaft lebt, ist betreffs der Vermögensansprüche aus dem Dienstverhältnis, insbesondere desjenigen auf Gehalt, nicht sie parteifähig, sondern lediglich ihr Ehemann (§§ 1438, 1443 Abs. 1 BGB., vgl. § 1454 BGB., s. oben S. 40).

B. Der zu Unrecht vorzeitig entlassene Angestellte muß eine Klage auf Erfüllung, nicht auf Entschädigung erheben (s. oben S. 128/129). Klagt jedoch, wie oft geschieht, der Angestellte anstatt auf Fortzahlung des Gehalts auf Entschädigung in Höhe desselben, so ist dies zwar nicht korrekt, jedoch nicht schädlich, da mit Rücksicht darauf, daß die Entschädigung mit dem Gehalt zusammenfällt und die Dienstentlassung als Klagegrund aufgeführt ist, die Klage sich als Erfüllungsklage charakterisiert (vgl. R. 17 S. 220 ff.).

C. Der Angestellte ist zu Unrecht vorzeitig entlassen. Kann er eine **Klage, betreffend die in Zukunft fällig werdenden Gehaltsraten,** anstrengen und welche?

I. Zulässig ist eine Feststellungsklage gemäß § 256 CPO. auf Anerkennung, daß er zu Unrecht entlassen worden, und daß der Dienstvertrag noch weiter bestehe.[1]) Zweifelhaft könnte diese Zulässigkeit allein in dem Falle werden, wenn der Dienstvertrag nur noch auf kurze Zeit, z. B. vier Wochen, zu laufen hat, weil hier die Annahme nahe liegt, daß das gesetzlich erforderliche Interesse an „alsbaldiger“ Feststellung nicht vorhanden sei, der Gehilfe vielmehr die kurze Zeit abwarten und dann sofort die Leistungsklage anstrengen könne. Jedoch auch in diesem Falle ist ein Interesse an der „alsbaldigen“ Feststellung vorhanden, ob der Dienstvertrag weiter besteht oder nicht, da eine Reihe gesetzlicher Verpflichtungen nur während der Dauer des Dienstvertrages bestehen, z. B. die der Geheimhaltung der Geschäftsgeheimnisse (s. S. 65). Aus diesem Grunde wird auch stets das in § 256 CPO. geforderte „rechtliche Interesse“ an der richterlichen

[1]) Vgl. E. 37 S. 305; KG. vom 5. Juni 65 in DJZ. 96 S. 202; OL. 5 S. 54.

Feststellung in Fällen der gedachten Art anzunehmen sein (vgl. E. 4 S. 438).

II. Die erhobene Feststellungsklage kann, sobald und soweit der festzustellende Anspruch inzwischen fällig geworden, in die Leistungsklage umgewandelt werden.[1])

III. Der Angestellte hat gemäß § 259 CPO. auch die Leistungsklage betreffs der in Zukunft fällig werdenden Raten, wenn den Umständen nach die Besorgnis gerechtfertigt ist, daß der Prinzipal sich der rechtzeitigen Zahlung entziehen werde. Dies wird stets anzunehmen sein in dem Falle, wo der Prinzipal die Rechtmäßigkeit der Entlassung, sei es auch nur in konkludenter Weise, geltend macht. Dann wird, selbst wenn der Prinzipal im Termin die Klageforderung sofort anerkennt, § 93 CPO. nicht anwendbar, vielmehr der Prinzipal auch in die Kosten zu verurteilen sein. Es kann also der Prinzipal z. B. im Mai verklagt und verurteilt werden, dem Gehilfen am 30. Juni, 31. Juli und 31. August das dann fällige Gehalt von je 100 Mark zu zahlen. Hat der Handlungsgehilfe nach Rechtskraft des Urteils anderweiten Verdienst erworben, den er sich anrechnen lassen muß (§ 615 S. 2 BGB.), so bleibt dem Prinzipal gemäß §§ 767, 769 CPO. die Klage auf entsprechende Aufhebung des Urteils bzw. Zurückzahlung des auf Grund desselben Geleisteten sowie der Antrag auf sofortige Einstellung der Zwangsvollstreckung aus dem Urteil.

D. Gründet sich die Klage auf gerechtfertigte Vertragslösung aus einem bestimmten sog. wichtigen Grunde, so ist die spätere Geltendmachung anderer wichtiger Gründe zur Begründung der Vertragslösung keine Klageänderung (s. oben S. 132).

E. Sind Handlungsgehilfen und Handlungslehrlinge zur Verweigerung des Zeugnisses über Geschäftsgeheimnisse berechtigt? Wir bejahen diese Frage für die Fälle, in denen der Angestellte allgemein zur Verschwiegenheit verpflichtet ist (s. oben S. 65), auf Grund der §§ 383 Nr. 5 und 384 Nr. 3 CPO. (anders E. 53 S. 40).

F. Die Fragen, was „kaufmännische Dienste“ sind und was ein wichtiger Grund“ zur vorzeitigen Aufhebung des Dienstverhältnisses ist, sind Rechtsfragen, nicht Tatfragen, und können daher zur Begründung der Revision dienen (s. oben S. 64—66).

G. Interessant und praktisch wichtig sind folgende **Beweisfragen.**

---

[1]) § 268 Nr. 2 und 3 CPO.; E. 23 S. 349 und 420.

I. Gibt der Prinzipal zu, daß er den Gehilfen engagiert hat, behauptet er aber, daß dies nur unter einer Bedingung geschehen sei, z. B. falls er eine polizeiliche Konzession erhalte, so muß der Prinzipal die Vereinbarung der Bedingung beweisen. Denn die Zusatzvereinbarung einer Bedingung ist im Verkehrsleben eine Ausnahme.[1])

Daß eine das angetretene Dienstverhältnis auflösende Bedingung ebenfalls der Prinzipal zu beweisen hat, ist zweifellos.

II. Der Handlungsgehilfe, dem bestritten wird, daß er kaufmännischer Angestellter sei, muß diese Eigenschaft beweisen. Es spricht keine Vermutung dafür, daß Dienste, weil sie in einem Handelsgewerbe geleistet werden, auch deswegen kaufmännische sind (s. oben S. 27/28 u. E. 1 S. 268/9).

Behauptet ein Teil, daß ein bestimmtes Gehalt vereinbart worden sei, der andere dagegen, daß überhaupt nichts über das Gehalt vereinbart worden, so hat der letztere die Beweislast, weil er die Ausnahme behauptet.

III. Daß ein Vertrag von den für das vereinbarte Rechtsverhältnis gesetzlich getroffenen Normal-Bestimmungen abweiche, wird nicht vermutet. Wer es behauptet, muß es beweisen. Danach wird zu vermuten sein, daß das Dienstverhältnis auf unbestimmte Zeit ohne Abrede einer Kündigungsfrist eingegangen ist. Die Beweislast hat daher, wer behauptet, daß das Engagement nur zur Aushilfe oder auf eine kurze Probezeit oder mit einer von der gesetzlichen Kündigungsfrist (6 Wochen zum Quartal) abweichenden geschlossen worden sei.[2])

Die Beweislast bleibt die gleiche, wenn der andere Teil die Vereinbarung einer abweichenden Frist zugibt, aber die gerade behauptete Frist bestreitet;[3]) z. B. der drei Monate nach Kündigung entlassene Angestellte behauptet sechsmonatliche Kündigungsfrist und klagt sein Gehalt für die restlichen drei Monate ein, der Prinzipal behauptet dreimonatliche Kündigungsfrist. Der Angestellte

[1]) Ebenso Staub Anm. 57 Allg. Einl. — Anders unsere erste Aufl. S. 144 und die herrschende Meinung, vgl. z. B. R. 4 S. 128, 129; E. des OTr. 72 S. 217 ff.

[2]) Ebenso KG. Berlin 95 DJZ 96 S. 19, s. E. 1 S. 383, RG. in JW. 04 S. 173 Nr. 15 und S 405 Nr. 31, LG. Berlin I in DJZ. 98 S. 252. — Der Prinzipal, der sich von dem Handlungsgehilfen einen Revers hat ausstellen lassen, daß letzterer zur Aushilfe engagiert worden, hat trotzdem die Beweislast für die Tatsache der Aushilfe; so mit Recht Lützow in DJZ. 04 S. 741, 742.

[3]) Vgl. Staub in der DJZ. 97 S. 194, 195 unter II.

hat zu beweisen. Umgekehrt trifft die Beweislast den Prinzipal, wenn dieser vierzehntägige, der klagende Angestellte einmonatliche Kündigungsfrist behauptet. Es ist nicht zu vermuten, daß größere Abweichungen vom Gesetz, als zugestanden werden, vereinbart worden sind. Deshalb triff die Beweislast stets denjenigen, der die größere Abweichung behauptet.

IV. Bleibt der Angestellte aus dem Dienste fort, so muß er den Grund hierfür beweisen, im Falle angeblicher Krankheit also das Vorhandensein letzterer (s. oben S. 137).

V. Daß der vorzeitig entlassene Angestellte während des Restes der Vertragsdauer anderweiten Verdienst gehabt, insbesondere eine anderweite Stellung gefunden hat, ist nicht zu vermuten. Daher hat der Gehilfe, welcher für die Restzeit den Betrag der Vergütung, sei es als solche, sei es als Entschädigung einklagt, nicht zu beweisen, daß er in dieser Zeit nichts oder nicht so und so viel verdient habe, sondern der Prinzipal hat die Beweislast für das Gegenteil (vgl. S. 129).

Die gleichen Grundsätze greifen Platz, wenn der Prinzipal den Angestellten das Dienstverhältnis gar nicht antreten läßt, was auch dann der Fall ist, wenn er das Geschäft, für welches der Gehilfe engagiert worden, nicht eröffnet (Bolze 13 Nr. 387).

Der Prinzipal muß auch substantiieren und beweisen, welchen anderweiten Verdienst der Angestellte gehabt hat (R. 17 S. 221; 18 S. 370). Eine allgemeine diesbezügliche Eideszuschiebung dahin, daß der Angestellte mindestens den Klagebetrag inzwischen anderweit verdient habe, ohne Angabe von Einzelheiten, wird jedoch mit Unrecht vielfach für unzulässig gehalten.[1]) Der Prinzipal wird oft den Gegenbeweis unmöglich anders antreten können. Dies schließt nicht aus, daß einer derartigen Eideszuschiebung, wenn sie offensichtlich chikanös ist, im einzelnen Falle vom Richter nicht nachgegeben zu werden braucht.

Keineswegs führt der Prinzipal den ihm obliegenden Beweis schon durch die Bezugnahme darauf, daß der Angestellte inzwischen ein eigenes Geschäft eröffnet habe; er muß vielmehr noch außerdem beweisen, daß der Verdienst aus

---

[1]) Vgl. z. B. Bolze 4 Nr. 1320 sub 5; 8 Nr. 912; vgl. auch 18 Nr. 714; die Begründung des Reichsgerichts, daß es sich um bloße Vermutungen bzw. um Verdacht handele, nicht um bestimmte Behauptungen, ist unrichtig. Es handelt sich um eine bestimmte Behauptung. Wie der Behauptende zu derselben kommt, ob auf Grund bloßer Vermutungen oder bestimmter Anhaltspunkte, ist lediglich Frage der Motivierung. Wie das Reichsgericht Staub Anm. 15 zu § 70 HGB.

diesem Geschäft den durch die Entlassung entstandenen Schaden ganz oder teilweise deckt.[1])

VII. Wird ein über Führung oder Leistungen ungünstig urteilendes Zeugnis als unrichtig angefochten, so hat der Prinzipal den Beweis der Richtigkeit, nicht der Angestellte den der Unrichtigkeit zu führen.[2]) Einmal deswegen, weil überall das Durchschnittliche zu vermuten ist, demjenigen daher, der Unter-Durchschnittliches behauptet, die Beweislast obliegt. Ferner deswegen, weil der Prinzipal sein Urteil aus positiven Tatsachen gezogen haben muß, die er angeben kann, sogar anzugeben verpflichtet ist, während dem Angestellten der schwierige, oft unmögliche Beweis der Negative zugemutet werden müßte.

VIII. Urteile, welche Streitigkeiten zwischen Prinzipal und Angestellten betreffen, sind, auch wenn der Wert ihres Gegenstandes die Summe von 300 Mk. übersteigt, auf Antrag für vorläufig vollstreckbar zu erklären, insofern diese Streitigkeiten während der Dauer des Dienstverhältnisses entstehen (§ 709 Nr. 2 CPO.).

Aus einem Urteil, welches den Handlungsgehilfen oder Handlungslehrling zur Leistung von Diensten verurteilt, ist eine diesbezügliche Zwangsvollstreckung nicht zulässig (§ 888 Abs. 2 CPO., s. oben S. 54).

---

[1]) Anders scheinbar Bolze 12 Nr. 402.

[2]) Anders das Hanseat. OL. in einer Entsch. vom 3. Oktober 01 (A. Z. BC. II 403, 01), mitgeteilt in der Kaufmännischen Rundschau (X Nr. 15) vom 18. Juli 02, identisch offenbar mit der Entsch. in OL. 5 S. 270, 271. Hier wird unbegreiflicherweise dem Handlungsgehilfen sogar der Gegenbeweis abgeschnitten, außer bei dolus des Prinzipals. Die dafür gegebene Begründung, daß dem Urteil des letzteren das des Gerichts nicht substituiert werden darf, bedarf keiner Widerlegung.

Zweiter Teil.

Handlungsgehilfen und Handlungslehrlinge und die Reichsversicherungsgesetze.

§ 38. Übersicht.

Die Reichsversicherung greift in das Leben der Handlungsgehilfen und Handlungslehrlinge ein, soweit es sich um Krankheit, Alter oder Invalidität handelt, dagegen nicht, soweit Dienst-Unfälle in Frage stehen. Denn das Reichs-Unfallversicherungsgesetz vom 6. Juli 1884 gilt nur für solche Betriebe, welche mit der kaufmännischen Beschäftigung im Handelsgewerbe nichts zu tun haben. Höchstens könnte der Fabrikbetrieb in Betracht kommen. Aber auch hier würden die für die Unfallversicherung gesetzlich geforderten Voraussetzungen der Anstellung „in" der Fabrik und des Unfalls „bei dem Fabrikbetriebe" bei Handlungsgehilfen und Handlungslehrlingen fehlen oder doch nur in seltenen Ausnahme-Fällen gegeben sein. Aus diesen Gründen werden wir von einer Berücksichtigung der Unfallversicherung Abstand nehmen und uns auf diejenige der Krankenversicherung einerseits und der Alters- und Invaliditätsversicherung andererseits beschränken.

§ 39. Die Krankenversicherung der Handlungsgehilfen und Handlungslehrlinge.

Dieselbe regelt sich nach dem **Reichs-Krankenversicherungsgesetz vom 15. Juni 1883** in der Fassung der Novelle vom **25. Mai 1903.**

A. **Versicherungspflichtig** sind

I. nach dem Gesetz (§ 1 Nr. 2)[1]) alle Handlungsgehilfen und Handlungslehrlinge, aber nur unter den nachfolgenden Voraussetzungen, nämlich:

---

[1]) Die in diesem Paragraphen unseres Buches ohne Zusatz zitierten Paragraphen bedeuten diejenigen des Reichs-Krankenversicherungsgesetzes.

1. Wenn ihr Arbeitsverdienst an Gehalt 6⅔ Mk. für den Arbeitstag oder, falls das Gehalt nach größeren Zeitabschnitten bemessen ist, 2000 Mk. für das Jahr gerechnet, nicht übersteigt (§ 2 b).

Als Gehalt in diesem Sinne gelten auch Tantiemen und Naturalbezüge. Für die letzteren wird der Durchschnittswert in Ansatz gebracht.

2. Sofern ihre Beschäftigung nicht im voraus durch Vertrag auf einen Zeitraum von weniger als einer Woche beschränkt ist (§ 1).[1] Dies wird sich im wesentlichen auf die Fälle begrenzen, in denen eine Anstellung zur Aushilfe oder zunächst ein Probe-Engagement auf weniger als eine Woche geschlossen worden ist, da bei sonstigen derartigen kurzen Engagements ein Anstellungsvertrag nur ausnahmsweise anzunehmen ist (s. oben S. 25 sub e).

3. Sofern sie nicht in Apotheken beschäftigt sind (§ 1).

II. Durch **statutarische Bestimmung** einer Gemeinde für ihren Bezirk oder eines weiteren Kommunalverbandes für seinen Bezirk oder Teile desselben kann die Versicherungspflicht auf solche Handlungsgehilfen und Handlungslehrlinge erstreckt werden, bei denen die oben zu I, 2 aufgeführte Voraussetzung nicht vorhanden ist. Unerläßlich ist also auch hier, daß das Gehalt nicht mehr als 6⅔ Mk. pro Tag bzw. 2000 Mk. pro Jahr beträgt (§ 2 Nr. 1).

III. Diejenigen Gehilfen und Lehrlinge, welche nach Nr. II durch statutarische Bestimmung versicherungspflichtig gemacht werden können, sind berechtigt, mangels solcher Bestimmung der Ortskrankenkasse und ev. der Gemeinde-Krankenversicherung beizutreten.

B. Wer versicherungspflichtig ist, ist ohne weiteres auch versichert. **Die Versicherung tritt kraft Gesetzes ein,** also auch **ohne Anmeldung.** Letztere, welche dem Prinzipal obliegt, erfolgt nur der Ordnung halber. Die Unterlassung der Anmeldung zieht für den versicherungspflichtigen Angestellten keine Nachteile nach sich, insbesondere weder Strafe noch Verlust der Versicherungsvorteile.

C. Für die versicherungspflichtigen Gehilfen und Lehrlinge, welche nicht einer Betriebs- (Fabrik-) Krankenkasse oder

[1]) Diesbezügliche Beschränkung durch die Natur des Gegenstandes, welche § 1 Abs. 1 Ges. ebenfalls als Befreiungsgrund aufführt, ist in der Regel gegen die Natur des Anstellungs-Verhältnisses, daher für Handlungsgehülfen und Handlungslehrlinge im wesentlichen unbeachtlich (s. oben S. 25).

einer Ortskrankenkasse angehören, tritt die Gemeindekrankenversicherung ein (§ 4). Die Angestellten sind jedoch von letzterer sowie von der Zugehörigkeit zu einer Kasse befreit, wenn sie einer freien Hilfskasse ohne Beitrittszwang angehören, welche wenigstens die Mindestleistungen der Gemeindeversicherung des Beschäftigungsortes gewährt (§ 75).

D. Im Falle der Erkrankung werden gewährt:

I. Als Kranken-Unterstützung:

1. Freie ärztliche Behandlung, Arznei, sowie Brillen, Bruchbänder und ähnliche Heilmittel,

2. im Falle der Erwerbsunfähigkeit vom dritten Tage nach der Erkrankung ab für jeden Arbeitstag ein Krankengeld in Höhe der Hälfte desjenigen Gehalts, nach welchem die Beiträge bemessen werden.

Das Krankengeld ist nach Ablauf jeder Woche zu zahlen.

Anstelle der zu 1 und 2 aufgeführten Leistungen kann unter Umständen freie Kur und Verpflegung in einem Krankenhause gewährt werden, in welchem Falle die von dem Angestellten bisher unterhaltenen Angehörigen desselben noch außerdem die Hälfte des ad 2 gedachten Krankengeldes erhalten (§ 7).

Die Versicherungsorgane sind ermächtigt zu beschließen, daß Versicherten, welche sich eine Krankheit vorsätzlich oder durch schuldhafte Beteiligung bei Schlägereien oder Raufhändeln oder durch Trunkfälligkeit zugezogen haben, für diese Krankheit das Krankengeld gar nicht oder nur teilweise zu gewähren ist. Die frühere gesetzliche Bestimmung, wonach die gedachte Ermächtigung auch für den Fall geschlechtlicher Ausschweifungen gegeben war, ist aufgehoben (§ 6 Nr. 2).

Die Krankenunterstützung endet spätestens mit dem Ablauf der sechsundzwanzigsten Woche nach Beginn der Krankheit, im Falle der Erwerbsunfähigkeit spätestens mit dem Ablauf der sechsundzwanzigsten Woche nach Beginn des Krankengeldbezuges (§ 6).

II. Die Ortskrankenkassen und Betriebs- (Fabrik-) Krankenkassen haben außerdem noch zu gewähren:

a) ein Sterbegeld im mindestens zwanzigfachen Betrage desjenigen Gehalts, nach welchem die Beiträge bemessen werden (§ 20 Nr. 3);

b) an die weiblichen Angestellten, welche im letzten Jahre bereits sechs Monate versichert waren, eine Wöchnerinnen-Unterstützung in Höhe des Krankengeldes für sechs Wochen nach der Niederkunft (§ 20 Nr. 2).

Für die an versicherungspflichtige Angestellte zu gewährenden Mindestleistungen besteht keine Karenzzeit. Eine zur Zeit des Eintritts der Versicherungspflicht bereits bestehende Krankheit beseitigt weder die Pflichten noch die Rechte der Versicherung.

E. **Die Beiträge** für die Hilfskassen sind vom Krankenversicherungsgesetz nicht normiert. Entscheidend sind diesbezüglich die Landesgesetze.

Die Beiträge zur Gemeinde-Krankenversicherung dürfen 1½ % bis 2 %, bei Defizit 3 % des ortsüblichen Tagelohnes nicht übersteigen, die für Orts- und Betriebs-Krankenkassen nicht 3 bis 4½ Prozent des Durchschnittslohnes derjenigen Personen, für welche die betreffende Kasse errichtet worden ist.

Die Beiträge der versicherungspflichtigen Angestellten haben diese zu ⅔, der Prinzipal zu ⅓ zu tragen (§ 51). Eintrittsgelder, die übrigens nur in beschränktem Umfange zulässig sind, belasten den Versicherten allein.

Der Prinzipal ist verpflichtet, die vollen Beiträge und auch die Eintrittsgelder einzuzahlen. Es bleibt ihm dann überlassen, sich von dem Versicherten das für denselben Verauslagte zurückzufordern. Jedoch ist er hierzu nur in der Art berechtigt, daß er seine Auslagen bei der nächsten oder nächstnächsten Gehaltszahlung sich einbehält (§ 53 Abs. 1).

F. **Doppelte Entschädigung.** Nach § 57 Abs. 1 Ges. bleiben die auf Gesetz, z. B. gegen Gemeinden, Armenverbände oder auf Grund des Haftpflichtgesetzes, ferner auf Vertrag oder letztwilliger Anordnung beruhenden Ansprüche der Versicherten gegen Dritte unberührt.

Derartige Entschädigungen, soweit sie auf einem Gesetz beruhen, verbleiben jedoch dem Angestellten nicht neben den nach dem Krankenversicherungsgesetz zu beziehenden. Hat er auf Grund besonderen Gesetzes Entschädigung erhalten, so kann er von den Organen der Krankenversicherung nur den entsprechenden Mehrbetrag fordern und umgekehrt.

Die auf Vertrag, z. B. gegen einen kaufmännischen Handlungs-Gehilfen-Verein, oder letztwilliger Verfügung beruhenden Entschädigungen werden nach § 57 Abs. 1 cit. voll neben den gesetzlichen Versicherungsvorteilen bezogen.

Der Anspruch gegen den Prinzipal aus § 63 HGB. auf Gehalt und Unterhalt für sechs Wochen bei unverschuldetem Unglück ist kein Anspruch auf Entschädigung, sondern auf Vertrags-Erfüllung (s. oben S. 73). Die Versicherungs-Bezüge sind daher neben der Erfüllung dieses Anspruches voll zu gewähren, ebenso wie sie andererseits nicht auf jenen Anspruch angerechnet werden dürfen (§ 63 cit. Abs. 2).

G. **Die Unterstützungsansprüche verjähren** in zwei Jahren vom Tage ihrer Entstehung an. Sie sind nicht zessibel, nicht verpfändbar, nicht pfändbar, ebensowenig kompensabel, außer mit Eintrittsgeldern, Beiträgen und gewissen Geldstrafen (§§ 56, 394 S. 2 BGB.).

H. Für Streitigkeiten zwischen Prinzipal und Angestellten hinsichtlich der Berechnung und Anrechnung der Versicherungsbeiträge sind die Kaufmannsgerichte zuständig (s. oben S. 172).

§ 40. Invaliditäts- und Altersversicherung der Handlungsgehilfen und Handlungslehrlinge.

Diesbezügliche Rechtsquelle ist **das Gesetz betreffend die Invaliditäts- und Altersversicherung vom 22. Juni 1889 in der Fassung der Novelle vom 13./19. Juli 1899** (RGBl. 463 ff.).[1])

A. **Versicherungspflichtig** sind Handlungsgehilfen und Handlungslehrlinge (ausschließlich der in Apotheken beschäftigten), deren regelmäßiger Jahresarbeitsverdienst an Gehalt zweitausend Mark nicht übersteigt. Als Gehalt gelten auch Tantiemen und Naturalbezüge. Ein Angestellter jedoch, der nur freien Unterhalt empfängt, ist nicht versicherungspflichtig.

Angestellte, welche aufhören, versicherungspflichtig zu sein, z. B. infolge Stellenlosigkeit oder Erhöhung des Jahresgehalts auf mehr als 2000 Mark, können die Versicherung freiwillig fortsetzen.

B. Wer versicherungspflichtig ist, ist versichert. **Die Versicherung tritt kraft Gesetzes ein.** Eine Anmeldung ist zunächst überhaupt nicht erforderlich.

C. Die Versicherung erfolgt lediglich durch bestimmte staatliche Versicherungsanstalten. Sie kann durch eine anderweite Versicherung nicht ersetzt werden. Die Beiträge werden wöchentlich in Marken entrichtet, die in Quittungskarten einzukleben sind. Die Beiträge sind von dem Prinzipal zu zahlen, der berechtigt ist, bei der Gehaltszahlung die Hälfte der Beiträge in Abzug zu bringen. Die Abzüge dürfen sich höchstens

---

[1]) Über diese Versicherung bei vorübergehenden Diensten s. RGBl. 99 S. 725, betreffend Befreiungen daselbst S. 721.

auf die für die beiden letzten Gehaltszahlungsperioden entrichteten Beträge erstrecken.

Die freiwillig versicherten Angestellten müssen die Beiträge selber entrichten.

Die Höhe der Beiträge und der Renten bestimmt sich nach 4 Lohnklassen, je nachdem das Jahresverdienst des Angestellten bis 350, 550, 850 Mk. einschließlich oder mehr beträgt.

D. Der versicherte Angestellte hat Anspruch:

I. Auf **Invalidenrente,** falls er dauernd, wenn auch nicht gänzlich, erwerbsunfähig ist, oder, wenn er ein Jahr ununterbrochen erwerbsunfähig gewesen, für die weitere Dauer der Erwerbsunfähigkeit. Der Anspruch wird dadurch ausgeschlossen, daß die Erwerbsunfähigkeit vorsätzlich oder bei Begehung eines durch strafgerichtliches Urteil festgestellten Verbrechens zugezogen worden ist. Der Anspruch setzt voraus, daß der Angestellte für fünf Jahre mit zusammen 235 Beitrags-Wochen Beiträge geleistet hat. Die Zahlung der Rente erfolgt monatlich pränumerando durch die Postanstalt des Wohnortes des Versicherten.

Tritt in den Verhältnissen des Empfängers einer Invalidenrente eine Veränderung ein, welche ihn nicht mehr als dauernd erwerbsunfähig erscheinen läßt, so kann demselben die Rente entzogen werden.

II. Auf **Altersrente.** Der Anspruch setzt voraus, daß der Angestellte das 70. Lebensjahr vollendet und für 30 Jahre zu je 47 Beitragswochen Beiträge geleistet hat.

E. Den **Anspruch** auf Rente hat der Versicherte bei der unteren Verwaltungsbehörde seines Wohnorts **anzumelden,** und zwar unter Beifügung der Quittungskarte und der sonstigen Beweisstücke, z. B. eines ärztlichen Attestes. Über die Anmeldung entscheidet der Vorstand der zuständigen Versicherungsanstalt, welcher dem Versicherten einen sog. Berechtigungsausweis über die ihm zustehenden Bezüge unter Angabe der mit der Zahlung beauftragten Postanstalt zuzufertigen hat. Gegen die Entscheidung des Vorstandes ist binnen vier Wochen nach Zustellung derselben die Berufung an das Schiedsgericht gegeben, gegen dessen Entscheidung binnen ebenfalls vier Wochen die Revision beim Reichsversicherungsamt.

F. Der Anspruch auf Rente ist nicht zessibel, nicht verpfändbar, nicht pfändbar, wohl aber kompensabel.

G. Doppel-Unterstützung. Hat der Versicherte von einer Gemeinde oder einem Armenverbande oder für letztere von einem Betriebsunternehmer oder einer Kasse wegen Hilfsbedürftigkeit gesetzliche Unterstützung erhalten, so geht auf den Geber der Unterstützung in Höhe derselben der Anspruch auf Invaliditäts- und Altersrente über.

Dagegen verbleibt letztere dem Versicherten neben anderen Unterstützungen aus gleichem Grunde.

H. Streitigkeiten zwischen Prinzipal und Angestellten sowie zwischen letzteren und den Versicherungsorganen werden von der unteren Verwaltungsbehörde des Beschäftigungsortes entschieden (§§ 122 ff. Ges.).

Anhang.

Handelsgesetzbuch §§ 59—83, 88, 91 Satz 1.

§ 59. Wer in einem Handelsgewerbe zur Leistung kaufmännischer Dienste gegen Entgelt angestellt ist (Handlungsgehilfe), hat, soweit nicht besondere Vereinbarungen über die Art und den Umfang seiner Dienstleistungen oder über die ihm zukommende Vergütung getroffen sind, die dem Ortsgebrauch entsprechenden Dienste zu leisten sowie die dem Ortsgebrauch entsprechende Vergütung zu beanspruchen. In Ermangelung eines Ortsgebrauchs gelten die den Umständen nach angemessenen Leistungen als vereinbart.

§ 60. Der Handlungsgehilfe darf ohne Einwilligung des Prinzipals weder ein Handelsgewerbe betreiben noch in dem Handelszweige des Prinzipals für eigene oder fremde Rechnung Geschäfte machen.

Die Einwilligung zum Betrieb eines Handelsgewerbes gilt als erteilt, wenn dem Prinzipal bei der Anstellung des Gehilfen bekannt ist, daß er das Gewerbe betreibt, und der Prinzipal die Aufgabe des Betriebs nicht ausdrücklich vereinbart.

§ 61. Verletzt der Handlungsgehilfe die ihm nach § 60 obliegende Verpflichtung, so kann der Prinzipal Schadensersatz fordern; er kann statt dessen verlangen, daß der Handlungsgehilfe die für eigene Rechnung gemachten Geschäfte als für Rechnung des

Prinzipals eingegangen gelten lasse und die aus Geschäften für fremde Rechnung bezogene Vergütung herausgebe oder seinen Anspruch auf die Vergütung abtrete.

Die Ansprüche verjähren in drei Monaten von dem Zeitpunkt an, in welchem der Prinzipal Kenntnis von dem Abschlusse des Geschäfts erlangt; sie verjähren ohne Rücksicht auf diese Kenntnis in fünf Jahren von dem Abschlusse des Geschäfts an.

§ 62. Der Prinzipal ist verpflichtet, die Geschäftsräume und die für den Geschäftsbetrieb bestimmten Vorrichtungen und Gerätschaften so einzurichten und zu unterhalten, auch den Geschäftsbetrieb und die Arbeitszeit so zu regeln, daß der Handlungsgehilfe gegen eine Gefährdung seiner Gesundheit, soweit die Natur des Betriebs es gestattet, geschützt und die Aufrechterhaltung der guten Sitten und des Anstandes gesichert ist.

Ist der Handlungsgehilfe in die häusliche Gemeinschaft aufgenommen, so hat der Prinzipal in Ansehung des Wohn- und Schlafraums, der Verpflegung sowie der Arbeits- und Erholungszeit diejenigen Einrichtungen und Anordnungen zu treffen, welche mit Rücksicht auf die Gesundheit, die Sittlichkeit und die Religion des Handlungsgehilfen erforderlich sind.

Erfüllt der Prinzipal die ihm in Ansehung des Lebens und der Gesundheit des Handlungsgehilfen obliegenden Verpflichtungen nicht, so finden auf seine Verpflichtung zum Schadensersatze die für unerlaubte Handlungen geltenden Vorschriften der §§ 842 bis 846 des Bürgerlichen Gesetzbuchs entsprechende Anwendung.

Die dem Prinzipal hiernach obliegenden Verpflichtungen können nicht im voraus durch Vertrag aufgehoben oder beschränkt werden.

§ 63. Wird der Handlungsgehilfe durch unverschuldetes Unglück an der Leistung der Dienste verhindert, so behält er seinen Anspruch auf Gehalt und Unterhalt, jedoch nicht über die Dauer von sechs Wochen hinaus.

Der Handlungsgehilfe ist nicht verpflichtet, sich den Betrag anrechnen zu lassen, der ihm für die Zeit der Verhinderung aus einer Kranken- oder Unfallversicherung zukommt. Eine Vereinbarung, welche dieser Vorschrift zuwiderläuft, ist nichtig.

§ 64. Die Zahlung des dem Handlungsgehilfen zukommenden Gehalts hat am Schlusse jedes Monats zu erfolgen. Eine Vereinbarung, nach der die Zahlung des Gehalts später erfolgen soll, ist nichtig.

§ 65. Ist bedungen, daß der Handlungsgehilfe für Geschäfte, die von ihm geschlossen oder vermittelt werden, Provision erhalten solle, so finden die für die Handlungsagenten geltenden Vorschriften des § 88 und des § 91 Satz 1 Anwendung.

§ 66. Das Dienstverhältnis zwischen dem Prinzipal und dem Handlungsgehilfen kann, wenn es für unbestimmte Zeit eingegangen ist, von jedem Teile für den Schluß eines Kalendervierteljahrs unter Einhaltung einer Kündigungsfrist von sechs Wochen gekündigt werden.

§ 67. Wird durch Vertrag eine kürzere oder längere Kündigungsfrist bedungen, so muß sie für beide Teile gleich sein; sie darf nicht weniger als einen Monat betragen.

Die Kündigung kann nur für den Schluß eines Kalendermonats zugelassen werden.

Die Vorschriften des Abs. 1 finden auch in dem Falle Anwendung, wenn das Dienstverhältnis für bestimmte Zeit mit der Vereinbarung eingegangen wird, daß es in Ermangelung einer vor dem Ablaufe der Vertragszeit erfolgten Kündigung als verlängert gelten soll.

Eine Vereinbarung, die diesen Vorschriften zuwiderläuft, ist nichtig.

§ 68. Die Vorschriften des § 67 finden keine Anwendung, wenn der Handlungsgehilfe einen Gehalt von mindestens fünftausend Mark für das Jahr bezieht.

Sie bleiben ferner außer Anwendung, wenn der Handlungsgehilfe für eine außereuropäische Handelsniederlassung angenommen ist und nach dem Vertrage der Prinzipal für den Fall, daß er das Dienstverhältnis kündigt, die Kosten der Rückreise des Handlungsgehilfen zu tragen hat.

§ 69. Wird ein Handlungsgehilfe nur zu vorübergehender Aushilfe angenommen, so finden die Vorschriften des § 67 keine Anwendung, es sei denn, daß das Dienstverhältnis über die Zeit von drei Monaten hinaus fortgesetzt wird. Die Kündigungsfrist muß jedoch auch in einem solchen Falle für beide Teile gleich sein.

§ 70. Das Dienstverhältnis kann von jedem Teile ohne Einhaltung einer Kündigungsfrist gekündigt werden, wenn ein wichtiger Grund vorliegt.

Wird die Kündigung durch vertragswidriges Verhalten des anderen Teiles veranlaßt, so ist dieser zum Ersatze des durch die

Aufhebung des Dienstverhältnisses entstehenden Schadens verpflichtet.

§ 71. Als ein wichtiger Grund, der den Handlungsgehilfen zur Kündigung ohne Einhaltung einer Kündigungsfrist berechtigt, ist es, sofern nicht besondere Umstände eine andere Beurteilung rechtfertigen, namentlich anzusehen:

1. wenn der Handlungsgehilfe zur Fortsetzung seiner Dienste unfähig wird;
2. wenn der Prinzipal den Gehalt oder den gebührenden Unterhalt nicht gewährt;
3. wenn der Prinzipal den ihm nach § 62 obliegenden Verpflichtungen nachzukommen verweigert;
4. wenn sich der Prinzipal Tätlichkeiten, erhebliche Ehrverletzungen oder unsittliche Zumutungen gegen den Handlungsgehilfen zu Schulden kommen läßt oder es verweigert, den Handlungsgehilfen gegen solche Handlungen eines anderen Angestellten oder eines Familienangehörigen des Prinzipals zu schützen.

§ 72. Als ein wichtiger Grund, der den Prinzipal zur Kündigung ohne Einhaltung einer Kündigungsfrist berechtigt, ist es, sofern nicht besondere Umstände eine andere Beurteilung rechtfertigen, namentlich anzusehen:

1. wenn der Handlungsgehilfe im Dienste untreu ist oder das Vertrauen mißbraucht oder die ihm nach § 60 obliegende Verpflichtung verletzt;
2. wenn er seinen Dienst während einer den Umständen nach erheblichen Zeit unbefugt verläßt oder sich beharrlich weigert, seinen Dienstverpflichtungen nachzukommen;
3. wenn er durch anhaltende Krankheit, durch eine längere Freiheitsstrafe oder Abwesenheit oder durch eine die Zeit von acht Wochen übersteigende militärische Dienstleistung an der Verrichtung seiner Dienste verhindert wird;
4. wenn er sich Tätlichkeiten oder erhebliche Ehrverletzungen gegen den Prinzipal oder dessen Vertreter zu Schulden kommen läßt.

Erfolgt die Kündigung, weil der Handlungsgehilfe durch unverschuldetes Unglück längere Zeit an der Verrichtung seiner Dienste verhindert ist, so wird dadurch der im § 63 bezeichnete Anspruch des Gehilfen nicht berührt.

§ 73. Bei der Beendigung des Dienstverhältnisses kann der Handlungsgehilfe ein schriftliches Zeugnis über die Art und Dauer der Beschäftigung fordern. Das Zeugnis ist auf Verlangen des Handlungsgehilfen auch auf die Führung und die Leistungen auszudehnen.

Auf Antrag des Handlungsgehilfen hat die Ortspolizeibehörde das Zeugnis kosten- und stempelfrei zu beglaubigen.

§ 74. Eine Vereinbarung zwischen dem Prinzipal und dem Handlungsgehilfen, durch welche dieser für die Zeit nach der Beendigung des Dienstverhältnisses in seiner gewerblichen Tätigkeit beschränkt wird, ist für den Handlungsgehilfen nur insoweit verbindlich, als die Beschränkung nach Zeit, Ort und Gegenstand nicht die Grenzen überschreitet, durch welche eine unbillige Erschwerung des Fortkommens des Handlungsgehilfen ausgeschlossen wird.

Die Beschränkung kann nicht auf einen Zeitraum von mehr als drei Jahren von der Beendigung des Dienstverhältnisses an erstreckt werden.

Die Vereinbarung ist nichtig, wenn der Handlungsgehilfe zur Zeit des Abschlusses minderjährig ist.

§ 75. Gibt der Prinzipal durch vertragswidriges Verhalten dem Handlungsgehilfen Grund, das Dienstverhältnis gemäß den Vorschriften der §§ 70, 71 aufzulösen, so kann er aus einer Vereinbarung der im § 74 bezeichneten Art Ansprüche nicht geltend machen. Das gleiche gilt, wenn der Prinzipal das Dienstverhältnis kündigt, es sei denn, daß für die Kündigung ein erheblicher Anlaß vorliegt, den er nicht verschuldet hat, oder daß während der Dauer der Beschränkung dem Handlungsgehilfen das zuletzt von ihm bezogene Gehalt fortgezahlt wird.

Hat der Handlungsgehilfe für den Fall, daß er die in der Vereinbarung unternommene Verpflichtung nicht erfüllt, eine Strafe versprochen, so kann der Prinzipal nur die verwirkte Strafe verlangen; der Anspruch auf Erfüllung oder auf Ersatz eines weiteren Schadens ist ausgeschlossen. Die Vorschriften des Bürgerlichen Gesetzbuchs über die Herabsetzung einer unverhältnmäßig hohen Vertragsstrafe bleiben unberührt.

Vereinbarungen, welche diesen Vorschriften zuwiderlaufen, sind nichtig.

§ 76. Die Vorschriften der §§ 60 bis 63, 74, 75 finden auch auf Handlungslehrlinge Anwendung.

Der Lehrherr ist verpflichtet, dafür zu sorgen, daß der Lehrling in den bei dem Betriebe des Geschäfts vorkommenden kaufmännischen Arbeiten unterwiesen wird; er hat die Ausbildung des Lehrlinges entweder selbst oder durch einen geeigneten, ausdrücklich dazu bestimmten Vertreter zu leiten. Die Unterweisung hat in der durch den Zweck der Ausbildung gebotenen Reihenfolge und Ausdehnung zu geschehen.

Der Lehrherr darf dem Lehrlinge die zu seiner Ausbildung erforderliche Zeit und Gelegenheit durch Verwendung zu anderen Dienstleistungen nicht entziehen; auch hat er ihm die zum Besuche des Gottesdienstes an Sonntagen und Festtagen erforderliche Zeit und Gelegenheit zu gewähren. Er hat den Lehrling zur Arbeitsamkeit und zu guten Sitten anzuhalten.

In betreff der Verpflichtung des Lehrherrn, dem Lehrlinge die zum Besuch einer Fortbildungsschule erforderliche Zeit zu gewähren, bewendet es bei den Vorschriften des § 120 der Gewerbeordnung.

§ 77. Die Dauer der Lehrzeit bestimmt sich nach dem Lehrvertrag, in Ermangelung vertragsmäßiger Festsetzung nach den örtlichen Verordnungen oder dem Ortsgebrauche.

Das Lehrverhältnis kann, sofern nicht eine längere Probezeit vereinbart ist, während des ersten Monats nach dem Beginne der Lehrzeit ohne Einhaltung einer Kündigungsfrist gekündigt werden. Eine Vereinbarung, nach der die Probezeit mehr als drei Monate betragen soll, ist nichtig.

Nach dem Ablaufe der Probezeit finden auf die Kündigung des Lehrverhältnisses die Vorschriften der §§ 70 bis 72 Anwendung. Als ein wichtiger Grund zur Kündigung durch den Lehrling ist es insbesondere auch anzusehen, wenn der Lehrherr seine Verpflichtungen gegen den Lehrling in einer dessen Gesundheit, Sittlichkeit oder Ausbildung gefährdenden Weise vernachlässigt.

Im Falle des Todes des Lehrherrn kann das Lehrverhältnis innerhalb eines Monats ohne Einhaltung einer Kündigungsfrist gekündigt werden.

§ 78. Wird von dem gesetzlichen Vertreter des Lehrlings oder, sofern dieser volljährig ist, von ihm selbst dem Lehrherrn die schriftliche Erklärung abgegeben, daß der Lehrling zu einem anderen Gewerbe oder zu einem anderen Beruf übergehen werde, so endigt, wenn nicht der Lehrling früher entlassen wird, das Lehrverhältnis nach dem Ablauf eines Monats.

Tritt der Lehrling der abgegebenen Erklärung zuwider vor dem Ablaufe von neun Monaten nach der Beendigung des Lehrverhältnisses in ein anderes Geschäft als Handlungslehrling oder als Handlungsgehilfe ein, so ist er dem Lehrherrn zum Ersatze des diesem durch die Beendigung des Lehrverhältnisses entstandenen Schadens verpflichtet. Mit ihm haftet als Gesamtschuldner der neue Lehrherr oder Prinzipal, sofern er von dem Sachverhalte Kenntnis hatte.

§ 79. Ansprüche wegen unbefugten Austritts aus der Lehre kann der Lehrherr gegen den Lehrling nur geltend machen, wenn der Lehrvertrag schriftlich geschlossen ist.

§ 80. Bei der Beendigung des Lehrverhältnisses hat der Lehrherr dem Lehrling ein schriftliches Zeugnis über die Dauer der Lehrzeit und die während dieser erworbenen Kenntnisse und Fähigkeiten sowie über sein Betragen auszustellen.

Auf Antrag des Lehrlings hat die Ortspolizeibehörde das Zeugnis kosten- und stempelfrei zu beglaubigen.

§ 81. Personen, die nicht im Besitze der bürgerlichen Ehrenrechte sind, dürfen Handlungslehrlinge weder halten noch sich mit der Anleitung von Handlungslehrlingen befassen. Der Lehrherr darf solche Personen zur Anleitung von Handlungslehrlingen nicht verwenden.

Die Entlassung von Handlungslehrlingen, welche diesem Verbote zuwider beschäftigt werden, kann von der Polizeibehörde erzwungen werden.

§ 82. Wer die ihm nach § 62 Abs. 1, 2 oder nach § 76 Abs. 2, 3 dem Lehrlinge gegenüber obliegenden Pflichten in einer dessen Gesundheit, Sittlichkeit oder Ausbildung gefährdenden Weise verletzt, wird mit Geldstrafe bis zu einhundertfünfzig Mark bestraft.

Die gleiche Strafe trifft denjenigen, welcher entgegen der Vorschrift des § 81 Handlungslehrlinge hält, ausbildet oder ausbilden läßt.

§ 83. Hinsichtlich der Personen, welche in dem Betrieb eines Handelsgewerbes andere als kaufmännische Dienste leisten, bewendet es bei den für das Arbeitsverhältnis dieser Personen geltenden Vorschriften.

§ 88. Soweit nicht über die dem Handlungsagenten zu gewährende Vergütung ein anderes vereinbart ist, gebührt ihm eine

Provision für jedes zur Ausführung gelangte Geschäft, welches durch seine Tätigkeit zustande gekommen ist. Besteht die Tätigkeit des Handlungsagenten in der Vermittelung oder Abschließung von Verkäufen, so ist im Zweifel der Anspruch auf die Provision erst nach dem Eingange der Zahlung und nur nach dem Verhältnisse des eingegangenen Betrages erworben.

Ist die Ausführung eines Geschäfts infolge des Verhaltens des Geschäftsherrn ganz oder teilweise unterblieben, ohne daß hierfür wichtige Gründe in der Person desjenigen vorlagen, mit welchem das Geschäft abgeschlossen ist, so hat der Handlungsagent die volle Provision zu beanspruchen.

Ist die Höhe der Provision nicht bestimmt, so ist die übliche Provision zu entrichten.

Die Abrechnung über die zu zahlenden Provisionen findet, soweit nicht ein anderes vereinbart ist, am Schlusse eines jeden Kalenderhalbjahrs statt.

§ 91 Satz 1. Der Handlungsagent kann bei der Abrechnung mit dem Geschäftsherrn die Mitteilung eines Buchauszugs über die durch seine Tätigkeit zustande gekommenen Geschäfte fordern.

Sachregister.

(Die Zahlen verweisen auf die Seiten.)

A.

B.

H.

J.

K.

L.

Herrosé & Ziemsen, Wittenberg.

FSC
www.fsc.org
MIX
Papier | Fördert
gute Waldnutzung
FSC® C083411

Kolibri 360 GmbH
Ferdinand-Jühlke-Straße 7
99095 Erfurt, Deutschland
produktsicherheit@kolibri360.de